स्वयं की खोज

स्वयं की खोज

डॉ. संजय बियानी

प्रकाशक
प्रभात प्रकाशन प्रा. लि.
4/19 आसफ अली रोड, नई दिल्ली–110002
फोन : 011–23289777 • हेल्पलाइन नं. : 7827007777
इ–मेल : prabhatbooks@gmail.com ❖ वेब ठिकाना : www.prabhatbooks.com

संस्करण
2025

पेपरबैक मूल्य
चार सौ रुपए

मुद्रक
आर–टेक ऑफसेट प्रिंटर्स, दिल्ली

★

SWAYAM KI KHOJ
by Dr. Sanjay Biyani

Published by **PRABHAT PRAKASHAN PVT. LTD.**
4/19 Asaf Ali Road, New Delhi-110002

ISBN 978-93-5521-322-8

₹ 400.00 (PB)

आपको इस पुस्तक को क्यों पढ़ना चाहिए?

आज से पाँच वर्ष पूर्व मेरी जिंदगी में कुछ बड़ी समस्याएँ आईं। मुझे कुछ लोगों ने धोखा दिया। ये आर्थिक समस्याएँ थीं और इन समस्याओं ने मुझे झकझोरा और तब मैंने यह जानने की कोशिश की कि आखिर ये सब क्यों और कैसे होता है और वास्तव में जिंदगी क्या है? तब मैंने यह तय किया कि समस्याओं को, तनाव को, हताशा को, निराशा को समझा जाए और तब मेरा यह कार्य आरंभ हुआ। मैं प्रतिदिन इस खोज में लग गया कि आखिर मैं कौन हूँ? क्या मैं स्वयं के अंदर चलता हुआ विचार हूँ, भावना हूँ या कुछ और? बहुत सारी पुस्तकें पढ़ीं, इंटरनेट पर गया, खोजा और तब इस पुस्तक की शुरुआत हुई, जिसका नाम है—'स्वयं की खोज'। मुझे लगता है कि कोई भी इनसान खुद की खोज तभी करना चाहता है, जब जिंदगी उसे कुछ परेशानियाँ देती है।

अकसर हम यही समझते हैं कि हमारी जिंदगी में परेशानियों का कारण बाहर है, लेकिन जब मैंने बहुत खोज की तो पाया कि ऐसा नहीं है। वास्तव में जिंदगी आशा और निराशा दोनों से मिलकर बनती है। जिंदगी खुशी और गम दोनों से मिलकर बनती है। निराशा व हताशा के समय हम लोग बहुत घबरा जाते हैं और कुछ लोग तो जिंदगी से रुखसत होने की भी सोचने लगते हैं, लेकिन वास्तव में हमारा सही मायने में विकास तो इसी कारण से आरंभ होता है। इसलिए मैंने यह निश्चय किया कि मैं जिंदगी को बारीकी और गहराई से समझूँ और मैंने यह तय किया कि मैं अपने अनुभवों को प्रतिदिन लिखूँगा। पिछले 5 वर्षों से मैंने खुद की खोज करने का प्रयास किया, मैंने लिखना आरंभ किया। मैं जैसे-जैसे आगे बढ़ा तो मुझे खुद के अंदर छुपी अनंत संभावनाओं का अहसास होने लगा। मुझे यह महसूस होने लगा कि हम कितने खुशनसीब हैं और जिंदगी कितनी शानदार है, जब हम

हारते हैं, तब हम सीखते हैं; जब हम जीतते हैं, तब हम आगे बढ़ते हैं। मेरी यह यात्रा जैसे-जैसे आगे बढ़ती जा रही थी, मुझे मन-ही-मन खुशी, शांति और आनंद का अहसास हो रहा था।

इस दौरान मैं लगातार बच्चों और उनके अभिभावकों से जुड़ा रहा। उनसे उनके मन में उठ रहे सवाल पूछता रहा और मैंने उन सवालों के जवाब ढूँढ़े। इस दौरान मैंने टी.वी. सीरियल बनाए। जिसमें बच्चों की जो समस्याएँ थीं, बच्चों के जो प्रश्न थे, उन्हें मैंने सीधा जवाब देने की कोशिश की। दूरदर्शन पर 'द काउंसलर शो' का प्रसारण किया। बहुत से विद्यालय व शिक्षक मेरे संपर्क में आए। उनकी बातों को सुना और जाना। अभिभावकों से मिला और उनकी बातों को समझा। मेरी इच्छा हुई कि मैं इस बेशकीमती अनुभव को सारांश रूप में आप लोगों के सामने लाऊँ।

मैंने यह भी महसूस किया कि हम में से जो ज्यादातर लोग बहुत कम जागरूक हैं या यूँ कहूँ कि वे पूरी तरह होश में भी नहीं हैं। हमारे जीवन की बहुत सारी क्षमताएँ, संभावनाएँ दबी रह जाती हैं, फिर मेरे मन में स्वाभाविक इच्छा हुई कि हम पता लगाएँ कि हम जागरूकता व चैतन्यता से जीवन को कैसे जीएँ और मैंने लगातार इसकी खोज की, यह जानने की कोशिश की कि स्वयं को किस तरह से चैतन्य बनाया जाए और इस दौरान योग व ध्यान पर भी मैंने बहुत काम किया और जो कुछ भी मैं अनुभव करता गया, उसे मैं प्रश्न और उत्तर के रूप में लिखता गया।

आयुर्वेद, प्रकृति, हमारा स्वास्थ्य इसके बारे में भी मैंने बहुत सारी जानकारियाँ इकट्ठी कीं, जानी-समझीं। इतिहास और ब्रह्मांड की रोचक जानकारियाँ भी इसमें मैंने एकत्रित की, वैसे तो 'भगवद्गीता' व 'अष्टावक्र गीता' विश्वविख्यात पुस्तक हैं, लेकिन उनकी कुछ विशिष्ट बातें, साइकोलॉजी की बातें भी मैंने इकट्ठी कीं और सबसे ज्यादा मजा तो तब आया, जब हम अपनी यात्रा के आखिरी पड़ाव तक पहुँचे और मुझे ईश्वर की समझ मिली। ईश्वर के बारे में मैंने जो बातें समझीं, मैंने उनको लिखा। इस दौरान वेद, पुराण, उपनिषद्, रामायण व भगवद्गीता पढ़कर निश्चित रूप से ईश्वर को जानने के बाद तो ऐसा लगने लगा है कि जिंदगी बहुत सरल हो गई। यह सब जो कुछ मैंने सीखा, उसे एक सामान्य पुस्तक के रूप में मैंने लिखा और इकट्ठा किया। मेरी इच्छा थी कि इस अमूल्य धरोहर को, इस अमूल्य खोज को आप तक पहुँचाऊँ, जिसका नाम है—'स्वयं की खोज'। मुझे पूरा विश्वास है कि अगर आप इस पूरी पुस्तक को जब पढ़ चुके होंगे तो आपका सोचने का तरीका

बहुत अद्‌भुत हो चुका होगा। मुझे पूरा विश्वास है कि अगर इस पुस्तक को पूरे विश्वास व आस्था के साथ आप पढ़ लेंगे तो आपका जीवन के प्रति नजरिया बहुत सकारात्मक हो जाएगा। आपके मन में जो स्वाभाविक जिज्ञासा कभी-न-कभी उठी होगी, उनका इसमें निश्चित रूप से कोई-न-कोई समाधान अवश्य मिल जाएगा। जीवन के बारे में आपकी समझ बहुत विशिष्ट हो जाएगी।

मैं यह भी बताना चाहता हूँ कि इस पुस्तक का इस्तेमाल आप कैसे करें, जिससे आपको अधिकतम लाभ हो। मैं बताना चाहूँगा कि इस पुस्तक के हर अध्याय में जो प्रश्न हैं, उन्हें पहले पढ़ें और कोशिश करें कि आपके मन में उनका क्या जवाब है और उसके बाद ही इस पुस्तक में लिखे जवाब को पढ़ें। इस तरह आपके लिए यह पुस्तक न सिर्फ रोचक बन जाएगी, बल्कि आपके पढ़ने को गहरा बना देगी। इस पुस्तक को घर-परिवार व मित्रगणों के मध्य बैठकर प्रश्नोत्तरी के रूप में भी पढ़ा जाए तो विषय बहुत रुचिकर बन जाएगा। इस तरह से जब आप पढ़ेंगे तो आपके समझने का तरीका बहुत विशिष्ट हो जाएगा। मुझे नहीं लगता कि इस पुस्तक को एक साथ पढ़ा जाना चाहिए। इस पुस्तक का हर एक अध्याय एक ही बार में पढ़ा जाए और बहुत धीरे-धीरे पढ़ा जाए, ताकि हम इस पुस्तक को अपनी व्यावहारिक जिंदगी से नाप-तौल सकें व जिंदगी को भलीभाँति समझा जा सके।

मेरा विश्वास है कि यह पुस्तक आपके जीवन में निराशा को खत्म कर देगी, आपके जीवन में आशा लेकर आएगी। आपको अधिक ऊर्जा के साथ काम करना सिखाएगी। आपमें प्रेम और त्याग को लेकर आएगी। यह पुस्तक आपके जीवन में सहजता और सरलता को लेकर आएगी और इस पुस्तक को पढ़कर आपको, स्वाभाविक रूप से लगेगा वाह! मजा आ गया! वास्तव में जिंदगी तो बहुत खूबसूरत है। इस पुस्तक को पढ़ने के पश्चात् आपके कार्य करने की क्षमता और अधिक बढ़ जाएगी। मुझे ऐसा भी लगता है कि आपके जीवन में निराशा, हताशा, कुंठा भले ही रहे, परंतु उन्हें डील करने का तरीका आपका काफी हद तक बदल जाएगा। आप इन सब परिस्थितियों को हँसी-खुशी से लेने लगेंगे।

मैं आपसे यह प्रार्थना करता हूँ कि इस पुस्तक को पढ़ने के बाद जैसा कि मैंने आपको बताया है कि आपको जो भी अनुभव हुए हैं, वह व्हाट्सअप मोबाइल नंबर 9314927400 पर लिखकर साझा करें, जैसा कि मैंने आपको बताया है कि मैंने यह पुस्तक कैसे तैयार की है। 5 वर्षों से मैं अपने अनुभवों को डायरी में दर्ज करता रहा हूँ और मैंने इसे प्रश्नोत्तर के रूप में तैयार किया है। मै चाहूँगा कि आप इसे समझें।

हो सकता है कि किसी प्रश्न से आप सहमत न भी हों तो मुझे उससे अवगत कराएँ। आशा है कि मेरा यह प्रयास आपको अच्छा लगेगा। मैं आपके बेहतर जीवन की शुभकामनाएँ प्रेषित करता हूँ।

प्रेम, स्नेह व सम्मान के साथ···

आपका अपना,

—संजय बियानी

वेबसाइट : www.sanjaybiyani.com

कृतज्ञता

बड़ी विनम्रता के साथ हर उस व्यक्ति को धन्यवाद देना चाहता हूँ, जो मेरी जिंदगी में आया और जिसकी उपस्थिति के कारण मुझे यह पुस्तक लिखने की प्रेरणा मिली, उत्साह मिला और जिसने मुझे मार्गदर्शन दिया।

पुस्तक को तैयार करने में मुझे इंटरनेट व बहुत से व्यक्तियों का मार्गदर्शन मिला है, जिन्हें मैंने पढ़ा व सुना और जिन्होंने मेरी समझ को परिपक्व बनाने में अपना योगदान दिया है। यह कठिन है कि मैं हर व्यक्ति का नाम यहाँ लिखूँ, लेकिन हृदय से उनके प्रति अपनी कृतज्ञता अभिव्यक्त करता हूँ।

जब-जब मेरे जहन में प्रश्न उठे, तब-तब मैंने अपनी माँ पुष्पा बियानीजी की मदद ली, उनका मार्गदर्शन भी मुझे मिला। उनकी भावनाएँ व सहृदयता भी मेरे शब्दों में कहीं-न-कहीं परिलक्षित है। उनके प्रति भी हृदय से आभार व्यक्त करता हूँ।

इस पुस्तक को तैयार करने में मेरे बड़े भाई डॉ. राजीव बियानीजी का मुझे बहुत सहयोग प्राप्त हुआ है। उनके सहयोग के बिना इस पुस्तक को लिखा जाना कदाचित् संभव ही नहीं था। मैं हृदय से उनके प्रति आभार व्यक्त करता हूँ। इस पुस्तक को लिखते वक्त जब-जब मुझे मार्गदर्शन की जरूरत हुई, आपके द्वारा मुझे मार्गदर्शन लगातार मिलता रहा।

पुस्तक को तैयार करते समय मैं अपनी जीवनसंगिनी प्रियंका बियानीजी को भी धन्यवाद देना चाहता हूँ, क्योंकि गत 5 वर्षों में जब भी मैं यह काम करना चाहता था, मुझे उनका सहयोग मिला। उनकी सोच-समझ भी कहीं-न-कहीं इस पुस्तक में और मेरे विचारों में प्रदर्शित होती है। आपने इस पुस्तक को तैयार करने में अप्रत्यक्ष रूप से काफी मदद की है। मैं उनके सहयोग के लिए हृदय से धन्यवाद देना चाहता हूँ।

इसके अलावा इस पुस्तक को तैयार करने में हमारे संयुक्त परिवार के किशोर सदस्य अभिषेक, आदित्य, राधिका, सुरभि, माधव, राघव, निधि, विदुषी का भी सहयोग मिला। आप सब लोगों ने मेरी प्रत्यक्ष और अप्रत्यक्ष रूप से मदद की, इसके

लिए मैं आप सभी का हृदय से आभार व्यक्त करता हूँ।

इस पुस्तक को तैयार करते समय मुझे बहुत अधिक सहयोग रेणु टंडनजी का भी मिला, उन्होंने इस पुस्तक में अशुद्धियों, प्रश्नों तथा इस पुस्तक में जो भी कमी रही, उनको सुधारने में मेरी बहुत मदद की है। बहुत से प्रश्नों के बारे में मेरा मार्गदर्शन किया। उनके प्रति भी अपना आभार व्यक्त करता हूँ।

इस पुस्तक के contents के संबंध में प्रो. एन.के. कौशिक एवं डॉ. ध्यान सिंह गोठवाल के सुझावों के लिए मैं आभार व्यक्त करता हूँ। मैं अपने साथी शिक्षकों व विद्यार्थियों के प्रति भी आभार व्यक्त करता हूँ, क्योंकि मैं जो कुछ सीखता था, उनसे उनके बारे में विचार-विमर्श करता था। यह करते-करते सवाल और अधिक बेहतर होते गए, अगर उनका सहयोग नहीं होता तो यह पुस्तक लिखने का कोई मकसद ही नहीं रह जाता। आप सभी को हृदय से धन्यवाद देता हूँ।

मेरी समझ पर गहरा प्रभाव मेरे गुरु किरीट भाईजी का भी है, उनके प्रति भी मैं अपना आभार व्यक्त करता हूँ। इसके अतिरिक्त अंबरीशजी, सद्गुरु ओशो, विवेकानंदजी एवं महात्मा गांधी के विचारों से मैं हमेशा प्रभावित रहा हूँ और उन्हें पढ़ता रहा हूँ, उनके प्रति भी मैं अपनी कृतज्ञता व्यक्त करता हूँ।

इस पुस्तक की एडिटिंग व लेखन में डॉ. एकता पारीक, डॉ. भारती शर्मा, सुनीता कुमारी शर्मा, रंजना पारीक का भी मुझे सहयोग प्राप्त हुआ। मैं हृदय से इसके लिए आभार व्यक्त करता हूँ।

श्री सुनील जैन के प्रति भी मैं अपनी कृतज्ञता व्यक्त करता हूँ जिन्होंने इस पुस्तक की रचना करने में अपना अतुलनीय सहयोग व उचित मार्गदर्शन प्रदान किया। इस पुस्तक को तैयार करते समय मुझे मेरे साथी निलेश शर्मा का भी सहयोग मिला। पुस्तक की रचना में, डिजाइनिंग में, प्रिंटिंग में उनके सहयोग के बिना यह संभव नहीं था, उन्हें भी मैं हृदय से धन्यवाद देता हूँ।

—संजय बियानी

वेबसाइट : www.sanjaybiyani.com

अनुक्रम

1

विद्यार्थी व अभिभावक स्वयं को कैसे पहचानें?

1.1 परिचय

अकसर हम समाज में यह कहावत सुनते आए हैं कि 'मन के हारे हार है और मन के जीते जीत।' यह कहावत हमारी मानसिक स्थिति या सामर्थ्य को दरशाती है। वास्तव में यह सत्यता से परिपूर्ण है कि जीवन में घटनेवाली हर घटना का असर हमारी मन:स्थिति पर निर्भर करता है। दु:ख-सुख, हार-जीत, अच्छा-बुरा सब हमारी मन:स्थिति पर निर्भर करता है। अच्छी मन:स्थिति आपको प्रेम, स्नेह, खुशी, उत्साह एवं प्रेरणा से आह्लादित कर देती है, वहीं कमजोर मन आपको घृणा, द्वेष, जलन, हीनभावना, असफलता आदि से अंधकार की ओर धकेल देता है, क्योंकि मन चंचलता से पूर्ण होने के साथ स्व-अनुशासित जीवन ज़ीनेवालों के लिए मन शक्तिशाली भी है, जो जीवन में उठनेवाले ज्वारों, परेशानियों, झंझटों पर

काबू पाकर जीवन को सफलता की ओर अग्रसर करता है, जीवन सफल बनाता है।

अब बच्चों एवं अभिभावकों के समक्ष विचारणीय प्रश्न यह है कि कैसे अपने बच्चों की मन:स्थिति को समझकर एवं उनके मन में उठनेवाले असंख्य सवालों के साथ-साथ माता-पिता की अपने बच्चों के भविष्य को लेकर मन में उठनेवाली चिंताओं का समाधान सम-सामयिक परिप्रेक्ष्य में निकाला जाए। जिससे बच्चों का भविष्य उनके सपने के अनुरूप बन सके एवं माता-पिता इस बात पर गर्व कर सकें कि हम अपने बच्चों की जिम्मेदारी एवं परवरिश सही ढंग से कर पाए।

सफलता का मूल मंत्र 'लक्ष्य निर्धारण'

एक लड़के ने एक बार एक बहुत धनवान व्यक्ति को देखकर धनवान बनने का निश्चय किया। वह धन कमाने के लिए लगातार मेहनत करता रहा और बहुत सारा पैसा कमा लिया। इसी बीच उसकी मुलाकात एक विद्वान् से हो गई। विद्वान् के ऐश्वर्य को देखकर वह आश्चर्यचकित हो गया और अब उसने विद्वान् बनने का निश्चय कर लिया। अगले ही दिन से धन कमाने को छोड़कर पढ़ने-लिखने में लग गया। वह अभी अक्षर ज्ञान ही सीख पाया था कि उसकी मुलाकात एक संगीतज्ञ से हो गई। उसको संगीत में अधिक आकर्षण दिखाई दिया, इसीलिए उसी दिन से उसने पढ़ाई बंद कर दी और संगीत सीखने में लग गया। इसी तरह काफी उम्र बीत गई, न वह धनी हो सका, न विद्वान् और न ही एक अच्छा संगीतज्ञ बन पाया, तब उसे बड़ा दुःख हुआ। एक दिन उसकी मुलाकात एक बहुत बड़े महात्मा से हुई। उसने महात्मा को अपने दुःख का कारण बताया। महात्मा ने उसकी परेशानी सुनी और मुसकराकर बोले, "बेटा! दुनिया बड़ी ही चिकनी है, जहाँ भी जाओगे, कोई-न-कोई आकर्षण जरूर दिखाई देगा। एक निश्चय कर लो और फिर जीते-जी उसी पर अमल करते रहो तो तुम्हें सफलता की प्राप्ति अवश्य हो जाएगी, नहीं तो दुनिया के झमेलों में यूँ ही चक्कर खाते रहोगे। बार-बार रुचि बदलते रहने से कभी भी उन्नति नहीं कर पाओगे।" युवक महात्मा की बात को समझ गया और एक लक्ष्य निश्चित कर उसी का अभ्यास करने लगा।

आज का युग प्रतिस्पर्द्धा के साथ-साथ अनंत संभावनाओं का भी युग है। दुनिया बहुत तेजी से अभियंत्रित, अनियोजित रूप से अंधे विकास की दौड़ में आगे बढ़ रही है। हर व्यक्ति येन-केन-प्रकारेण आगे बढ़ना चाहता है। सफलता प्राप्त करने के लिए वह किसी भी स्तर तक गुजरने एवं अनैतिक कृत्य को करने से संकोच

नहीं करता। ऐसी परिस्थितियों में जिस बालक को सफलता मिलती है, उसके मन को खुशी तो मिलती है, मगर वह कब सफलता के नशे में अनैतिक हो जाए, पता ही नहीं चलता, क्योंकि उसका मन उसको सही-गलत का फर्क भुला देता है। साथ ही जो बालक जीवन में सफलता प्राप्त नहीं कर पाते, वह कई तरह के व्यसन, बीमारी से ग्रसित हो जाते हैं एवं असफलता से मानसिक रूप से परेशानियों से जूझते हैं। ऐसी परिस्थितियों में अभिभावकों, शिक्षकों के सामने यह बड़ा विचारणीय प्रश्न खड़ा हो जाता है कि किस प्रकार अपने बच्चों को जीवन में आनेवाली सफलता-असफलता एवं सुख-दुःख में अपने मन पर काबू पाना सिखाया जाए? कैसे सफलता मिलने पर संयम के साथ नैतिकता के साथ जीवन में आगे बढ़ें? कैसे सफल होने पर घमंड से बचा जाए एवं असफल होने पर कैसे मन पर काबू पाया जाए? जिससे गलत विचार, डिप्रेशन, दुःख एवं पीड़ा से मन का मनोबल बनाए रखा जाए।

अपनी शक्ति को पहचानें

एक बार एक बाज का अंडा मुर्गी के अंडों के बीच आ गया। कुछ दिनों बाद उन अंडों में से चूजे निकले। बाज का बच्चा भी उनमें से एक था। वह उन्हीं के बीच बड़ा होने लगा। बाज का बच्चा भी वही करता जो बाकी चूजे करते। मिट्टी में इधर-उधर खेलता, पूरे दिन दाना चुगता और दिन भर उन्हीं की तरह चूँ-चूँ करता। बाकी चूजों की तरह वह भी बस थोड़ा सा ऊपर उड़ पाता और पंख फड़फड़ाते हुए नीचे आ जाता। एक दिन उसने एक बाज को खुले आकाश में उड़ते हुए देखा। बाज बेधड़क आसमान की ऊँचाइयों को छूता हुआ उड़ान भर रहा था, तब उसने बाकी चूजों से पूछा कि इतनी ऊँचाइयों को छूनेवाला यह पक्षी कौन है? तब चूजों ने उसे बताया कि वह पक्षियों का राजा बाज है, वह बहुत ताकतवर और विशाल है, लेकिन तुम उसकी तरह नहीं उड़ सकते, क्योंकि तुम तो एक चूजे हो। बाज के बच्चे ने यह सच मान लिया कि वह उड़ नहीं सकता। वह जिंदगी भर चूजों की तरह रहा और अपनी पहचान, अपनी औकात और अपनी ताकत को पहचाने बिना ही मर गया।

सार : *हममें से कई लोग बाज की तरह अपनी क्षमताओं को भूल जाते हैं, हम यह भी भूल जाते हैं कि इनसान में असीम क्षमता और संभावनाएँ हैं। हमारे लिए कुछ भी असंभव नहीं है। बस जरूरत है, अपनी क्षमताओं को पहचानने की।*

भारत के भविष्य, हमारे बच्चों के भविष्य एवं अभिभावकों को अच्छी परवरिश के लिए मार्गदर्शन देने हेतु कैसे अपने मन को समझें एवं कैसे उनके मन को सकारात्मक बनाएँ, ताकि बच्चे अपना मनोबल उच्च रख सकें एवं जीवन में सफलता प्राप्त कर सकें।

मन के बारे में एक विशेष बात है कि मन ही तो सूक्ष्म शरीर है। मन में अगर बुरा भाव आ जाता है तो वह आगे चलकर हमारे शरीर की बीमारी का मुख्य कारण बन जाता है। पहले मन बीमार होता है और उसके कुछ समय बाद हमारा शरीर बीमार होता है, अगर हम मन को ठीक प्रकार से समझ जाते हैं तो निश्चित रूप से हम अच्छे स्वास्थ्य को भी प्राप्त कर सकते हैं।

कभी-कभी मन कड़वाहट, गुस्से और नफरत से भर जाता है और कभी-कभी हमें लोगों में अनेक अच्छाइयाँ और खूबियाँ दिखती हैं, तब फिर यह प्रश्न आता है कि मन को स्वस्थ आखिर कैसे रखा जाए? मन की खुराक क्या है? मन को क्या चाहिए? मन में जब कुछ बातें दब जाती हैं तो वह रात को सपने के रूप में दिखाई देती हैं। सपने क्यों आते हैं? सपने किस बात की खबर हैं? सपनों से अपने व्यक्तित्व को कैसे समझें? ये सब बातें हम आगे आनेवाले प्रश्नों में समझेंगे।

इसके अलावा हम कभी-कभी यह भी जानना चाहते हैं कि विचार व भावनाओं में क्या अंतर होता है? भावनाएँ अधिक महत्त्वपूर्ण होती हैं या विचार अधिक महत्त्वपूर्ण होते हैं? ऐसे बहुत से प्रश्न हैं, जो हम इस अध्याय में समझेंगे, हर व्यक्ति कामयाब होना चाहता है, पर अगर कामयाबी के रास्ते में सबसे बड़ा अवरोध है तो वह मन का अवरोध है। मन ही हमारी जीत का मुख्य कारण बनता है। कितना अच्छा हो कि हमें कोई दूसरा परेशान न कर सके। वास्तव में हमारा समाज तभी बेहतर बन सकता है, जब हम सभी लोग मनोविज्ञान पर कार्य करें। हम सभी लोग खुद के मन को समझें। वास्तव में मन ही सबसे अच्छा दोस्त भी है और मन ही सबसे बड़ा दुश्मन भी है।

अकसर हम सभी लोग यह सुनते हैं कि 'मन के हारे हार है, मन के जीते जीत'। वास्तव में मन बहुत ही शक्तिशाली है। हमारे जीवन में खुशी या गम, दुःख या सुख, हार या जीत का मुख्य कारण हमारा मन ही बनता है। ऐसे में यह बहुत आवश्यक हो जाता है कि हम हमारे अंदर बैठे हुए मन को समझें, इसी मन के कारण कभी ईर्ष्या होती है, कभी मन में प्रतिस्पर्द्धा होती है, कभी उम्मीदें होती हैं तो कभी-कभी हम हीनभावनाओं से ही भर जाते हैं। तो दूसरी ओर मन के कारण कभी-कभी प्रेम की अनुभूति होती है। कभी मन शांत हो जाता है। कभी खुशी की

अनुभूति होती है। कभी-कभी तो यह इच्छा होती है कि हम हर वक्त खुश रह भी सकते हैं या नहीं।

बच्चों व अभिभावकों का संबंध हमारी आनेवाली पीढ़ी की बुनियाद रखता है। जिस समाज में माता-पिता की परवरिश अच्छी होगी, वह समाज संस्कारी होगा। बच्चों के दिमाग में भी बहुत से प्रश्न आते हैं और पैरेंट्स के दिमाग में भी बहुत सारे प्रश्न आते हैं। इस अध्याय में हमने कोशिश की है कि उन सभी प्रश्नों को, उन सभी द्वंद्वों को संबोधित किया जाए, समझा जाए और सबसे बड़ी समस्या तो तब आ जाती है, जब मन कभी-कभी तनाव में भर जाता है, तब जिंदगी बोझ-सी लगने लगती है। ऐसे में अगर हमें अपने को जानने का साधन मिल जाए तो हमारा मन स्वस्थ हो जाता है।

यह कहना भी सही होगा कि मन को नहीं समझने के कारण ही आज हमारे समाज में जितने वाद-विवाद और जितने भी अपराध हैं, उनका मुख्य कारण मन ही है।

1.2 मन

प्र. 1 : हजारों करोड़ों गैलन पानी समुद्र से गुजरते जहाज का कुछ नहीं बिगाड़ सकता जब तक कि वह उसे अपने अंदर न ले ले। इस कथन की व्याख्या कीजिए।

उत्तर : आप तय कर लें कि आपको खुश रहना है, तभी आपको बाहरी परिस्थितियाँ परेशान नहीं करेंगी, अगर आप अंदर से कमजोर होते हैं, तभी आपको बाहरी परिस्थितियाँ भयभीत करती हैं और इसी कारण बाहर की विपरीत परिस्थितियाँ आपके अंदर प्रवेश कर जाती हैं, अगर हमें हर स्थिति में प्रसन्न रहना है, तो हमें स्वयं पर काम करना पड़ेगा, स्वयं को मजबूत बनाना पड़ेगा और यदि संक्षेप में कहें तो हमें योग करना पड़ेगा। स्वयं को समझना पड़ेगा। खुद को सक्षम कैसे करें, यह खोज करनी पड़ेगी। स्वयं पर जीत हासिल करनी होगी।

प्र. 2 : मन अशांत क्यों रहता है?

उत्तर : मन इंद्रियों से जुड़ा होता है। वे इंद्रियाँ बाहरी दुनिया में जाती हैं, जहाँ विषय है और इंद्रियाँ विषयों में फँस जाती हैं और मन अशांत हो जाता है।

प्र. 3 : मन आखिर आपका दुश्मन क्यों बन गया?

उत्तर : मन हमारा दुश्मन इसलिए बन गया है, क्योंकि हम उसमें बुरे विचारों से लगातार दुःख उत्पन्न कर रहे हैं। लगातार नकारात्मक विचारों का

चिंतन करने से हमारा मन कुंठित हो गया है और वह हमारा दुश्मन बन गया है।

प्र. 4 : नकारात्मक सोच का क्या कारण है?

उत्तर : यदि आप मन के हिसाब से चलते हैं तो यह नकारात्मक सोच है, परंतु यदि मन आपके हिसाब से चलता है तो यह सकारात्मक सोच है, अगर हम नकारात्मक सोच से बचना चाहते हैं तो हमें बुद्धि का उपयोग करना होगा और मन को बुद्धि के हिसाब से चलाना होगा।

प्र. 5 : मानसिक स्वास्थ्य किसे कहते हैं?

उत्तर : जब हम भीतर से स्वस्थ होते हैं तो 'मैं तत्त्व' कम हो जाते हैं। कहने का अर्थ यह है कि हम 'मैं' और 'मेरा' की भावना से परे हो जाते हैं। हमारे भीतर जितना 'मैं' तत्त्व कम होता जाएगा, उतना ही हमारा मन स्वस्थ होता जाएगा।

प्र. 6 : तन की प्रकृति के विपरीत जाने से व मन की प्रकृति के विपरीत जाने से क्या परिणाम होंगे?

उत्तर : तन की प्रकृति के विपरीत जाने से तन रोगी होगा व मन की प्रकृति के विपरीत जाने से मन रोगी होगा।

प्र. 7 : 'कड़वाहट, गुस्सा और नफरत ऐसे जहर हैं, जिसे पीते आप हैं और चाहते यह हैं कि मरे सामनेवाला' कथन की व्याख्या कीजिए।

उत्तर : वास्तव में यह कथन सत्य है, जब-जब कड़वाहट, गुस्सा और नफरत यह सब विचार हमारे अंदर आएँगे तो दुःख भी हमारे अंदर ही तैयार होगा और जब दुःख अंदर तैयार होगा तो निश्चित रूप से मरना भी हमीं को होगा तो इन्हें ठीक करना होगा। सबसे पहले अगर हमारा मन ठीक नहीं है तो हमें कुछ समय विराम (ब्रेक) लेना होगा और यह कोशिश करनी पड़ेगी कि हम दुनिया से जाने से पहले इस रोगी मन को स्वस्थ करें। यह काम किसी और के द्वारा नहीं, हमें ही करना होगा।

या तो हम अपने स्वयं का भला करें या फिर अपने आसपास बैठे कुछ लोगों का भला करें, अगर ऐसा नहीं होता है तो इनसान होने का कोई फायदा नहीं।

प्र. 8 : थकान महसूस होने का मुख्य कार्य कारण क्या है?

उत्तर : जब हमारा काम, शरीर और मन अलग-अलग जगह लग जाएँगे, तब हमें थकान महसूस होने लग जाएगी। इसके विपरीत हमारा शरीर और काम जब एक हो जाते हैं, तब हमें ऊर्जा की अनुभूति होती है।

प्र. 9 : शरीर के रोग डॉक्टर ठीक करता है तो मनोरोग कौन व कैसे ठीक करता है?

उत्तर : मनोरोग को संत ठीक कर सकता है। इसके लिए सतत सत्संग (अच्छे विचारों का संग) करना होगा।

प्र. 10 : मनोरंजन व उत्सव में क्या अंतर है?

उत्तर : मनोरंजन का आशय है मन का रंजन, यानी मन को बदलना, यानी मन को बाहर ले जाना, यानी मन को अपने से दूर ले जाना, जबकि उत्सव का अर्थ है मन को अपने भीतर लाना। उत्सव हमें उन्नत बनाता है और मनोरंजन हमें उत्तेजित करता है।

प्र. 11 : मन को कौन सा रोग लगा है?

उत्तर : मन को कामनाओं का व स्वार्थ का रोग लगा है।

प्र. 12 : मनुष्य का किस पर नियंत्रण बहुत मुश्किल से होता है?

उत्तर : मनुष्य का मन पर नियंत्रण बहुत मुश्किल से होता है।

प्र. 13 : तन कपड़ों से ढका है तो मन किससे ढका है?

उत्तर : मन कपट से ढका हुआ है।

प्र. 14 : इनसानी अनुभव कहाँ उत्पन्न होते हैं?

उत्तर : सभी इनसानी अनुभव मनुष्य के भीतर मन में पैदा होते हैं।

प्र. 15 : शांति व प्रेम कब मिलने लगेगा?

उत्तर : मन से मुक्त होते ही, अर्थात् अनासक्त होते ही शांति व प्रेम अनुभव होने लगेगा।

प्र. 16 : मन से मुक्ति के चार उपाय बताइए?

उत्तर : मन से मुक्ति के लिए पहला उपाय तादात्म्य (गहरा जुड़ाव) छोड़ना है। कहने का आशय मन से अपना जुड़ाव हटाना है तथा मन के बारे में ये समझना है कि आप स्वयं मन नहीं हैं।

दूसरा, आपको अपने तादात्म्य को चेतना के साथ स्थापित करना है, क्योंकि आप चैतन्य हैं। आप आत्मस्वरूप हैं।

तीसरी बात, अगर मन से मुक्त होना चाहते हैं तो हमें भूत और भविष्य में रहने की आदत को छोड़ना होगा और वर्तमान में रहने की आदत को अपनाना होगा।

आखिरी चौथी बात, मन से मुक्ति के लिए आपको हर स्थिति को अपने द्वारा पूर्व में किए गए कर्मों का परिणाम मानकर सहजता से स्वीकार करना होगा, अगर ये सब बातें रहेंगी तो मन से मुक्त रहा जा सकता है।

प्र. 17 : मन के लिए क्या आवश्यक है?

उत्तर : मन के लिए मौन रहना आवश्यक है। मौन रहने से मन राग व द्वेष से बच जाता है और हमें शांति की अनुभूति होती है। मन को मौन रखने के लिए सतत अभ्यास व वैराग्य भाव की आवश्यकता है।

प्र. 18 : मन के क्या काम हैं?

उत्तर : मन के दो काम हैं—राग और द्वेष। मन जब किसी विषय से जुड़ता है तो राग उत्पन्न होता है और जब मन किसी विषय को नापसंद कर देता है तो द्वेष उत्पन्न होता है।

प्र. 19 : मनुष्य का सबसे बड़ा शत्रु व सबसे बड़ा मित्र कौन है?

उत्तर : सबसे बड़ा मित्र नियंत्रित मन व सबसे बड़ा शत्रु अनियंत्रित मन होता है।

प्र. 20 : मन के संबंध में मनुष्य को सबसे अच्छा क्या करना चाहिए?

उत्तर : उसे मन से अपने तादात्म्य (Identification) को तोड़ने की आदत बना लेनी चाहिए। इस प्रकार जब हम मन को स्वयं से अलग समझ लेते हैं तो उसे नियंत्रित करना आसान हो जाता है।

प्र. 21 : मन पर नियंत्रण व गाड़ी पर नियंत्रण में क्या संबंध है? इससे क्या सीखने को मिलता है?

उत्तर : हम उस मोटर गाड़ी में कभी नहीं बैठना चाहेंगे, जिसमें ब्रेक यानी नियंत्रण न हो। ठीक उसी प्रकार जब जीवन में हमारे मन पर हमारा नियंत्रण ही न हो तो फिर ऐसे जीवन जीना उस गाड़ी में बैठने के समान है, जिसमें ब्रेक ही न हों।

प्र. 22 : मन के बिखरने से क्या होता है और मन के सिमटने से क्या होता है ?

उत्तर : मन के बिखरने से दुःख होता है और मन के सिमटने से सुख की अनुभूति होती है।

प्र. 23 : किसको जानने से सब जाना जा सकता है ?

उत्तर : मन को जानने से सब जाना जा सकता है।

प्र. 24 : मन को वर्तमान में लाने के लिए सबसे सरल अभ्यास क्या है ?

उत्तर : मन को वर्तमान में लाने के लिए श्वास पर कार्य करना होगा, श्वास के कुछ नियम हैं। जितनी साँस गहरी होती जाएगी, उतना ही मन शांत होता जाएगा। श्वास की गति नियंत्रित होगी तभी मन नियंत्रित होगा।

प्र. 25 : मंदिर पहाड़ों पर क्यों बनाए जाते हैं ?

उत्तर : मंदिर जब पहाड़ों पर होते हैं, तो मंदिर जाने के लिए ऊँचाई पर चढ़ना होता है। ऊँचाई पर चढ़ने के लिए गहरी श्वास लेनी होती है। गहरी साँस लेने से मन शांत होने लगता है। संभवतः इसीलिए अधिकतर मंदिर पहाड़ों पर होते हैं। जहाँ पहुँचने के बाद मनुष्य का मन स्थिर हो जाता है। इस प्रकार हम कह सकते हैं कि श्वास का मन से गहरा संबंध है तथा मन को शांत करने से आनंद की अनुभूति होती है।

प्र. 26 : मंत्र का क्या मतलब है ?

उत्तर : मंत्र शब्द, दो शब्दों से मिलकर बना है। मन + अंदर, यानी मन का अंतर्मुखी होना। मन का स्वभाव बहिर्मुखी है। मन को मंत्र अंतर्मुखी कर देता है।

प्र. 27 : मंदिर क्या है ?

उत्तर : मंदिर एक ऐसा स्थान है, जहाँ मन अंतर्मुखी हो जाता है, अर्थात् मन स्वयं को जानने लगता है, आत्मविश्लेषण करने लगता है।

प्र. 28 : मन कैसे बना है ?

उत्तर : मन प्रकृति के तीन गुणों से मिलकर बना है—सत, रज और तम।

प्र. 29 : हँसी आने का क्या कारण है ?

उत्तर : हँसी आने का कारण मन में उत्पन्न होनेवाली भावनाएँ हैं, यह भावनाएँ एंजाइम एवं हार्मोन के स्राव होने से उत्पन्न होती हैं और इसी वजह से हमें हँसी आती है।

प्र. 30 : शरीर व मन संयुक्त घटना है, समझाइए ?

उत्तर : हाँ! शरीर व मन संयुक्त घटना है, क्योंकि शरीर पर जो प्रभाव होगा, वह पहले मन पर होगा।

प्र. 31 : किसी भी बीमारी की जड़ कौन से भाव में मिलेगी ?

उत्तर : किसी भी बीमारी की जड़ मन में किसी नकारात्मक भाव के कारण ही मिलेगी।

प्र. 32 : संसार व मन में कौन अधिक सत्य के करीब है ?

उत्तर : संसार सत्य के अधिक करीब है।

प्र. 33 : मन विषय से कैसे छूटे ?

उत्तर : जब मन को विषय से अधिक उपयोगी चीज मिल जाए तो मन विषय से हट सकता है, अगर मन को विषय से अधिक अच्छी चीज ईश्वर मिल जाए, वह उसे समझ जाए तो मन विषय से छूट सकता है।

प्र. 34 : लड़कियों में शादी की उम्र व उनके मानसिक स्वास्थ्य पर पड़नेवाले प्रभावों को समझाइए।

उत्तर : 18 से 22 वर्ष की उम्र में मन व विचार कोमल होते हैं। अधिक उम्र में विचार दृढ़ हो जाते हैं। विचारों की दृढ़ता के फलस्वरूप परिवार के साथ आपसी सामंजस्य बैठाने में परेशानियों का सामना करना पड़ता है। इसका समाधान यही है कि लड़कियों की शादी उचित समय पर 18 से 22 वर्ष की उम्र में की जानी चाहिए। स्त्रियाँ भावात्मक होती हैं। अगर भावना व शरीर संतुष्ट हो जाता है तो बुद्धि के इस्तेमाल करने की संभावना बढ़ जाती है।

प्र. 35 : सांसारिक सुख किसे चलायमान करते हैं ?

उत्तर : सांसारिक सुख मन को चलायमान करते हैं।

प्र. 36 : समुद्र में तूफान एवं आत्मा में मन को कैसे संबंधित किया जा सकता है? इससे क्या समझने को मिलता है?

उत्तर : समुद्र में तूफान आता है। समुद्र व तूफान कोई अलग-अलग नहीं हैं। इसी प्रकार आत्मा व मन भी अलग-अलग नहीं हैं। आत्मा की विक्षिप्त या यूँ कहें उत्तेजित अवस्था को ही मन कहते हैं।

प्र. 37 : शरीर से पहले रोग किसे होता है?

उत्तर : शरीर से पहले रोग मन को होता है।

1.3 बुद्धि

प्र. 1 : किस चीज को विकसित होने में हजारों साल लगे और अब हम उस से मुक्त होना चाहते हैं?

उत्तर : बुद्धि को विकसित होने में हजारों साल लगे और आज मनुष्य इससे ही सबसे ज्यादा परेशान है। इसके कारण ही वह अपना अधिकतर समय सोने में या नशे में देने लगा है।

प्र. 2 : बुद्धि, अर्थात् तर्क किसकी रक्षा करते हैं?

उत्तर : बुद्धि, यानी तर्क आपके द्वारा बनाई गई अपनी पहचान जिसे अहंकार कहते हैं, की रक्षा करते हैं। यहाँ अहंकार का आशय अपने मन व बुद्धि में जो स्वयं की पहचान बना रखी है, से है। इस प्रकार यदि अपने मन व बुद्धि में बना रखी अपनी पहचान (अहंकार) की रक्षा करती है। हर व्यक्ति ने उम्र, रिश्ते व पद के आधार पर अपनी स्वयं की नजर में एक विशिष्ट पहचान बना रखी है।

प्र. 3 : बुद्धि व अहंकार (स्वयं का होना या मानना) किसकी रक्षा करते हैं?

उत्तर : बुद्धि व अहंकार, जो कि हमारे मन के दो भाग हैं, वह हमारे द्वारा जमा की गई यादों के आधार पर ही निर्णय लेते हैं एवं उन्हीं की रक्षा भी करते हैं।

प्र. 4 : बुद्धि किसकी रक्षा करती है?

उत्तर : बुद्धि अहंकार के रूप में बनाई गई स्वयं की नजर में पहचान की रक्षा करती है।

प्र. 5 : आत्महत्या का सबसे बड़ा कारण क्या है?

उत्तर : आत्महत्या का सबसे बड़ा कारण बहुत ज्यादा तार्किक हो जाना है। अति तार्किकता से अपराध भाव आ जाता है, यही अपराध भाव

आत्महत्या तक ले जाता है। अगर आप प्रेम, ध्यान व आनंद का स्पर्श चाहते हैं तो आपको तर्क से परे हटकर भी कभी-कभी जीवन जीना चाहिए।

प्र. 6 : अहंकारी होने का मूल कारण क्या है?

उत्तर : जो व्यक्ति भीतर से कमजोर या अस्वस्थ है अथवा हीनभावना से ग्रसित है, वह अहंकारी हो जाता है। जो भीतर से संतुष्ट है, वह विनम्र हो जाएगा। वास्तव में अहंकार हीनभावना से भागने का एक उपाय है।

प्र. 7 : रवींद्रनाथ टैगोर, सचिन तेंदुलकर एवं थॉमस एल्वा एडीसन क्या कॉलेज शिक्षा कर चुके थे? फिर भी ये सफल क्यों हुए?

उत्तर : रवींद्रनाथ टैगोर, सचिन तेंदुलकर एवं थॉमस एल्वा एडीसन इन सभी ने कॉलेज में शिक्षा प्राप्त नहीं की थी। ये सभी लोग बस अपना रुचिकर कार्य कर रहे थे।

प्र. 8 : आपके अंदर जो भी भाव है, उसे किसके द्वारा तय किया जाना चाहिए?

उत्तर : आपके अंदर जो भी भाव हो, उसे आपको स्वयं ही तय करना चाहिए।

1.4 विचार व भावना

प्र. 1 : विचार व भावनाओं में क्या अंतर है?

उत्तर : जैसे विचार वैसी भावनाएँ होती हैं। इसके अलावा विचारों को बहुत तेजी से बदला जा सकता है, पर भावनाओं को बदलने में समय लगता है। भावनाओं को मुड़ने में समय लगता है, भावनाएँ धीरे-धीरे तीव्र होती हैं, धीरे-धीरे ही दिशा बदलती है।

प्र. 2 : विचार व भावना को बदलने के बारे में क्या रोचक बात है?

उत्तर : विचार को तेजी से बदला जा सकता है, परंतु भावनाओं को धीरे-धीरे बदला जा सकता है। भावनाओं को मुड़ने में समय लगता है।

प्र. 3 : अपने विचारों को नियंत्रण में लेना क्यों आवश्यक है?

उत्तर : अपने विचारों को नियंत्रण में नहीं लेंगे तो वह कर्म बन जाएँगे और अपने कर्मों को नियंत्रण में नहीं लेंगे तो वह थोड़े दिनों में भाग्य बन जाएँगे, कहने

का आशय यह है कि विचारों को नियंत्रण में लेने से कर्म भी नियंत्रण में आ जाते हैं। इसके परिणामस्वरूप भाग्य भी नियंत्रण में आ जाता है।

आत्मबुद्धि का बल

वर्षा का मौसम था। श्यामू अपनी बैलगाड़ी को लेकर कच्ची सड़क पर जा रहा था। श्यामू बड़ी जल्दी में था। हलकी-हलकी वर्षा हो रही थी। श्यामू वर्षा के तेज होने से पहले घर पहुँचना चाहता था। बैलगाड़ी में अनाज के बोरे रखे हुए थे। बोझ काफी था, इसलिए बैल भी ज्यादा तेज नहीं दौड़ पा रहे थे।

अचानक बैलगाड़ी एक ओर झुकी और रुक गई। श्यामू ने मन में सोचा, 'हे भगवान्, अब ये कौन सी नई मुसीबत आ गई।' उसने उतरकर देखा तो गाड़ी का एक पहिया गीली मिट्टी में धँस गया था। सड़क पर एक गड्ढा था, जो बारिश के कारण और बड़ा हो गया था। आसपास की मिट्टी मुलायम होकर कीचड़ जैसी हो गई थी और उसी में पहिया फँस गया था। श्यामू ने बैलों को पूरी ताकत से खींचा। बैलों ने भी पूरा जोर लगाया, लेकिन गाड़ी बाहर नहीं निकल पाई। श्यामू को बहुत गुस्सा आया। उसने बैलों को पीटना शुरू कर दिया। इतने बड़े दो बैल इस गाड़ी को बाहर नहीं निकाल पा रहे हैं, यह बात उसे बेहद बुरी लग रही थी। हारकर वह जमीन पर ही बैठ गया। उसने ईश्वर से कहा, "हे ईश्वर, अब आप ही कोई चमत्कार कर दो, जिससे कि यह गाड़ी बाहर आ जाए। मैं ग्यारह रुपए का प्रसाद चढ़ाऊँगा।"

तभी उसे एक आवाज सुनाई दी, "श्यामू, ये तू क्या कर रहा है? अरे, बैलों को पीटना छोड़ और अपने दिमाग का इस्तेमाल कर। गाड़ी में से थोड़ा बोझ कम कर, फिर थोड़े पत्थर लाकर इस गड्ढे को भर, तब बैलों को खींच। इनकी हालत तो देख। कितने थक गए हैं बेचारे।" श्यामू ने चारों ओर देखा। वहाँ आसपास कोई नहीं था। श्यामू ने वैसा ही किया, जैसा उसने सुना था। पत्थरों से गड्ढा थोड़ा भर गया और कुछ बोरे उतारने से गाड़ी हलकी भी हो गई। श्यामू ने बैलों को पुचकारते हुए खींचा—जोर लगा के और एक झटके के साथ बैलगाड़ी बाहर आ गई। वही आवाज फिर सुनाई दी, "देखा श्यामू, यह चमत्कार ईश्वर ने नहीं, तुमने खुद किया है।"

सार : ईश्वर भी उनकी ही मदद करते हैं, जो अपनी मदद खुद करते हैं।

प्र. 4 : विचार, इच्छा, संकल्प व सफलता में क्या संबंध है?

उत्तर : विचार से इच्छा, इच्छा से संकल्प तथा संकल्प से सफलता को प्राप्त किया जा सकता है। जब विचार के कारण मन में कोई इच्छा उठती है तो शीघ्र मन कल्पना शक्ति से एक मानसिक चित्र रच लेता है। यदि मन की इच्छा निर्बल हुई तो वह कल्पना चित्र कुछ क्षणों में ही अवचेतन मन में विलीन हो जाता है, लेकिन यदि वह इच्छा बलवती हुई तो मन की विद्युत् धारा चारों ओर उड़-उड़कर अनुकूल वातावरण तैयार करेगी। बलवती इच्छाशक्ति अब बुद्धि को सक्रिय करेगी, विचारों की सृजनात्मक शक्ति उस इच्छा को पूर्ण करने में जुट जाएगी, अब बुद्धि में उस कल्पना चित्र को पाने के लिए तरकीब उठेगी, संकटों का मुकाबला करने योग्य शक्ति पैदा होगी। इसी शक्ति को 'संकल्पशक्ति' कहते हैं। इसी शक्ति के कारण हम बड़े-से-बड़े काम में सफलता प्राप्त कर पाते हैं।

प्र. 5 : आप अवसादग्रस्त हैं तो इसका भावनात्मकता के संबंध में क्या मतलब है?

उत्तर : आप अवसादग्रस्त हैं तो इसका यह भी मतलब है कि आप इमोशनल या भावनात्मक रूप से अच्छे हैं। आपने अपनी भावनाओं को बस गलत दिशा में लगा दिया है, अगर आप अच्छे विचारों द्वारा अपनी भावनाओं को सकारात्मक बनाकर आसानी से अवसाद मुक्त हो सकते हैं। इसके लिए आपको एक अच्छे गुरु की आवश्यकता होगी।

प्र. 6 : आपके आनंदित होने के लिए आपकी भावनाओं एवं विचारों पर किसकी मर्जी होनी चाहिए?

उत्तर : आपके आनंदित होने के लिए आपकी भावनाओं एवं विचारों पर बुद्धि की मर्जी नहीं होनी चाहिए। अहंकार की मर्जी नहीं होनी चाहिए। आपके द्वारा जो यादें इकट्ठी की गई हैं, उनकी भी मर्जी नहीं होनी चाहिए, जब आप इन सबसे ऊपर उठकर चित्त की अवस्था में पहुँच जाते हैं तो आप सर्वोत्तम सुख, यानी आनंद की अनुभूति कर सकते हैं।

प्र. 7 : 'आप क्या नहीं हैं?' यह जान लें तो आप क्या हो जाएँगे?

उत्तर : आपके द्वारा इकट्ठी की हुई जानकारियाँ, आपकी भावनाएँ यह सभी आपकी हैं। आप यह सब नहीं हैं। यदि आप बस यह जान जाएँ तो आप ज्ञानी हो जाएँगे।

प्र. 8 : नींद नहीं आने का क्या कारण है ?

उत्तर : नींद नहीं आने का मुख्य कारण असुरक्षा की भावना है, इसके अतिरिक्त मन में छिपी इच्छाओं के पूरा नहीं होने से, कुछ रोग या फिर कुछ धन की लालसा भी नींद न आने के मुख्य कारणों में से कुछ हैं।

प्र. 9 : जीवन का मकसद विचारों व भावनाओं के अनुसार क्या है ?

उत्तर : जीवन का मकसद विचारों के जालों को बिछाए बिना भरपूर जीना है। विचार व भावनाएँ दीवारों के समान हैं, जिन्हें इनसान ने ही खड़ा किया है और वही इन विचारों और भावनाओं के जाल में फँस गया है। भविष्य के बारे में अधिक विचार किए बिना वर्तमान समय में भरपूर जीना ही जीवन का असली मकसद है। वर्तमान ही सत्य है।

प्र. 10 : नकारात्मक भावनाओं से कैसे बचें ?

उत्तर : यदि हम सबकी भावनाओं का सम्मान करेंगे तो हम नकारात्मक भावनाओं से बचे रह सकते हैं। दूसरों की भावनाओं का भी सम्मान करें, जैसे आप स्वयं रहना चाहते हैं, वैसे स्वयं रहिए एवं जैसे दूसरे रहना चाहते हैं, उन्हें उसी प्रकार रहने दीजिए।

प्र. 11 : हीनभावना, यानी इंफेरियारिटी कॉम्प्लेक्स का मूल कारण क्या है ?

उत्तर : अगर आपमें हीनभावना आ रही है तो इसका कारण यह है कि आप अपने भीतर से स्वयं का मूल्य नहीं जान पाए हैं। आप स्वयं को मूल्यवान् नहीं समझते हैं। हीनभावना बाहर नहीं है। यह भीतर की कमजोरी है। भीतर से जब आप स्वयं को मूल्यवान् जान जाते हैं या समझ जाते हैं तो बाहर की हीनभावना स्वतः ही खत्म हो जाती है। हर व्यक्ति में श्रेष्ठताएँ भी होती हैं, जब कोई व्यक्ति स्वयं की श्रेष्ठता को पहचानने लगता है तो हीनभावना स्वतः ही कम होने लगती है।

प्र. 12 : आसक्ति (Attachment) के लिए क्या करना होता है ? अनासक्त भाव के लिए क्या करना होगा ? अनासक्त का क्या परिणाम है ?

उत्तर : आसक्ति के लिए बस स्वयं से दूर होना होता है। जब स्वयं से दूर हो जाएँगे तो स्वाभाविक रूप से किसी एक व्यक्ति के या एक वस्तु के निकट होंगे, जिसके कारण स्वयं (आत्मा) से अनासक्त होना पड़ेगा, क्योंकि यही संतुलन का सिद्धांत है। इसके विपरीत अनासक्त भाव प्राप्त करने के लिए सांसारिक रिश्तों व वस्तुओं से दूर व स्वयं के करीब आना होगा। अनासक्त भाव होने से मनुष्य का मन स्थिर होने लगता है।

प्र. 13 : प्रेम उपजता है तो कौन सा भाव उमड़ता है या भीतर महसूस होता है?

उत्तर : जब प्रेम उपजता है तो देने का भाव आता है, जब देने का भाव आ रहा है किसी को तो निश्चित रूप से प्रेम भीतर उमड़ा है।

प्र. 14 : मनुष्य ने विचारों के बारे में सबसे बड़ी गलती क्या की है?

उत्तर : मनुष्य के पास विचार आए, विचार हमेशा बाहर से अंदर आते हैं। गलती से मनुष्य इन्हें ही अपने स्वयं के विचार मान लेता है। इस तरह वह स्वयं को छोड़कर विचार ही बन जाता है। इस कारण वह स्वयं को जान नहीं पाता।

प्र. 15 : नकारात्मक सोच या मानसिक तनाव किसको तेज कर देते हैं, जिसकी वजह से नींद नहीं आती?

उत्तर : नकारात्मक सोच या मानसिक तनाव हृदय गति, यानी हार्टबीट को तेज कर देते हैं, जिससे नींद नहीं आती।

प्र. 16 : सच्चा अनुशासन कहाँ होना चाहिए? इसे कौन सिखा सकता है?

उत्तर : सच्चा अनुशासन हमारे विचारों में होना चाहिए, अगर विचार अनुशासित होंगे तो कर्म भी अनुशासित होंगे। इसके अलावा हमें प्रकृति को भी देखना चाहिए, क्योंकि प्रकृति बहुत ही अनुशासित है।

प्र. 17 : आलस्य व टालमटोल का कारण क्या है?

उत्तर : आलस्य व टालमटोल का कारण अपने काम के प्रति रुचि (Interest) या यूँ कहें, प्रेम की कमी, अगर आप जो काम अपने जीवन में कर रहे हैं, वो आपकी रुचि का नहीं है और आप अपने काम से प्रेम नहीं कर रहे तो आप अपने जीवन में आलस्य व टालमटोल का रवैया अपनाने लगेंगे।

प्र. 18 : शिद्दत का क्या मतलब है? शिद्दत से कार्य आसान क्यों हो जाता है?

उत्तर : व्यावहारिक जीवन में शिद्दत बॉडी, माइंड और एनर्जी का एक हो जाना है। दूसरे शब्दों में हम कह सकते हैं कि जब विचार, भावनाएँ और क्रिया एक हो जाएँ तो यह शिद्दत का रूप ले लेती है।

प्र. 19 : दिल कुछ नहीं बोलता तो फिर क्या करता है?

उत्तर : वास्तव में दिल कुछ नहीं बोलता, वह तो उत्तेजित होने पर रक्त प्रवाह बढ़ा देता है। मस्तिष्क में बहुत ज्यादा विचार चलते हैं, तब उत्तेजना होती है। इस कारण ऊर्जा की जरूरत ज्यादा होती है। ऐसी दशा में दिल बैलेंस स्थापित करता है और अतिरिक्त ब्लड शरीर को प्रेषित करता है। इसी वजह से संतुलन का कार्य दिल करता है।

प्र. 20 : अपनी बीमारियों को अच्छे विचारों या दवाइयों से भली प्रकार नहीं मिटाया जा सकता तो फिर कैसे मिटाया जा सकता है ?

उत्तर : अपनी बीमारियों को अच्छे विचारों या दवाइयों से भली प्रकार नहीं मिटाया जा सकता, बल्कि हमें पहले अपने अच्छे विचारों से हमारे भीतर छिपे दुःखों को मिटाना होगा और हमारे अंदर के दुःख जब अच्छे विचारों से निर्मल हो जाएँगे, तब हमारा शरीर भी स्वस्थ हो जाएगा। यह भी देखना होगा कि बीमारी किस हद तक बढ़ चुकी है। मन के दुःख ही बीमारी के रूप में प्रकट होते हैं। इसीलिए कहते हैं कि मन ही सूक्ष्म शरीर है।

1.5 कृतज्ञता, प्रेम, क्षमा, खुशी व सफलता

प्र. 1 : आप महान् कब होते हैं ?

उत्तर : जब आप प्रसन्नता के क्षणों में होते हैं, तब आप महान् होते हैं।

प्र. 2 : सबसे महत्त्वपूर्ण यह है कि 'आप यहाँ बैठे-बैठे क्या तैयार कर रहे हैं'। इस कथन की व्याख्या कीजिए।

उत्तर : अगर आप यहाँ बैठे-बैठे दुःखी हैं तो आप दूसरों के लिए भी दुःख ही तैयार करेंगे और आप यहाँ बैठे-बैठे प्रसन्न हैं तो आप दूसरों को भी प्रसन्नता ही देंगे। कहने का तात्पर्य यह है कि अच्छे इरादों से किसी का भला नहीं होता वास्तव में जब तक आप अच्छा महसूस नहीं करते आप स्वयं अच्छे नहीं होते, आप किसी का भी भला नहीं कर सकते, अतः महत्त्वपूर्ण यह है कि हमें बैठे-बैठे आनंदित रहना है, अर्थात् हम प्रसन्न रहकर ही किसी का भला कर सकते हैं।

प्र. 3 : अहंकार और कृतज्ञता से क्या होता है ?

उत्तर : अहंकार से विकर्षण और कृतज्ञता से आकर्षण पैदा होता है।

प्र. 4 : जो चीजें आपके पास हैं, उसके लिए क्या करें एवं जो चीजें आपके पास नहीं हैं, उनके लिए क्या किया जाना चाहिए ?

उत्तर : जो चीजें आपके पास हैं, उसके लिए हम ईश्वर को धन्यवाद करें, यानी हम कृतज्ञ बनें एवं जो चीजें आपके पास नहीं हैं, उसके लिए शिकायत न करें, बल्कि प्रयास करें, पुरुषार्थ करें।

प्र. 5 : कोई भी चीज मुफ्त में नहीं लेनी चाहिए तो फिर क्या करना चाहिए?

उत्तर : बदले में हमें धन्यवाद, धन्यवाद और धन्यवाद जरूर देना चाहिए।

प्र. 6 : प्रेम के अलग-अलग स्तर कौन से हैं?

उत्तर : प्रेम के अलग-अलग स्तर निम्न हैं—

- शारीरिक रूप से किया जानेवाला प्रेम, यह **कामुकता** कहलाता है।
- मानसिक रूप से किया जानेवाला प्रेम, यह **लालच** कहलाता है।
- भावनात्मक रूप से किया जानेवाला प्रेम, यह **प्रेम** कहलाता है।
- जागरूकता के साथ किया जानेवाला प्रेम, यह **आनंद** कहलाता है।

प्र. 7 : प्रेम कोई संबंध नहीं है तो फिर क्या है?

उत्तर : प्रेम कोई संबंध नहीं है, यह तो भावनाओं की मिठास होती है।

प्र. 8 : प्रेम का कारण क्या होता है?

उत्तर : जहाँ कारण होता है, वहाँ प्रेम ही नहीं होता। प्रेम तो असल में दूसरों को खुशी देने का भाव है।

प्र. 9 : लाओत्से कौन थे तथा उनकी चार सर्वश्रेष्ठ शिक्षाएँ क्या हैं?

उत्तर : लाओत्से चीन के एक प्रसिद्ध दार्शनिक थे। इनका समय ईसा पूर्व था और इनके उपदेशों पर आधारित धर्म का नाम लाओ धर्म है। लाओ का अर्थ है आदरणीय वृद्ध और सू का अर्थ है गुरु। इस तरह से लाओत्से शब्द का आशय हुआ—सम्माननीय गुरु! लाओत्से के द्वारा दी गई शिक्षाओं में चार शिक्षा प्रसिद्ध हैं—

1. प्रकृति जल्दबाजी नहीं करती, फिर भी सब काम हो जाते हैं।
2. एक चलती हुई चींटी, बैल से ज्यादा काम करती है। स्थिर मन के सामने ब्रह्मांड भी स्थिर हो जाता है।
3. दूसरों को काबू में करना ताकत है, लेकिन स्वयं को काबू में करना वास्तविक ताकत है।
4. हिंसा, चाहे वो अच्छी नियत से ही क्यों न की गई हो, खुद पर पलटवार जरूर करती है।

प्र. 10 : ज्ञान विवेक में किस कारण बदलता है ?

उत्तर : ज्ञान विवेक में सेवा के परिणामस्वरूप बदलता है।

प्र. 11 : एकाग्रता बढ़ाने के लिए सबसे महत्त्वपूर्ण क्या होगा ?

उत्तर : एकाग्रता बढ़ाने के लिए सबसे आवश्यक यह है कि मनुष्य यह जान ले और उसके अनुभव में ये आ जाए कि जीवन नश्वर है। इससे अनावश्यक कार्य में वह अपनी ऊर्जा व समय को खर्च नहीं करेगा।

प्र. 12 : 'सफलता कभी-कभी सही काम करने से नहीं मिलती और असफलता कभी-कभी गलत काम करने से भी नहीं मिलती।' इस कथन की व्याख्या कीजिए।

उत्तर : यह सच है कि सफलता कभी-कभी सही काम करने से नहीं मिलती, बल्कि लगातार सही काम करने से मिलती है एवं दूसरी ओर असफलता कभी-कभी गलत काम करने से नहीं मिलती, बल्कि लगातार गलत काम करने से मिलती है। इस कथन का यह भी मतलब है कि हमें लगातार सही काम करने की कोशिश करनी चाहिए, लेकिन अगर हम लगातार ही गलत काम करते रहे हैं, तब तो असफलता निश्चित हो जाती है, अगर कभी एक बार गलत काम से सफलता मिल भी जाए तो भी भविष्य में असफल होना तय है।

प्र. 13 : शिक्षा क्या बनाती है और विद्या क्या बनाती है ?

उत्तर : शिक्षा नौकर या व्यापारी बनाती है और विद्या संस्कारी बनाती है। प्राचीनकाल में विद्या दी जाती थी और वर्तमान समय में शिक्षा दी जाती है।

प्र. 14 : दूसरों से पिछड़ने के कारण को एक उदाहरण द्वारा समझाइए।

उत्तर : ज्ञान की कमी के कारण आप अपनी क्षमताओं से भी अनभिज्ञ रहते हैं। मान लीजिए, आपको साइकिल चलानी नहीं आती, आपने साइकिल को स्टैंड पर खड़ा किया और उसमें जोर-जोर से पैडल मारने लगे और एकदम से साइकिल स्टैंड से उतर जाती है और चलने लग जाती है। आप घबराने लगते हैं और वह और तेज चलती है, अब आप दहशत में आ जाते हैं। तो डर का कारण साइकिल नहीं; डर का कारण आपको साइकिल चलाना नहीं आता। दूसरों से पिछड़ने का कारण भी आपके ज्ञान की कमी ही है।

प्र. 15 : खाली स्थान भरिए—

फर्क इससे नहीं पड़ता कि आप क्या पसंद करते हैं, फर्क तो इससे पड़ता है कि आपके आसपास के लोग आपको.........करते हैं या नहीं।

उत्तर : पसंद!

प्र. 16 : इनसान की एक बुनियादी गलती क्या है ?

उत्तर : हर इनसान सबको ठीक करना चाहता है, जबकि वास्तविक खुशी स्वयं को ठीक करने से होगी।

प्र. 17 : पुरुषों के जीवन में अलग-अलग प्राथमिकताएँ हैं। स्त्रियों के जीवन में सबसे अधिक प्राथमिक व स्वाभाविक काम क्या हैं ?

उत्तर : स्त्रियों के जीवन में प्रेम और समर्पण प्राथमिक व स्वाभाविक काम हैं। इसी कारण महिलाएँ अपने परिवार के प्रति समर्पित रहती हैं। महिलाओं के कारण परिवार खुशहाल बना रहता है।

प्र. 18 : आपका खुश रहना कब मुश्किल है ?

उत्तर : आपका खुश रहना तब मुश्किल है, जब आपकी खुशी आपके आसपास के व्यक्ति या वस्तु से तय होने लगती है। खुशी आपके अंदर होती है और वह आपके भीतर ही छिपी होती है।

प्र. 19 : क्षमा का मतलब अंदर से क्या होना होता है ?

उत्तर : क्षमा का मतलब अंदर से खाली होना होता है।

प्र. 20 : युवाओं के लिए यह बहुत जरूरी है कि वे उम्मीदें न बढ़ाएँ, बस एक चीज वे क्या बढ़ाएँ?

उत्तर : उम्मीदें न बढ़ाएँ, बस वे काबिलियत को बढ़ाएँ।

प्र. 21 : सफलता का मूल मंत्र क्या है?

उत्तर : अगर आप यह जान जाते हैं कि मैं कुछ नहीं जानता तो आप बहुत कुछ जान जाते हैं, क्योंकि आपका ध्यान बहुत तेजी से लगने लग जाता है। एक लीडर वही देख पाता है, जो बाकी दूसरे लोग नहीं देख पाते, यानी जब भी किसी को देखें, पूरी गहराई से देखें, जब भी किसी को सुनें तो पूरी गहराई से सुनें, कोई काम करें तो पूरी गहराई के साथ करें।

पारिवारिक संबंधों का आधार 'प्रेम'

दो परिवार एक-दूसरे के पड़ोस में ही रहते थे। एक परिवार हर वक्त लड़ता था, जबकि दूसरा परिवार शांति से और मैत्रीपूर्ण रहता था। एक दिन, झगड़ालू परिवार की पत्नी ने शांत पड़ोसी परिवार से ईर्ष्या महसूस करते हुए अपने पति से कहा, "अपने पड़ोसी के जाओ और देखो कि इतने अच्छे तरीके से रहने के लिए वो क्या करते हैं?" पति वहाँ गया और छुपकर चुपचाप देखने लगा। उसने देखा कि एक औरत फर्श पर पोंछा लगा रही है। अचानक किचन से कुछ आवाज आने पर वह किचन में चली गई, तभी उसका पति एक रूम की तरफ भागा। उसका ध्यान नहीं रहने के कारण फर्श पर रखी बाल्टी से ठोकर लगने के कारण बाल्टी का सारा पानी फर्श पर फैल गया। उसकी पत्नी किचन से वापस आई और अपने पति से बोली, "आई एम सॉरी, डार्लिंग! यह मेरी गलती थी कि मैंने रास्ते से बाल्टी को नहीं हटाया।"

पति ने जवाब दिया, "नहीं डार्लिंग, आई एम सॉरी, क्योंकि मैंने इस पर ध्यान नहीं दिया।" झगड़ालू परिवार का पति जो छुपा हुआ था, वापस घर लौट आया। तो उसकी पत्नी ने पड़ोसी की खुशहाली का राज पूछा। पति ने जवाब दिया, "उनमें और हममें बस यही अंतर है कि हम खुद को सही साबित करने की कोशिश करते हैं, एक-दूसरे को गलती के लिए जिम्मेदार ठहराते हैं, जबकि वह हर चीज के लिए खुद को जिम्मेदार मानते हैं और अपनी गलती मानने के लिए तैयार रहते हैं।"

सार : एक-दूसरे को दोषी ठहराने से दोनों का नुकसान होता है और संबंध भी खराब हो जाते हैं। परिवार में दूसरे की जीत भी अपनी जीत होती है। इसीलिए परिवार को तोड़ना नहीं जोड़ना सीखें, ऐसा करने से आप एक खुशहाल और शांतिपूर्ण परिवार का हिस्सा बन जाएँगे।

प्र. 22 : आत्मबल किस गुण के होने से बढ़ता है?

उत्तर : आत्मबल क्षमा के गुण के होने से बढ़ता है।

प्र. 23 : आपको कामयाबी पर ध्यान नहीं लगाना चाहिए तो फिर क्या करना चाहिए?

उत्तर : आपको कामयाबी पर ध्यान नहीं लगाना चाहिए, बल्कि स्वयं को और अधिक काबिल बनाने पर ध्यान देना चाहिए।

प्र. 24 : 'Newrons that fire together and wire together' किसने कहा व इसका क्या मतलब है?

उत्तर : यह वाक्य डोनाल्ड हैब द्वारा कहा गया। इसका मतलब यह हुआ कि जितना अधिक न्यूरो सर्किट हम मस्तिष्क में बार-बार दोहराएँगे, वह उतना ही विकसित होगा। इसीलिए कहा गया कि अभ्यास से निपुणता (Perfection) आती है।

प्र. 25 : क्या सकारात्मक कार्य और सकारात्मक प्रयास से सफलता मिलती है?

उत्तर : सकारात्मक कार्य और सकारात्मक प्रयास से सफलता मिले, यह आवश्यक नहीं, लेकिन यह निश्चित है कि सफलता की संभावना (Possibility)जरूर बढ़ जाती है।

प्र. 26 : सफलता (Success) का संबंध अगर प्रसन्नता (Happiness) से है तो प्रसन्नता का संबंध किससे है?

उत्तर : सफलता का संबंध अगर प्रसन्नता से है तो निश्चित ही प्रसन्नता का संबंध (Gratitude) से है, क्योंकि कृतज्ञता से ही प्रसन्नता उत्पन्न होती है और प्रसन्नता के कारण ही बाहरी दुनिया में सफलता मिलती है।

प्र. 27 : सफलता में आपके अलावा अन्य किन-किन चीजों की आवश्यकता होती है?

उत्तर : सफलता या असफलता में हमारे अलावा परिस्थिति, समय व अन्य लोगों का भी हाथ होता है।

प्र. 28 : आप हमेशा 'हाँ जी' कब कह सकते हैं?

उत्तर : जब आप अपने कार्य के प्रति ईमानदार हों तब आप हमेशा 'हाँ जी' कह सकते हैं।

प्र. 29 : जननी का संकल्प कभी निष्फल नहीं जाता, इसे उदाहरण से समझाइए।

उत्तर : महाराज उत्तानपाद के अस्वीकार करने के पश्चात् सुनीति के संकल्प के कारण ही ध्रुव श्री नारायण भक्त बने एवं उन्हें परम पद मिला। इसी प्रकार दानव हिरण्यकश्यप के न चाहने पर भी उनकी पत्नी एवं भक्त प्रह्लाद की माँ के संकल्प के कारण ही प्रह्लाद श्री नारायण के भक्त बने।

प्र. 30 : यदि हम बच्चों को श्रीकृष्ण व विवेकानंद का ज्ञान नहीं देंगे तो वे क्या करेंगे?

उत्तर : यदि हम बच्चों को श्रीकृष्ण व विवेकानंद का ज्ञान नहीं देंगे तो वे फिल्मी कलाकारों को अपना आदर्श बनाएँगे। वे फिल्मी कलाकारों की नकल करने लगेंगे।

प्र. 31 : आप कभी कामयाब नहीं होंगे, अगर आपको सूरज जगाएगा पर आप जरूर कामयाब होंगे जब...।

उत्तर : आप कभी कामयाब नहीं होंगे, अगर आपको सूरज जगाएगा, पर आप जरूर कामयाब होंगे जब आप सूरज को जगाएँगे।

प्र. 32 : अगर आप गैर-जरूरी काम यथा काम, क्रोध, लोभ, मोह आदि नहीं करते तो आपके अंदर क्या होता है?

उत्तर : जब आप गैर-जरूरी काम नहीं करते तो आपके अंदर जो ऊर्जा है, वह आपके अंदर छुपी संभावनाओं को विकसित करने में मदद करने लगती है।

प्र. 33 : जीवन का विस्तार किससे तय होता है?

उत्तर : हम अपने भीतर से जीवन को कितना पकड़ पाते हैं। यह तय करेगा कि जीवन का विस्तार कितना होगा।

प्र. 34 : धूल के डर से खिड़की बंद कर ली जाए तो धूप का आना भी बंद हो जाता है। इससे क्या स्पष्ट होता है?

उत्तर : अगर प्रतिकूलताओं के डर से काम करना ही बंद कर दिया जाए तो फिर संघर्ष, अनुभव और ज्ञान कैसे आएगा। प्रतिकूलताओं को भी आने दीजिए। प्रतिकूलता भी हमें ज्ञानी व अनुभवी बनाती है।

प्र. 35 : सफेद रंग सफेद क्यों है और काला रंग काला क्यों है? आप सफेद कपड़े कब और क्यों पहनते हैं?

उत्तर : किसी भी ऑब्जेक्ट या वस्तु को इस आधार पर रंग के रूप में जाना जाता है, जिस रूप में वह प्रतिबिंबित (Reflect) करती है, सफेद रंग एक ऐसा रंग है, जो सारे रंगों को बाहर प्रतिबिंबित करता है और जब सभी रंगों को बाहर एप्लाई कर दिया जाता है तो वह मिलकर सफेद रंग बन जाता है और काला रंग काला इसलिए है, क्योंकि काला रंग सारे रंगों को अपने अंदर ग्रहण कर लेता है। इस प्रकार हम देखते हैं कि सफेद कपड़े अकसर हम शांति के लिए पहनते हैं, क्योंकि शांति तभी आती है, जब हम भौतिकता से हमारे ऊपर पड़नेवाले सभी प्रभाव को बाहर छोड़ देते हैं, तभी हम शांत रह सकते हैं, अतः शांति को प्रदर्शित करने के लिए सफेद कपड़े पहने जाते हैं और जितने भी शोक होते हैं, उनके दौरान भी व्यक्ति सफेद वस्त्र ही पहनता है।

प्र. 36 : जीवन में वासना व प्रार्थना के होने का मुख्य कारण क्या है?

उत्तर : जीवन में वासना का मुख्य कारण आलोचना है एवं प्रार्थना का मुख्य कारण धन्यवादी होना है तो यदि हम आलोचना करते हैं तो हमारे अंदर वासना का जन्म होता है एवं दूसरी ओर यदि हम धन्यवादी हो रहे हैं तो प्रार्थना की दिशा में बढ़ने जा रहे हैं। धन्यवादी होने से सकारात्मकता महसूस होगी।

प्र. 37 : मनुष्य के लिए सबसे बड़ी बुद्धिमानी क्या कही जा सकती है?

उत्तर : कृतज्ञता ही सबसे बड़ी बुद्धिमानी है। हम तो घास के एक पत्ते को भी पूरी तरह से नहीं जान पाए हैं। प्रकृति व ईश्वर के प्रति कृतज्ञता ही मनुष्य की सबसे बड़ी बुद्धिमानी कही जा सकती है। इसी गुण के कारण मनुष्य ज्ञान प्राप्त कर सकता है।

प्र. 38 : कृतज्ञता से आपमें क्या चीज बढ़ने लगती है तथा इससे आपकी सीमाओं पर क्या प्रभाव पड़ता है?

उत्तर : कृतज्ञता से आपमें आदर की भावना उत्पन्न होने लगती है। आदर की भावना पैदा होने से आप बहुत अधिक ग्रहणशील हो जाते हैं और

ग्रहणशील बनने के कारण आप ज्यादा सीखते हैं। इस कारण आपकी सीमाओं का विस्तार हो जाता है। आप अलग किस्म के इनसान बन जाते हैं। आप धन्यवाद मात्र बोलें ही नहीं, बल्कि धन्यवाद के कारण को सोचें भी।

प्र. 39 : जीवन का प्रारंभिक उद्देश्य क्या कहा जा सकता है ?

उत्तर : जीवन का प्रारंभिक उद्देश्य मात्र जीवन का आदर करना, यानी कि समय का व दूसरे व्यक्तियों के विचार व भावनाओं का आदर करना कहा जा सकता है।

प्र. 40 : प्रेम करने का सही तरीका क्या है ?

उत्तर : प्रेम करने का सही तरीका स्वयं को प्रेमी के प्रति समर्पित कर देना है।

प्र. 41 : इनसान प्यार क्यों करता है ?

उत्तर : इनसान जो है, उससे अधिक बनना चाहता है। इसलिए वह दूसरों को भी अपने में समा लेना चाहता है।

प्र. 42 : प्यार को कब कामुकता कहा जाता है ? और कब लालच कहा जाता है ?

उत्तर : प्यार जब सामान्य रूप से किया जाता है या शारीरिक सुख के लिए किया जाता है तो उसे कामुकता कहा जाता है और जब उसे मानसिक रूप से पदार्थों व सुख-सुविधाओं की प्राप्ति के लिए किया जाता है तो लालच कहा जाता है।

प्र. 43 : प्यार का भावनाओं से क्या संबंध है ?

उत्तर : प्यार भावनाओं की मिठास है।

प्र. 44 : प्रेम कहाँ पैदा होता है ?

उत्तर : प्रेम आपके भीतर पैदा होता है। प्रेम वह नहीं है, जो आप करते हैं, यह असल में वह है, जो आप स्वयं बन जाते हैं।

प्र. 45 : आत्मारूपी सूर्य के प्रकाश के सान्निध्य में चंद्ररूपी क्या अस्त हो जाता है ?

उत्तर : आत्मारूपी सूर्य के प्रकाश के सान्निध्य में चंद्ररूपी मन अस्त हो जाता है, मन विचारों का समुद्र है।

प्र. 46 : प्रेम क्या है?

उत्तर : प्रेम आपके अंदर उठ रही भावनाओं की मिठास है, यह वास्तव में स्वयं पर आधारित होती है।

1.6 इच्छा, ईर्ष्या, क्रोध, अहंकार, भय, प्रतिस्पर्द्धा, दुःख व असफलता

प्र. 1 : इच्छाएँ क्या हैं? इच्छाएँ अच्छी हैं या बुरी हैं?

उत्तर : इच्छा एक शक्ति है। इच्छाएँ न अच्छी हैं, न बुरी हैं, अगर इच्छाएँ पूर्ण नहीं होतीं तो मनुष्य उन्हें पाने का प्रयास करता है। इच्छाओं के गर्भ से ही ज्ञान का उदय होता है। जो भी जीवन में ज्ञान आएगा, वो भी एक इच्छा के कारण आएगा। जीवन में वैराग्य आएगा वो भी इच्छाओं के कारण ही आएगा। जीवन में काम, क्रोध, लोभ, मोह, अहंकार इच्छाओं के कारण ही आएगा। कहने का आशय यह है कि इच्छाएँ एक शक्तिस्वरूप हैं। इसलिए यह आवश्यक है कि हम अपने विवेक द्वारा इच्छाओं को सही दिशा देना सीखें।

प्र. 2 : इच्छाएँ पूर्ण न हों तो क्या होता है? इच्छाएँ पूर्ण हों तो क्या होता है? वासनाओं का कारण क्या है?

उत्तर : इच्छाएँ पूर्ण न हों तो क्रोध आता है। इच्छाएँ पूर्ण हो जाएँ तो लोभ, यानी लालच आता है। यह इस कारण है कि ये इच्छाएँ बाहर से आई हैं और इनसे हमारे अंदर वासनाओं का जन्म होता है।

प्र. 3 : राग से किसको संबंधित कर सकते हैं, द्वेष से किसको संबंधित कर सकते हैं? इन दोनों को किससे संतुलित कर सकते हैं?

उत्तर : राग से रजोगुण को संबंधित कर सकते हैं। द्वेष से तमोगुण को संबंधित कर सकते हैं। वहीं स्थिरप्रज्ञता को सत्त्व से संबंधित कर सकते हैं। कहने का आशय है सात्त्विकता जीवन में राग और द्वेष को संतुलित कर देती है। इसके परिणामस्वरूप हमें आनंद की अनुभूति होती है। इसका विस्तृत वर्णन अध्याय-6 में किया गया है।

प्र. 4 : इच्छा एवं दृष्टिकोण (Vision) में क्या अंतर है?

उत्तर : इच्छा स्वयं तक सीमित है, जबकि दृष्टिकोण एक विस्तृत एवं व्यापक रूप है।

प्र. 5 : इच्छा पैदा होने का क्या कारण है?

उत्तर : इच्छा पैदा होने का कारण भौतिकता के साथ अपनी पहचान बना लेना है।

प्र. 6 : इच्छा क्या है?

उत्तर : एक संतुलित जीवन को चलाने के लिए रोटी, कपड़ा, मकान और अन्य साधनों की आवश्यकता है और इन आवश्यकताओं से अधिक जो भी है, वह बस इच्छा (Desire) ही है।

प्र. 7 : मनुष्य लोभी क्यों बनता है तथा वह लोभ में क्या समझने लगता है?

उत्तर : मनुष्य इच्छाओं (Desire) के कारण लोभी बनता है तथा लोभ (Greed) का कारण यह है कि मनुष्य अपनी इच्छाओं को अपनी आवश्यकताएँ समझने लगता है और इस कारण धन कितना भी हो, पर्याप्त नहीं पड़ता, क्योंकि इच्छाएँ अनंत हैं।

प्र. 8 : ईर्ष्या का कारण क्या है? क्या समझने से जीवन में ईर्ष्या का भाव नहीं रहेगा?

उत्तर : ईर्ष्या का कारण प्रतिस्पर्धा है। हमें यह समझना चाहिए कि हम सभी लोग अलग-अलग हैं, इसलिए एक ही दिशा में या एक ही कार्य में सभी लोग सर्वश्रेष्ठ नहीं हो सकते।

ईर्ष्या स्वयं के लिए ही नुकसानदायक

एक गाँव में एक गरीब किसान रहता था। उसके पास एक बहुत छोटा सा खेत था, जिसमें कुछ सब्जियाँ उगाकर वह अपना व अपने परिवार का पेट पालता था। गरीबी के कारण उसके पास धन की हमेशा कमी रहती थी। वह बहुत ईर्ष्यालु स्वभाव का था। इस कारण उसकी अपने अड़ोसी-पड़ोसी व रिश्तेदारों से बिल्कुल नहीं बनती थी। किसान की उम्र ढलने लगी थी, अतः उसे खेत पर काम करने में काफी मुश्किल आती थी। खेत जोतने के लिए उसके पास बैल नहीं थे। सिंचाई के लिए वर्षा पर निर्भर रहना पड़ता था। खेत में और उसके आसपास कोई कुआँ भी नहीं था, जिससे वह अपने खेतों की सिंचाई कर सके।

एक दिन वह अपने खेत से थका-हारा लौट रहा था। उसे रास्ते में सफेद कपड़ों में सफेद दाढ़ीवाला एक बूढ़ा मिला। बूढ़ा बोला, "क्या बात है भाई, बहुत दुःखी जान पड़ते हो?" किसान बोला, "मेरे पास धन की बहुत कमी है। मेरे पास एक बैल होता तो मैं खेत की जुताई, बुआई और सिंचाई का सारा काम

आराम से कर लेता।" बूढ़ा बोला, "अगर तुम्हें एक बैल मिल जाए तो तुम क्या करोगे?" किसान बोला, "तब मेरी खुशी का ठिकाना नहीं रहेगा। मेरी खेती का सारा काम बहुत आसान हो जाएगा, पर बैल मुझे मिलेगा कहाँ से?"

"मैं आज ही तुम्हें एक बैल दिए देता हूँ, यह बैल घर ले जाओ और घर जाकर अपने पड़ोसी से कहना कि वह मेरे पास आकर दो बैल ले जाए।"

बूढ़े की बात सुनकर किसान को भीतर-ही-भीतर क्रोध आने लगा। वह ईर्ष्या के कारण जल-भुनकर रह गया। वह बोला, "आप नहीं जानते कि मेरे पड़ोसी के पास सबकुछ है। यदि आप मेरे पड़ोसी को दो बैल देना चाहते हैं तो मुझे एक बैल भी नहीं चाहिए।" बूढ़े ने बैल को अपनी ओर खींच लिया और कहा, "क्या तुम जानते हो कि तुम्हारी समस्या क्या है? तुम्हारी समस्या गरीबी नहीं, ईर्ष्या है। तुम्हें जो कुछ मिल रहा है, यदि तुम उसी को देखकर संतुष्ट हो जाते और पड़ोसियों व रिश्तेदारों की सुख-सुविधा से ईर्ष्या न करते तो शायद संसार में सबसे ज्यादा सुखी इनसान बन जाते।" इतना कहकर बूढ़ा जंगल में ओझल हो गया। किसान मनुष्य की ईर्ष्यालु प्रवृत्ति के बारे में सोचने लगा।

***सार :** ईर्ष्या खुद के लिए नुकसानदायक होती है। इसलिए ईर्ष्या छोड़कर संतुष्टि और धैर्य अपनाएँ।*

प्र. 9 : दुःख का कारण क्या है और सुख के साधन क्या हैं?

उत्तर : दुःख का कारण मोह (Affection) है तथा सुख के साधन सत्य व संतोष हैं।

प्र. 10 : ज्यादा उम्मीद (Expectation) करने से क्या हानि होती है?

उत्तर : ज्यादा उम्मीद करने से हमारी उपयोगी ऊर्जा फालतू के कामों में यथा—चिंता (Anxiety), क्रोध (Anger), ईर्ष्या (Jealous) व लोभ (Greed) में लग जाती है, जब ऊर्जा अनुपयोगी कार्य में लग जाती है तो आवश्यक व उपयोगी कार्य करने के लिए समय ही नहीं बचता है।

प्र. 11 : चार्वाक विचारधारा (Charvac Ideology) में 'मैं' कौन हूँ? संक्षिप्त में समझाइए।

उत्तर : चार्वाक विचारधारा में 'मैं' शरीर (Body) हूँ। चार्वाक दर्शन एक

भौतिकवादी नास्तिक दर्शन है। यह मात्र प्रत्यक्ष प्रमाण को ही मानता है। चार्वाक 600 ईसा पूर्व भारत के अनीश्वरवादी और नास्तिक तार्किक थे। चार्वाक विचारधारा में माना गया कि मनुष्य ऋण लेकर भी घी पिए, अर्थात् सुख भोग के लिए, जो भी उपाय करने पड़ें, सब करे। शरीर के नष्ट होने के बाद कुछ नहीं बचता, कोई पुनर्जन्म नहीं होता।

प्र. 12 : वह बुनियादी गलती क्या है, जिसे सभी व्यक्ति करते हैं ?

उत्तर : एक बुनियादी गलती, जो सभी लोग करते हैं, वह यह है कि व्यक्ति दुःख का अनुभव करता है और उसका कारण बाहरी वातावरण, परिस्थिति या व्यक्तियों को समझता है। प्रत्येक इनसान के अनुभव उसके भीतर ही उत्पन्न होते हैं।

प्र. 13 : भय से मुक्त होने के 2 तरीके बताइए ?

उत्तर : भय से मुक्त होने का पहला तरीका है **सत्य** और दूसरा तरीका है **भरोसा**। जिसको भरोसा हो, उसे भय नहीं। जो सत्य के साथ हो जाए, वह निर्भय हो जाता है। ऐसा भी कहा जाता है कि सत्य के पुत्र का नाम है अभय।

प्र. 14 : कुछ नहीं करते हुए भी शोकमय व व्यथित रहनेवाले को क्या कहेंगे ?

उत्तर : कुछ भी नहीं करते हुए भी शोकमय व व्यथित रहनेवाले को अज्ञानी कहेंगे।

प्र. 15 : ईर्ष्या कैसे खत्म होती है ?

उत्तर : ईर्ष्या निःस्वार्थ सेवा (Service) भाव से अवश्य खत्म होती है।

प्र. 16 : खाली स्थान भरिए—

मनुष्य ही एक ऐसा प्राणी है, जिसका..........दाँतों में नहीं..........में है।

उत्तर : जहर, शब्दों।

प्र. 17 : लोगों की अनेक अच्छाइयों को न देखकर उनकी मात्र एक बुरी आदत को देखने के प्रयास से हमें क्या नुकसान होता है ?

उत्तर : ऐसी आदत होने से यह नुकसान होता है कि जब कभी स्वयं की जिंदगी में कुछ नकारात्मक परिस्थितियाँ आ जाती हैं तो वह उन नकारात्मक परिस्थितियों का सामना करने के अयोग्य हो जाता है, क्योंकि वह ऐसा बार-बार करने से नकारात्मक स्वभाववाला बन चुका होता है।

प्र. 18 : चाहत व भय का क्या संबंध है ? भय के लिए क्या करना होता है ?

उत्तर : जब मन में चाहत होती है, तभी भय उत्पन्न होता है, जब मन में चाहत

न हो तो भय भी उत्पन्न नहीं होता। भय के लिए जो चीजें वर्तमान में उपस्थित ही नहीं हैं तथा जिनकी उपस्थिति की संभावनाएँ भी बहुत ही कम हैं, उनकी कल्पनाएँ करनी होती हैं।

प्र. 19 : झूठ बोलने का क्या अर्थ होता है ?

उत्तर : जैसे ही आप झूठ बोलते हैं, आप अपने आसपास कुछ रच लेते हैं और वह लौटकर आपके पास आता है, कई गुना होकर, अर्थात् झूठ बोलने का अर्थ है स्वयं के लिए ही नकारात्मकता को रच लेना।

प्र. 20 : संबंध (Relationship) झूठे क्यों हैं ?

उत्तर : संबंध (Relationship) शरीर पर आधारित होते हैं और शरीर नश्वर है। शरीर का नाश निश्चित है। इसलिए कह सकते हैं, जब शरीर नश्वर है तो संबंध भी नश्वर ही हुए।

प्र. 21 : गुस्से को खत्म करने के लिए सबसे बड़ी आवश्यकता क्या है ?

उत्तर : गुस्से को खत्म करने के लिए स्वयं की जागरूकता ही सबसे बड़ी आवश्यकता है, अगर आप ये कहते हैं कि मैं गुस्सा नहीं करूँगा तो ये कहना गलत है। आपको और आगे जाना चाहिए और ये कहना चाहिए कि मैं गलत शब्द नहीं बोलूँगा। गलत शब्द बोलना गुस्से के बढ़ने का कारण है, अगर आप जागरूकता के स्तर को बढ़ा सकेंगे तो निश्चित रूप से आप अपने गुस्से को महसूस कर पाएँगे। इस कारण आप सही समय पर सही काम कर पाएँगे और सही शब्द बोल सकेंगे।

प्र. 22 : दु:खों का कारण संसार नहीं तो फिर क्या है ?

उत्तर : दु:ख का कारण संसार या वस्तुएँ नहीं हैं। हमारी इन चीजों के प्रति आसक्ति ही दु:ख का कारण हैं। संसार से जो हमने संबंध बना लिये, जो रिलेशन बना लिये वो हैं। आज हम अपने ऑफिस में हैं और हमें पता चले कि चोरी हो गई है तो हम पर कोई फर्क नहीं पड़ेगा, लेकिन कोई हमें यह

कहे कि वो चोरी आपके अपने घर में हो गई है तो आप पर तुरंत फर्क पड़ेगा। कहने का आशय यह है कि संसार दुःख का कारण नहीं है, बल्कि दुःख का कारण उस संसार में बनाए गए हमारे अपने संबंध हैं।

अहंकार का प्रतिफल

एक बढ़ई शाम को अपनी दुकान बंद कर घर चला गया। जब वह चला गया, तो एक जहरीला साँप दुकान के अंदर घुस गया। साँप भूखा था। इस आशा में कि कुछ खाने को मिल जाए, वह इधर-उधर रेंगने लगा। इसी बीच वो एक कुल्हाड़ी से टकरा गया और थोड़ा सा चोटिल हो गया। उसे गुस्सा आ गया और बदला लेने के लिए उसने कुल्हाड़ी को डंक मार दिया। साँप का डंक उस धातु की कुल्हाड़ी का क्या बिगाड़ लेता? उलटा साँप के मुँह से ही खून निकलने लग गया।

गुस्से और अहंकार से वो साँप पागल हो गया और उस कुल्हाड़ी को मारने के लिए हरसंभव कोशिश करने लगा। उसको बहुत दर्द हो रहा था, फिर भी वो उस कुल्हाड़ी के चारों ओर लिपट गया। अगले दिन जब कारपेंटर ने दरवाजा खोला, तो देखा कि कुल्हाड़ी पर लिपटा हुआ साँप मरा पड़ा था। वह साँप किसी और की गलती से नहीं मरा, उसकी यह हालत खुद की अकड़ और गुस्से के कारण हुई।

सार : *हमें भी जब गुस्सा आता है, तो हम दूसरों को नुकसान पहुँचाने का काम करते हैं, लेकिन कुछ समय बीतने के बाद हमें यह अहसास होता है कि हमने अपने को दूसरों से और ज्यादा नुकसान पहुँचा दिया है।*

प्र. 23 : दूसरों से तुलना या प्रतिस्पर्धा करने के संबंध में लोग अकसर क्या गलती करते हैं?

उत्तर : हम दूसरों से प्रतिस्पर्धा करते हैं तो हम सामनेवाले के परिणाम से हमारे आज की तुलना करते हैं, परंतु परिणाम के पीछे के काम से खुद के काम की तुलना करना भूल जाते हैं।

प्र. 24 : वह कौन सा कारण है, जिसकी वजह से हमें लोगों से बात करने में बेचैनी महसूस होती है?

उत्तर : इसका प्रमुख कारण है आपका सहज न होना, स्वयं को आदर्शवान

साबित करने की कोशिश करना। आप जितने वर्तमान में रहेंगे तथा सहजता के साथ रहेंगे, उतना ही आपका लोगों के साथ रहना आसान हो जाएगा। सहज रहने के लिए आपको अपनी कमियों को सहजता से स्वीकारना व बोलने का भी अभ्यास करना चाहिए।

प्र. 25 : काम, क्रोध, लोभ व अहंकार की ऊर्जा का क्या करें और इन्हें कहाँ लगाएँ?

उत्तर : काम, क्रोध, लोभ व अहंकार, ये सभी ऊर्जा नकारात्मक ऊर्जा हैं। इनका भी उपयोग किया जा सकता है। कामनाओं की इच्छा स्वार्थ को दूर करने के लिए उपयोग में लाई जा सकती है और इसी ऊर्जा को परमार्थ में लगाया जा सकता है। क्रोध की ज्वाला मन की चंचलता को दूर करके शांत करने में उपयोग की जा सकती है। लोभ सत्संग का किया जाए। इसी तरह मोह की ऊर्जा का इस्तेमाल करके ईश्वर में लगाया जा सकता है, लेकिन अहंकार एक ऐसा दुर्गुण है, जिसे कहीं भी नहीं लगाया जा सकता। इस प्रकार हम देखते हैं कि सभी नकारात्मक ऊर्जाओं का उपयोग है, सिर्फ अहंकार ही ऐसी ऊर्जा है, जिसका कोई भी उपयोग नहीं है।

विवेक से आत्म-नियंत्रण

यूनान के प्रसिद्ध दार्शनिक सुकरात अपने शिष्यों के साथ चर्चा कर रहे थे। उसी समय एक ज्योतिषी वहाँ घूमता हुआ पहुँचा, जो चेहरा देखकर व्यक्ति के चरित्र के बारे में बताने का दावा करता था। वह सुकरात और उनके शिष्यों के सामने भी यही दावा करने लगा। ज्योतिषी सुकरात का चेहरा देखकर कहने लगा, "इसके नथुनों की बनावट बता रही है कि इस व्यक्ति में क्रोध की भावना प्रबल है।" यह सुनकर सुकरात के शिष्य नाराज होने लगे, पर सुकरात ने उन्हें रोककर ज्योतिषी को अपनी बात कहने का पूरा मौका दिया।

ज्योतिषी ने आगे कहा, "इसके माथे और सिर के आकार के कारण यह निश्चित रूप से लालची होगा। इसकी ठोड़ी की रचना कहती है कि यह बहुत बड़ा सनकी भी है। इसके होंठों और दाँतों की बनावट के अनुसार यह व्यक्ति सदैव देशद्रोह करने के लिए प्रेरित रहता है।" यह सब सुनकर सुकरात ने ज्योतिषी को इनाम देकर भेज दिया। इस पर सुकरात के शिष्य भौचक्के रह गए। सुकरात ने उनकी जिज्ञासा शांत करने के लिए कहा, "सत्य को दबाना ठीक

नहीं। ज्योतिषी ने जो कुछ भी बताया, वो सब दुर्गुण मुझमें हैं। मैं उन्हें स्वीकारता हूँ। उस ज्योतिषी ने जो कुछ भी कहा, बिल्कुल सही कहा, लेकिन उससे एक भूल जरूर हुई है। वह यह कि उसने मेरे विवेक की शक्ति पर जरा भी गौर नहीं किया, क्योंकि मैं अपने विवेक से इन सभी दुर्गुणों पर अंकुश लगाए रखता हूँ और यही बात वह ज्योतिषी बताना भूल गया।"

सार : *व्यक्ति में कितने भी दुर्गुण हों, लेकिन दुर्गुणों पर यदि वह अंकुश लगा सकता है तो वह है उसका 'विवेक'। विवेक से ही वह आत्म-नियंत्रण रख सकता है।*

1.7 स्वप्न

प्र. 1 : स्वप्न का क्या कारण है?

उत्तर : स्वप्न का कारण मन में चीजों को दबाकर रखना है, जब आप जागृत अवस्था में अपने विचारों और भावनाओं का दमन करते हैं तो वही विचार और भावनाएँ सपने में परिलक्षित होने लगती हैं।

प्र. 2 : स्वप्न क्या खबर देते हैं?

उत्तर : स्वप्न यह खबर देते हैं कि आपके अंदर कौन से विचार और भावनाएँ दबी हुई रह गई हैं।

कर्म का फल

कहते हैं कि दिन में सपने देखना अच्छी बात नहीं है, लेकिन कुछ लोग ऐसे भी होते हैं, जो दिन में आँखें खोलकर सपने देखते हैं। उनमें से एक थे बुद्धूमलजी। अपने नाम की तरह वे सच में बुद्धू ही थे। साथ में कामचोर भी थे। एक दिन बुद्धूमलजी की माँ ने उनसे कहा, "बेटा, तू अब बड़ा हो गया है, कुछ कामकाज सीख, जा, घर से बाहर निकलकर देख, सब लोग कितना काम करते हैं।" बुद्धूमलजी उस समय आलस में बिस्तर में पड़े हुए थे। उबासी लेते

हुए वह उठे और घर से निकलकर चल पड़े। वे थोड़ी ही दूर चले होंगे, तभी उन्होंने देखा कि एक बूढ़ी माई एक पेड़ के नीचे थककर बैठी हुई है। उसके सामने लकड़ियों का एक बड़ा सा गट्ठर रखा हुआ था।

बुद्धूमल ने बूढ़ी माई से पूछा, "ए माई, कुछ काम मिलेगा क्या?" बूढ़ी माई ने कहा, "अरे भाई, मैं तो खुद बहुत गरीब हूँ। मैं किसी को क्या काम दे सकती हूँ। लकड़ियाँ बेचकर जो पैसे मिलते हैं, उससे ही अपना काम चलाती हूँ। आज चलते-चलते बहुत थक गई हूँ।"

"लाओ, मैं तुम्हारी मदद कर देता हूँ।" बुद्धूमल ने कहा। "तुम बड़े ही भले हो, भैया! अगर तुम यह गट्ठर मेरे घर तक पहुँचा दो, इसमें से कुछ लकड़ियाँ मैं तुम्हें भी दे दूँगी।" बूढ़ी माई बोली।

बुद्धूमल खुश हो गए। उन्होंने गट्ठर सिर पर उठा लिया और चल पड़े। वे सोचते जा रहे थे—कोई बात नहीं, पैसे न सही, लकड़ियाँ ही सही, अब इन लकड़ियों को बेचकर मुझे 20-25 रुपए तो मिल ही जाएँगे। उन रुपयों में से कुछ बीज खरीदूँगा। मेरे घर के बाहर जो थोड़ी सी जमीन है, उस पर सब्जियाँ उगाऊँगा। उन सब्जियों को बेचकर जो पैसे मिलेंगे, उन्हें थोड़ा-थोड़ा बचाकर थोड़ी और जमीन खरीद लूँगा। उस पर गेहूँ उगाऊँगा, फिर मुझे और बहुत सारे पैसे मिलेंगे। उन पैसों से एक ट्रैक्टर खरीद लूँगा, तब खेत जोतने में आसानी होगी। फसल को जल्दी से बाजार भी पहुँचा सकूँगा। ढेर सारे पैसे और मिल जाएँगे। उनसे एक बढ़िया मकान खरीदूँगा। सब लोग कहेंगे कि बुद्धूमल कितना बुद्धिमान है।

बुद्धूमल अपने सपने में इतने खो गए कि उन्हें पता ही नहीं चला कि आगे तालाब है, उनका पैर फिसला और वे छपाक से तालाब में गिर गए। साथ ही लकड़ियों का गट्ठर भी पानी में गिर गया। बूढ़ी माई चिल्लाई, "अरे भैया, यह तुमने क्या किया, मेरी लकड़ियाँ गीली कर दीं, अब मैं क्या बेचूँगी! मेरी पूरे दिन की मेहनता बेकार हो गई। अब इन गीली लकड़ियों को कौन खरीदेगा?"

बुद्धूमल पानी से बाहर निकले और बोले, "माई, मुझे माफ कर दो। मैं अपने सपने में इतना खो गया था कि मुझे पता ही नहीं चला कि आगे तालाब है। मेरा तो लाखों का नुकसान हो गया माई!" बुद्धूमल सिर पकड़कर बैठ गए। तब बूढ़ी माई बोली, "बेटा, दिन में सपने देखना अच्छी बात नहीं है। मेहनत करो और फिर सपने देखो, तुम्हें सबकुछ अपने आप मिल जाएगा।"

सार : केवल सपने देखने से नहीं, मेहनत करने से सबकुछ मिलता है।

प्र. 3 : सपने सामान्यतः किसे नहीं आते हैं ?

उत्तर : जागृत जीव को सपने नहीं आते हैं। जो पूरी जागरूकता के साथ अपना जीवन जीता है, उसे सपने नहीं आते।

प्र. 4 : स्वयं को समझने के लिए सपने किस प्रकार सहायक हैं ?

उत्तर : स्वयं को समझने के लिए स्वयं को आनेवाले सपनों को समझना होता है। स्वप्न दमन किए गए विचारों और भावनाओं की सूचनाएँ हैं, अतः सपने आते हैं तो उन विचारों व कारणों का समाधान कीजिए।

1.8 कॅरियर काउंसलिंग व पैरेंटिंग

प्र. 1 : पैरेंटिंग नॉलेज नहीं तो फिर क्या कही जाएगी ?

उत्तर : पैरेंटिंग नॉलेज नहीं तो फिर जुड़ाव (Involvement) कही जानी चाहिए, जब तक पैरेंट्स बच्चों के साथ समय नहीं गुजारेंगे तथा उनके साथ भावनात्मक जुड़ाव नहीं लाएँगे, तब तक यह यंत्रवत कार्य हो जाएगा तथा सकारात्मक परिणाम नहीं आ पाएँगे।

प्र. 2 : अच्छी पैरेंटिंग क्यों महत्त्वपूर्ण है ?

उत्तर : अगर पैरेंट्स ईमानदारी व सही तरीके से अपने बच्चों पर मेहनत करें तो बच्चे पैरेंट्स, समाज व देश के लिए 20 साल का एक बेहतरीन प्रोजेक्ट्स होते हैं, परंतु अगर वे ऐसा नहीं कर पाते तो यही बच्चे पैरेंट्स, समाज व देश के लिए अगले 60 सालों के लिए एक भयानक प्रोजेक्ट साबित होंगे।

प्र. 3 : बच्चों को ध्यान के आलावा और क्या क्या रिखाना चाहिए ?

उत्तर : बच्चे जब यह बोलते हैं कि 'मैं सब जानता हूँ।' तो यह बहुत बुरा है। बच्चों को पूर्वग्रहों (Preconception) से मुक्त बनाना चाहिए, ताकि वे कुछ नया सीख सकें। इसके अलावा बच्चों को संगीत, नृत्य एवं प्रकृति को जानने की शिक्षा दी जानी चाहिए।

प्र. 4 : गुलदाउदी के फूल 3 महीने में आ जाते हैं और आम के 3 साल में, इससे पैरेंट्स के लिए क्या मैसेज मिलता है ?

उत्तर : अकसर पैरेंट्स बच्चों की तुलना लघु अवधि में निर्धारित गोल से किया करते हैं। वे एक साल की परीक्षा के रिजल्ट से ही बच्चों की आपस में तुलना किया करते हैं। अगर वास्तव में अच्छे पैरेंट्स बनना है तो हमें बच्चों को अधिक समय देना होगा। हर बच्चे की सीखने की क्षमता, योग्यता व रुचि अलग-अलग होती है। इस कारण कुछ बच्चे अल्पकाल में सफल हो जाते हैं, परंतु कुछ बच्चे सफलता कुछ समय बाद हासिल कर पाते हैं।

प्र. 5 : शादी क्या है और शादी करनेवालों को आप बेहतर वैवाहिक संबंध के बारे में क्या सुझाव देंगे ?

उत्तर : शादी एक ऐसा पैकेज है, जो शारीरिक, मानसिक, भावनात्मक, सामाजिक व आर्थिक जरूरत को पूरा करता है। वैवाहिक संबंध के बारे में यह सुझाव है कि विवाहित व्यक्ति को विवाह से पूर्व यह बात समझनी चाहिए कि उसने शादी अपनी भलाई के लिए की थी। हमेशा यह बात याद रखें और अपने जीवनसाथी के प्रति आभारी रहें। इससे वैवाहिक संबंध सदैव बेहतर रहेंगे।

प्र. 6 : किसी को सुनना व किसी से बात करना क्या कहलाता है ?

उत्तर : किसी को सुनना और किसी से बात करना उस व्यक्ति की सँभाल (Caring) करना होता है। यह जीवन में रस पैदा करता है। किसी को सुनना और किसी से बात करना यह बतलाता है कि आप उसकी परवाह करते हैं।

प्र. 7 : अंतरजातीय विवाह होने का कौशल से क्या संबंध रहा है ?

उत्तर : अंतरजातीय विवाह होने का कारण परिवार में जो कौशल (Skill) है, उसका विकास करना रहा है।

प्र. 8 : 'आप जो नहीं चाहते, उस रास्ते पर देर तक नहीं चल सकते,' इस कथन की व्याख्या कीजिए।

उत्तर : वास्तव में आप जो चाहते हैं, आपकी ऊर्जा उसी दिशा में लगती है और जो आप नहीं चाहते, उस रास्ते पर आपकी ऊर्जा ही नहीं लगती। इसलिए उस रास्ते पर या तो आप बहुत धीमी गति से चलते हैं या फिर

नाममात्र ही चल पाते हैं। इसी कारण आपको अपनी रुचि के अनुरूप ही अपने कॅरियर का चुनाव करना चाहिए।

प्र. 9 : ईश्वर आपको जब संतान देता है तो वास्तव में वह एक बड़ा अवसर देता है, यह कौन सा अवसर है ?

उत्तर : ईश्वर आपको एक अवसर देता है कि इस संतान के माध्यम से संसार को आप क्या उपलब्धि देंगे।

प्र. 10 : कॅरियर के बारे में पैरेंटस का सबसे जरूरी कर्तव्य क्या है ?

उत्तर : कॅरियर के मामले में पैरेंटस का सबसे जरूरी कर्तव्य यह है कि अपने बच्चों की छुपी हुई प्रतिभा को आगे लाने में सहयोग दें।

प्र. 11 : आप जितने योग्य होंगे, आपकी उतनी क्या होगी ?

उत्तर : आप जितने योग्य होंगे, आपके जीवन में उतनी ही कठिन परीक्षाएँ होंगी।

प्र. 12 : लैंगिक समानता कब आ सकती है ?

उत्तर : मनुष्य की पहचान लिंग से नहीं, बल्कि उसकी काबिलीयत से की जानी चाहिए, तभी किसी देश में लैंगिक समानता आ सकती है।

प्र. 13 : वचन एवं प्रतिबद्धता में क्या अंतर है ?

उत्तर : वचन (Promise) हमेशा दूसरों को दिया जाता है और प्रतिबद्धता (Commitment) स्वयं से की जाती है।

प्र. 14 : विवाह का जीवन में क्या गहरा मतलब है ?

उत्तर : विवाह का मतलब है एक व्यक्ति द्वारा दूसरे व्यक्ति के लिए पूर्णतया समर्पित होना।

प्र. 15 : बायोडाटा, सी.वी. एवं रिज्यूम में क्या अंतर है ?

उत्तर : बायोडाटा में बायोग्राफिक जानकारियाँ होती हैं, यह व्यक्तिगत विवरण है। जिसे व्यक्तिगत काम के लिए बनाया जाता है। सी.वी. (Curriculum vitae) एक विस्तृत जानकारी है, जो पेशेवर या रोजगार के उद्देश्य से तैयार किया जाता है। रिज्यूम एक पृष्ठ में संक्षिप्त जानकारी होती है, जो विशिष्ट व्यक्तियों के लिए तैयार किया जाता है एवं यह बहुत ही संक्षिप्त होता है।

1.9 अन्य

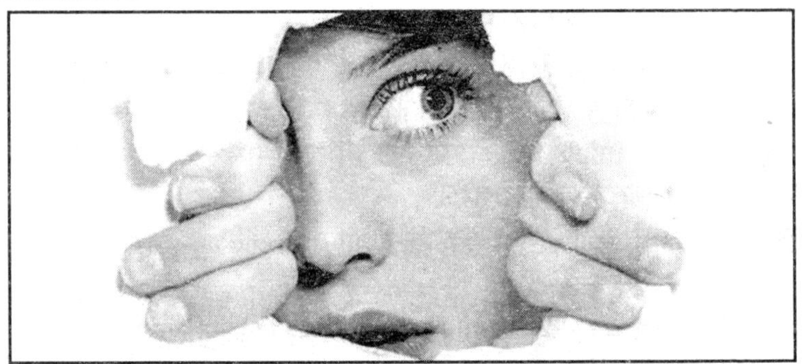

प्र. 1 : मार्केटिंग स्किल को एक शब्द में कैसे परिभाषित कर सकते हैं?

उत्तर : मार्केटिंग अपने अंदर व्याप्त उत्साह को दूसरे व्यक्ति में उतारना है।

प्र. 2 : गोस्वामी तुलसीदासजी ने 'होईहि सोई जो राम रची राखा' से पहले क्या कहा था?

उत्तर : 'कर्म प्रधान विश्व करि राखा' कहा था।

प्र. 3 : स्त्री प्रवृत्ति का रंग कौन सा है?

उत्तर : स्त्री प्रवृत्ति का रंग लाल है। स्त्री प्रवृत्ति देवी का रूप है सक्रियता का रूप है। उत्साह का रंग है। खिलने का रूप है और लाल रंग जीवंतता को प्रदर्शित करता है, अगर हम फूल की कल्पना करते हैं तो लाल रंग ही हमारे सामने आता है, अतः स्त्री प्रवृत्ति का रंग लाल है।

प्र. 4 : लाल रंग पहनने से आप कैसे दिखने लगते हैं?

उत्तर : लाल रंग पहनने से आप जीवंत दिखने लगते हैं।

प्र. 5 : जिंदगी कभी देती नहीं है तो क्या करती है?

उत्तर : जिंदगी कभी देती नहीं है बस लौटाती है, जो आप उसको देते हैं।

प्र. 6 : खाली स्थान भरिए—

आप सबके हो जाएँ पर आप... ... ...।

उत्तर : आप सबके हो जाएँ पर आप सबको अपना मत बनाइए।

प्र. 7 : न तो व्यक्ति अच्छे होते हैं, न ही बुरे होते हैं तो फिर क्या होते हैं?

उत्तर : न तो व्यक्ति अच्छे होते हैं, न ही बुरे होते हैं, वे तो अच्छे व बुरे के बीच में स्थित होते हैं।

प्र. 8 : भक्ति वास्तव में कौन करे?

उत्तर : भक्ति शरीर नहीं, शरीर के विभिन्न अंग नहीं, बल्कि भक्ति वास्तव में मन करे।

प्र. 9 : महिलाएँ टीका/तिलक क्यों लगाती हैं या टीका/तिलक लगाए जाने का क्या कारण है?

उत्तर : आज्ञा चक्र सक्रिय किए जाने के कारण तिलक लगाया जाता है। आज्ञा चक्र सक्रिय होने से इनसान अपनी इंद्रियों का मालिक बन जाता है, अगर पति यह टीका लगा दे तो वह अपने पति के प्रति समर्पित हो जाती है।

प्र. 10 : हमें कभी-कभी निम्न अनुभव (Low Feel) क्यों होता है?

उत्तर : इसका कारण है अनियमितता, इसका समाधान है, हम निश्चित समय पर सोएँ एवं जागें, तभी हम योगा, प्राणायाम, अन्य आवश्यक कार्य समय पर कर पाएँगे। इससे हम स्वस्थ एवं प्रसन्न रहेंगे। अधिक शारीरिक परिश्रम करके सही समय पर सोकर हम उच्च अनुभव (High Feel) कर सकते हैं।

प्र. 11 : सुख संतोष से है तो संतोष किससे आता है?

उत्तर : सुख संतोष से है तो संतोष त्याग से आता है।

प्र. 12 : स्वास्थ्य की सच्ची परिभाषा क्या है?

उत्तर : स्वास्थ्य की एक अच्छी परिभाषा यह है कि 'स्वयं में स्थिर रहना ही स्वास्थ्य है'।

2

जागरूकता, चैतन्यता को जानें

2.1 परिचय

चेतना ही वह शक्ति है, जो स्वयं व आसपास के वातावरण को समझने के बाद उन बातों का मूल्यांकन कर निर्णय लेती है। वास्तव में चेतना हमारे मन को नियंत्रित कर सकती है। मनुष्य चेतनायुक्त प्राणी है, क्योंकि कोई भी कार्य करने से पहले वह उसके परिणाम का विश्लेषण कर लेता है। उसके परिणाम को भलीभाँति समझ लेता है। इसी कारण वह अपने जीवन में उद्देश्य निर्धारित कर उन्हें प्राप्त कर सकता है। पशुओं के जीवन में चेतना का विकास बहुत कम होता है। इसी कारण पशु मनुष्य के नियंत्रण में रहते हैं। चेतना के कारण ही हमें सुख व दुःख की अनुभूति होती है। जागरूकता के कारण हमें अपने आसपास के वातावरण की जानकारियाँ मिल जाती हैं। मनुष्य प्रयास करके बहुत सी सूचनाएँ एकत्रित व विश्लेषित तो कर सकता है, पर उन सूचनाओं के आधार पर मनुष्य की भाँति

निर्णय नहीं ले सकता। इसलिए हर मनुष्य के लिए यह आवश्यक है कि वह स्वयं, प्रकृति, अपने आसपास के वातावरण के प्रति जागरूक बने, ताकि अपनी चेतना शक्ति के द्वारा सही निर्णय ले सके, जैसा कि हम जानते हैं, हमारा मन बड़ा चंचल होता है और इस चंचल मन को ज्ञान व जागरूकता के द्वारा पर्याप्त शक्ति न दें, तब तक यह मन शांत नहीं होता और इस कारण हमारे भीतर स्थित चेतना पूर्ण रूप से प्रकट नहीं हो पाती। आज हमारे समाज में भ्रष्टाचार व दुराचार की जितनी भी घटनाएँ होती हैं, उसका सबसे बड़ा कारण जागरूकता व चेतना की ठीक-ठीक समझ का न होना ही है। हम यह भी कह सकते हैं कि शरीर एक यंत्र मात्र है। वास्तव में चेतना की शक्ति के द्वारा ही इस शरीररूपी यंत्र को भलीभाँति संचालित किया जा सकता है।

दूसरी ओर यह भी सही है कि यदि यह यंत्र ही बिगड़ जाए तो चेतना कोई भी कार्य नहीं कर सकती। इसी कारण भगवद्गीता में मनुष्य के शरीर को मुक्ति का द्वार भी कहा गया है।

चेतना के तीन स्तर होते हैं—

1. चेतन, 2. अवचेतन, 3. अचेतन।

चेतन स्तर पर वे सभी बातें रहती हैं, जिनके आधार पर हम सोचते-समझते हैं और काम करते हैं।

अवचेतन स्तर में वे बातें रहती हैं, जो समय पर याद आ जाती हैं।

अवचेतन स्तर में वे बातें रहती हैं, जो हम भूल चुके हैं और जिन्हें विशेष प्रक्रिया द्वारा याद कराया जाता है।

जो अनुभूतियाँ एक बार हमारी चेतना में आ जाती हैं, वे कभी अवचेतन और अचेतन मन में चली जाती हैं। ये अनुभूतियाँ निष्क्रिय नहीं होती, बल्कि मानव को अप्रत्यक्ष रूप से प्रभावित करती रहती हैं। जागरूकता व चेतना के प्रभाव से मनुष्य में नैतिकता व अच्छे मानवीय गुण विकसित होते हैं। महात्मा बुद्ध, महावीर स्वामी, हजरत मोहम्मद अली साहब, जीजस, महात्मा गांधी, विवेकानंद, मदर टेरेसा ऐसे उदाहरण हैं, जिन्होंने अपनी चेतना के द्वारा लोगों को सकारात्मक रूप से प्रभावित किया। अकसर लोग भाग्य की बातें किया करते हैं। वास्तविकता तो यह है कि औसत मनुष्य की जागरूकता का स्तर बहुत ही कम होता है।

मनुष्य प्रयास करके अपनी शारीरिक, मानसिक, भावात्मक व आध्यात्मिक शक्तियों को बढ़ा ले तो बहुत-कुछ सीमा तक वह अपने भाग्य को भी नियंत्रित कर सकता है।

इस प्रकार हम देखते हैं कि जागरूकता व चैतन्यता मनुष्य के जीवन में बहुत ही अहम हैं तथा हर मनुष्य में भगवान् बनने की क्षमता है। इसी कारण वेदों व उपनिषदों में 'अहम् ब्रह्मास्मि' कहा गया है, जिसका आशय है मैं ब्रह्म हूँ। यही वाक्य मनुष्य को महसूस कराता है कि जिस ईश्वर ने विशाल सागर, पर्वत, ग्रह, उपग्रह और यह पूरा ब्रह्मांड बनाया है, उस शक्ति का मैं अंश हूँ।

2.2 जागरूकता

प्र. 1 : जागरूकता व चैतन्यता में क्या अंतर है?

उत्तर : जागरूकता (Awareness) का आशय है बाहरी चीजों के प्रति आप कितने जागरूक हैं। आपके पास पौधा है, हवाएँ बह रही हैं, कुछ रिश्ते, जॉब कॅरियर, दोस्त आदि है, इन सबके प्रति लाइफ में जागरूकता का स्तर कितना है। चैतन्यता (Consiousness) का आशय स्वयं के अंदर के बारे में चैतन्य तत्त्व को जानना है। स्वयं के शरीर, मन, विचार एवं भावनाओं के बारे में आप कितना जानते हैं, इसे 'चैतन्यता' कहते हैं।

प्र. 2 : सत् क्या है? क्या सत् व ऊर्जा में भेद है?

उत्तर : सत् (Truth) का आधार ऊर्जा है। ऊर्जा संपूर्ण ब्रह्मांड में विद्यमान है। सत् का आशय वास्तविकता से है। वास्तव में संपूर्ण ब्रह्मांड के संबंध में एक शब्द में सबकुछ कहना हो तो वह है सत्, अर्थात् ऊर्जा, जो वास्तविकता में सर्वत्र व्याप्त है। ऊर्जा के बहुत से रूप हैं। हिंदू धर्म में ब्रह्म को सत्य माना गया है। यह ब्रह्म निराकार, निर्विकार और निर्गुण है। शास्त्रों में आत्मा व परमात्मा को सत् माना गया है।

प्र. 3 : चित्त (Consciousness) क्या है? क्या चित्त ही चेतना है?

उत्तर : चित्त का आशय चेतना से है। चेतन सत् का स्वरूप है। सत् की विद्यमानता से ही चेतना प्रकट होती है। चेतना शक्ति है, जिसके द्वारा सत् को जाना जा सकता है। जिस प्रकार सूर्य की विद्यमानता से ही प्रकाश को देखा जा सकता है, उसी प्रकार सत् के कारण ही चेतना को महसूस किया जा सकता है। चेतना की शक्ति के कारण सत्रूपी ब्रह्म को समझा जा सकता है।

प्र. 4 : आनंद (Bliss) क्या है? आनंद कैसे पा सकते हैं?

उत्तर : आनंद भी सत् का ही एक स्वरूप है, जब मनुष्य अपनी चेतना की

शक्ति के द्वारा सत्, यानी ऊर्जा स्वरूप ईश्वर को जान लेता है, तभी वह वास्तव में आनंद (Bliss) की अनुभूति कर सकता है।

प्र. 5 : जागरूकता को बढ़ाया जाना क्यों महत्त्वपूर्ण है ?

उत्तर : मनुष्य का शरीर पाँच तत्त्व यथा—भूमि, जल, अग्नि, वायु तथा आकाश से बना है। व्यावहारिक जीवन में इनसान की जागरूकता का स्तर बहुत ही निम्न है। मनुष्य जागरूक हो तभी वह अपने चेतन स्वरूप को समझ सकता है। इसी के कारण वह चेतना के परम स्रोत 'ऊर्जा', यानी 'ईश्वर' को जान पाता है।

प्र. 6 : जागरूकता कैसे बढ़ाई जा सकती है, तीन तरीके बताइए ?

उत्तर : जागरूकता बढ़ाने के तीन तरीके हैं—

1. पहला, जब हम अपने जीवन में जागरूकता को बढ़ा लेते हैं तो स्वास्थ्य, धन, नौकरी, कॅरियर, संबध इन सबके प्रति सतर्क हो जाते हैं। हमारा फोकस इन सभी चीजों के प्रति बढ़ने लगता है तो हमारी जागरूकता का स्तर भी बढ़ जाता है। हमें जागरूकता को बढ़ाना चाहिए।
2. दूसरा, गहरी श्वास लेनी चाहिए। श्वास में गहराई होनी चाहिए, क्योंकि श्वास को प्राण कहा गया है। जितनी गहरी श्वास होगी, उतनी बॉडी एकाग्र होगी। स्थूल शरीर (Physical Body) को सूक्ष्म शरीर (Micro Body) से श्वास जोड़ती है। गहरी श्वास लेना जागरूकता को बढ़ाता है।
3. तीसरा, जब हम सुनें तो गहराई से सुनें। पूरा ध्यान लगाकर सुनें, कभी नेचर की आवाज सुनें, कभी पानी की आवाज सुनें, कभी हवा की आवाज को सुनें, इस तरह से सुनते रहने से गहराई बढ़ेगी। एक समय में एक चीज को सुनेंगे तो एकाग्रता और बढ़ जाएगी।

प्र. 7 : एक व्यक्ति संबंधों के साथ क्यों बहुत आसक्त हो जाता है ?

उत्तर : व्यक्ति अपने स्वयं को शरीर रूप में मानने लग जाता है व अपने स्वयं के आत्मस्वरूप को सांसारिक व्यवहार के कारण भुला देता है। एक व्यक्ति जब भी बाहरी दुनिया में जाता है तो वो बाहरी दुनिया में जो व्यक्ति हैं, उनसे रिश्ते बना लेता है। बाहरी दुनिया में जो पदार्थ हैं, उन्हें पाने की कोशिश भी करता है। ध्यान के कारण वह अंदर उतरने लगता

है, तब वो पदार्थ, वस्तुओं व रिश्तों आदि से दूर होने लगता है एवं स्वयं के करीब होने लगता है।

प्र. 8 : मानव मस्तिष्क की सात परतें कौन-कौन सी हैं? कब हमारे विचार हमारे चेतन मन से अवचेतन मन में आ जाते हैं?

उत्तर : मानव मस्तिष्क की सात परतें निम्नलिखित हैं—

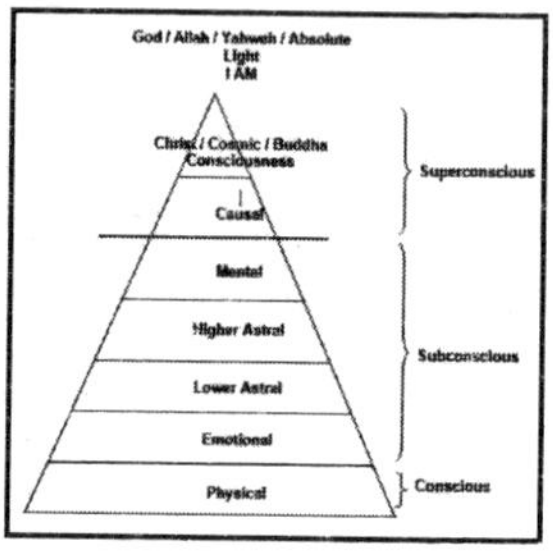

1. चेतन मन (Concious Mind)
2. अवचेतन मन (Unconcious Mind)
3. अचेतन मन (Subconcious Mind)
4. भव्य चेतन मन (Super Concious Mind)
5. संस्कार (Collective Concious Mind)
6. हृदय (Spontaneious Mind)
7. आत्मा (Ultimate Mind)

किसी विचार को चेतन से अवचेतन में पहुँचने के लिए गहरे अहसास (Deep Feeling) का सहारा लेना पड़ता है। 5 मिनट से ज्यादा किसी चीज को अनुभव करते हैं तो यह संदेश चेतन मन से अवचेतन मन में चला जाता है।

प्र. 9 : भाग्य के बारे में विचार करने से पूर्व हमें किन-किन जागरूकता व चैतन्यता के स्तर के बारे में पहले सोच-विचार कर लेना चाहिए और क्यों?

उत्तर : प्राय: यह समझा भी जाता है कि हम लगभग एक प्रतिशत जागरूकता के स्तर पर काम करते हैं। इसका आशय यह हुआ कि हम लगभग 99 प्रतिशत काम अचेतन अवस्था में करते हैं। अगर हमारी चेतना का स्तर ही एक प्रतिशत के लगभग है तो हम किस आधार पर भाग्य के बारे में विचार करने बैठ जाते हैं। हमें यह देखना चाहिए कि हमारी जागरूकता का स्तर शारीरिक कामों के प्रति कितना है? शरीर के प्रति हम कितने जागरूक हैं? हमें यह भी देखना चाहिए कि हम मानसिक रूप से कितने जागरूक हैं? हमें यह भी देखना चाहिए कि हम भावनात्मक रूप से कितने जागरूक हैं? अगर हम इन सब जागरूकता के स्तर पर

स्वयं को ठीक से जागरूक बना लेते हैं, तो इसके पश्चात् ही भाग्य के बारे में विचार किया जाना उचित कहा जा सकता है।

प्र. 10 : सत्संग से विवेक, विवेक से विचार, विचार से एकांत, एकांत से आत्मचिंतन, आत्मचिंतन से आत्म-परिचय, आत्म-परिचय से आनंद तो फिर सुख व दु:ख किस तरह आते हैं?

उत्तर : गलत संगत से अविवेक, अविवेक से बेहोशी या जागरूकता की कमी। बेहोशी से भीड़, भीड़ से विषय चिंतन, विषय चिंतन से संसार व संसार से सुख व दु:ख की प्राप्ति होती है।

प्र. 11 : मनुष्य के कर्म यांत्रिक हैं, कैसे? इन कर्मों को कौन से दो भागों में बाँटा जा सकता है?

उत्तर : मनुष्य के कर्म सामान्यत: जागरूकता के अभाव में किए जा रहे हैं। इसीलिए हम कह सकते हैं कि मनुष्य के कर्म यांत्रिक हैं, क्योंकि वह पूर्णतया जागरूक नहीं है। इन कर्मों को दो भागों में बाँटा जा सकता है। पहला—अचेतन कर्म एवं दूसरा—प्रति कर्म। अचेतन कर्म, यानी जो भीतर से आनेवाले कर्म हैं। प्रति कर्म, जो बाहर से आनेवाले कर्म हैं। मनुष्य के कर्म यांत्रिक हैं, वह सचेतन अपने कर्मों को नहीं कर पा रहा है। हमारे ज्यादातर कर्म अंदर से नहीं, बल्कि बाहरी भाग से प्रभावित होते हैं।

स्वतंत्र सोच से अनंत संभावनाओं की पहचान

एक बार कुछ बंदरों को एक बड़े से पिंजरे में डाला गया और वहाँ पर एक सीढ़ी लगाई गई। सीढ़ी के ऊपरी भाग पर कुछ केले लटका दिए गए। उन केलों को खाने के लिए एक बंदर सीढ़ी के पास पहुँचा, जैसे ही वह बंदर सीढ़ी पर चढ़ने लगा, उस पर बहुत सारा ठंडा पानी गिरा दिया गया और उसके साथ-साथ बाकी बंदरों पर भी पानी गिरा दिया गया। पानी डालने पर वह बंदर भागकर एक कोने में चला गया। थोड़ी देर बाद एक दूसरा बंदर सीढ़ी के पास पहुँचा। वह जैसे ही सीढ़ी के ऊपर चढ़ने लगा, फिर से बंदर पर ठंडा पानी गिरा दिया गया और इसकी सजा बाकी बंदरों को भी मिली और साथ-साथ दूसरे बंदरों पर भी ठंडा पानी गिरा दिया गया। ठंडे पानी के कारण सारे बंदर भागकर एक कोने में चले गए।

यह प्रक्रिया चलती रही और जैसे ही कोई बंदर सीढ़ी पर केले खाने के

लिए चढ़ता, उस पर और साथ-साथ बाकी बंदरों को इसकी सजा मिलती और उन पर ठंडा पानी डाल दिया जाता। बहुत बार ठंडे पानी की सजा मिलने पर बंदर समझ गए कि अगर कोई भी उस सीढ़ी पर चढ़ने की कोशिश करेगा तो इसकी सजा सभी को मिलेगी और उन सभी पर ठंडा पानी डाल दिया जाएगा, अब जैसे ही कोई बंदर सीढ़ी के पास जाने की कोशिश करता तो बाकी सारे बंदर उसकी पिटाई कर देते और उसे सीढ़ी के पास जाने से रोक देते।

थोड़ी देर बाद उस बड़े से पिंजरे में से एक बंदर को निकाल दिया गया और उसकी जगह एक नए बंदर को डाला गया। नए बंदर की नजर केलों पर पड़ी। नया बंदर वहाँ की परिस्थिति के बारे में नहीं जानता था, इसलिए वह केले खाने के लिए सीढ़ी की तरफ भागा, जैसे ही वह बंदर उस सीढ़ी की तरफ भागा, बाकी सारे बंदरों ने उसकी पिटाई कर दी। नया बंदर यह समझ नहीं पा रहा था कि उसकी पिटाई क्यों हुई? लेकिन जोरदार पिटाई से डरकर उसने केले खाने का विचार छोड़ दिया, अब फिर एक पुराने बंदर को उस पिंजरे से निकाला गया और उसकी जगह एक नए बंदर को पिंजरे में डाला गया। नया बंदर बेचारा वहाँ की परिस्थिति को नहीं जानता था, इसलिए वह केले खाने के लिए सीढ़ी की तरफ जाने लगा और यह देखकर बाकी सारे बंदरों ने उसकी पिटाई कर दी। पिटाई करनेवालों में नया बंदर भी शामिल था, जबकि उसे यह भी नहीं पता था कि यह पिटाई क्यों हो रही है? यह प्रक्रिया चलती रही और एक-एक करके पुराने बंदरों की जगह नए बंदरों को पिंजरे में डाला जाने लगा, जैसे ही कोई नया बंदर पिंजरे में आता और केले खाने के लिए सीढ़ी के पास जाने लगता तो बाकी सारे बंदर उसकी पिटाई कर देते।

अब पिंजरे में सारे नए बंदर थे, जिनके ऊपर एक बार भी ठंडा पानी नहीं डाला गया था। उनमें से किसी को यह नहीं पता था कि केले खाने के लिए सीढ़ी के पास जानेवाले की पिटाई क्यों होती है? लेकिन उन सबकी एक-एक बार पिटाई हो चुकी थी, अब एक और बंदर को पिंजरे में डाला गया और आश्चर्य कि फिर से वही हुआ। सारे बंदरों ने उस नए बंदर को सीढ़ी के पास जाने से रोक दिया और उसकी पिटाई कर दी, जबकि पिटाई करनेवालों में से किसी को भी यह नहीं पता था कि वह पिटाई क्यों कर रहे हैं?

सार : संभावनाएँ बहुत हैं, लेकिन हम उन्हें देख नहीं पाते, क्योंकि हम भेड़चाल में चलते हैं।

प्र. 12 : शरीर, मन व जीवात्मा से मुक्त होने का क्या उपाय है?

उत्तर : शरीर, मन व जीवात्मा से मुक्त होने का उपाय इनके प्रति जागरूकता है। आप जिनके प्रति जागरूक बनेंगे या होश को साधेंगे, आप उसी से मुक्ति पा लेंगे, अगर शरीर में दर्द है तो आप उसे देखिए, थोड़ी देर में आप जान जाएँगे कि आप दर्द नहीं, शरीर भी नहीं, तब फिर आप दर्द से मुक्त हो जाएँगे। इसी प्रकार अगर आपके मन में कोई नकारात्मक विचार आ रहा है और आप उसे देखने लगेंगे और जागरूकता के साथ देखने लगेंगे तो आप समझ जाएँगे कि आप मन भी नहीं हैं और आप नकारात्मक विचार से मुक्त हो जाएँगे। इस प्रकार जब जीवात्मा के रूप में आप अपने आप को देखने लगते हैं तो आप मुक्त हो जाते हैं। आपको मुक्ति मिल जाती है। कहने का आशय यही है कि जितना जागरूकता का स्तर बढ़ने लगेगा, उतना ही हम मुक्त होने लगेंगे।

प्र. 13 : हौसला किस कारण बढ़ता है?

उत्तर : हौसला होश में या जागरूकता के परिणामस्वरूप बढ़ता है।

प्र. 14 : गर्भवती महिला पूर्ण होश में या पूर्ण जाग्रत अवस्था में हो तो उसे क्या पता चल जाता है?

उत्तर : गर्भवती महिला अगर पूर्ण जाग्रत है या यूँ कहें कि पूर्ण होश में है तो इससे पता चल जाता है कि गर्भ में बेटा है अथवा बिटिया है, क्योंकि दोनों का व्यवहार गर्भ में ही अलग-अलग तरह का होता है।

प्र. 15 : एक ही क्रिकेटर अलग-अलग समय में अलग-अलग रन क्यों बनाता है?

उत्तर : हर इनसान का अलग-अलग समय में जागरूकता का स्तर भी अलग-अलग होता है। इसलिए एक क्रिकेटर हर समय अलग-अलग रन बना पाता है।

प्र. 16 : जागरूकता (Awareness) का स्तर कैसे बढ़ाएँ?

उत्तर : जागरूकता का स्तर हम तब बढ़ा सकते हैं, जब हम स्वयं को बेवजह के कामों से हटा लें। इसके अतिरिक्त अगर हम एक समय में एक ही काम करने की आदत डालें तो जागरूकता का स्तर बढ़ने लगता है। गहन अभ्यास से भी जागरूकता के स्तर को बढ़ाया जा सकता है।

प्र. 17 : जागरूकता को उदाहरण से समझाइए?

उत्तर : हर इनसान का अलग-अलग समय जागरूकता का स्तर भी अलग-अलग होता है। उदाहरण के रूप में हम यह कह सकते हैं कि बल्ब कभी ऊँचे वोल्टेज पर जलते हैं और कभी नीचे वोल्टेज पर जलते हैं। वोल्टेज अगर कम हो तो उसकी लाइट भी कम हो जाती है। अधिक लाइट में अधिक दिखता है और कम लाइट हो जाने पर कम दिखाई देने लगता है। कहने का आशय है कि जागरूकता के स्तर को बढ़ाकर कार्य को अधिक प्रभावी ढंग से किया जा सकता है।

प्र. 18 : बंदर के विकास व इनसान के विकास में क्या फर्क है?

उत्तर : बंदर का विकास शारीरिक रूप से देखा जाता है, जबकि इनसान का वास्तविक विकास जागरूकता व चैतन्यता के बढ़ने से देखा जाता है।

प्र. 19 : भाग्य पर कर्म का नियंत्रण होता है। कारण सहित स्पष्ट करें।

उत्तर : भाग्य की बात करने से अच्छा है कि हम जागरूकता की बात करें। यदि हम शारीरिक, मानसिक एवं भावनात्मक रूप से स्वयं को जागरूक बना लेते हैं तो हम पूर्ण रूप से अपने भाग्य पर नियंत्रण कर पाते हैं, अत: हमें अपने कर्मों को शत-प्रतिशत जागरूकता के साथ करने पर ही संपूर्ण ध्यान लगाना चाहिए।

प्र. 20 : जीवन के आखिरी 40 सेकंड में क्या होता है? क्या आखिरी समय में मुक्त हुआ जा सकता है?

उत्तर : अगर हमने चेतना व ज्ञान का जीवन जिया है तो आखिरी 40 सेकंड में थोड़ी जागरूकता आ जाती है और उस जागरूकता के कारण एकत्रित कर्म से मनुष्य मुक्त हो जाता है। वह ईश्वर को याद कर पाता है।

प्र. 21 : इच्छा कब समस्या नहीं होती?

उत्तर : अगर आप जागरूक या चेतन हैं तो इच्छा समस्या नहीं होती, आप इन इच्छाओं को अच्छा बना लेंगे।

प्र. 22 : आप अपने भाग्य को क्या करके तय कर सकते हैं?

उत्तर : अगर आप जागरूकता या चैतन्यता के साथ नहीं हैं तो सब चीजें आपको संयोग लगेंगी। कहने का आशय यह है कि आप अपने भाग्य को जागरूकता व चैतन्यता के स्तर को बढ़ाकर खुद काफी हद तक तय कर सकते हैं।

प्र. 23 : आप सिर्फ भाग्य से ही कब चलने लगते हैं?

उत्तर : जब आप जागरूकता व चैतन्यता के साथ नहीं रहते, तब आपका जीवन भाग्य के भरोसे चल रहा होता है। संयोग के कारण चल रहा होता है। पूर्व प्रारब्ध के कारण चल रहा होता है।

प्र. 24 : अगर आप सचेतन रूप से जानकारियों व ऊर्जा को चला सकें तो आप कितने मुक्त हैं?

उत्तर : अगर आप पूरी जागरूकता के साथ या सचेतनता के साथ में अपनी सूचनाओं या जानकारियों या संचित कर्मों व ऊर्जाओं को चला सकें तो आप अपने जीवन का लगभग दो-तिहाई हिस्सा नियंत्रित कर सकते हैं।

प्र. 25 : प्राण शक्ति का मन पर क्या प्रभाव पड़ता है?

उत्तर : प्राण शक्ति के अधिक होने पर मनुष्य सकारात्मकता, एकाग्रता व संकल्प शक्ति को प्राप्त करता है। प्राण शक्ति के कम होने पर मन चंचल हो जाता है। नकारात्मक विचार, हीनभावना आदि से ग्रस्त हो जाता है।

प्र. 26 : वो बुनियादी सत्य क्या है, जिसे आम आदमी भुला देता है और जिस वजह से वो पाप भी करता है तथा बार-बार पाप को दोहराता ही जाता है?

उत्तर : जीवन नश्वर (Mortal) है। जो आए हैं, वो जाएँगे। यह बात इनसान बार-बार भूल जाता है। बहुत से लोगों को इस नश्वरता को समझने के लिए जीवन में एक बड़ी बीमारी, दुर्घटना या मुसीबत से गुजरना पड़ता है। कुछ लोग तो जीवन की नश्वरता को बड़ा हार्टअटैक आने के बाद में ही महसूस कर पाते हैं। कितना अच्छा हो, इनसान हर समय जीवन की नश्वरता के संबंध में जागरूक रहें, ताकि वो तमाम बुराइयों से स्वयं को बचाकर रख सकें।

प्र. 27 : आपको अनंत का अनुभव करने के लिए क्या करना होगा? या यूँ कहें कि किस सीमा को तोड़ना होगा?

उत्तर : अनंत का अनुभव करने के लिए हमें भौतिकता की सीमाओं को तोड़ना पड़ेगा। हम पाँच इंद्रियों के माध्यम से अनुभव करते हैं और यह हमें भौतिकता से जोड़ती है, अगर हम इन इंद्रियों से परे नहीं जाते हैं तो फिर हम अनंत को कभी अनुभव नहीं कर पाते।

प्र. 28 : जागरूकता व चेतना में क्या अंतर-संबंध है?

उत्तर : जागरूकता मुख्य रूप से एक शारीरिक स्तर का कार्य है एवं चेतनता,

आत्म के स्तर का कार्य है। जागरूकता से आत्मा में उपस्थित चैतन्यता प्रकट हो जाती है, अर्थात् जागरूकता बढ़ाकर इनसान में व्याप्त चैतन्यता को महसूस किया जा सकता है।

2.3 चैतन्यता

प्र. 1 : शरीर का संबंध किससे है व आत्मा का संबंध किससे है? क्या जड़ और चेतन कभी मिल सकते हैं?

उत्तर : शरीर यानी जड़ता का संबंध प्रकृति से है तथा आत्मा का संबंध परमात्मा से है। इस प्रकार जड़ता व चैतन्यता, अर्थात् जड़ व चेतन कभी मिल नहीं सकते।

प्र. 2 : दिमाग की सबसे अंदरूनी परत या सबसे सूक्ष्म हिस्से को क्या कहा जाता है?

उत्तर : दिमाग की सबसे अंदरूनी परत या सूक्ष्म हिस्से को चित्त, अर्थात् चेतना कहा जाता है।

प्र. 3 : नाम आपकी चेतना को अधिकार देता है, कैसे?

उत्तर : अगर जिह्वा पर ईश्वर का नाम आए तो यह भगवत प्रसाद है। यह सिद्ध है कि ईश्वर का नाम हमारी जड़ता को कम करता है व चैतन्यता को बढ़ा देता है। इस प्रकार हम कह सकते हैं कि नाम हमारी चेतना को अधिकार देता है।

प्र. 4 : चेतना का विस्तार कैसे हो?

उत्तर : चेतना का विस्तार तब होता है, जब हम अपनी पहचान अपने भीतर से स्थापित कर लेते हैं एवं जब हम अपनी पहचान शरीर से स्थापित कर लेते हैं, तब चेतना कम होने लगती है, अर्थात् स्वयं को आत्म स्थिर करने पर ही चेतना का विस्तार होता है।

प्र. 5 : चेतना के कितने तल हैं, ये तल किस चक्र पर स्थित हैं एवं सर्वोत्तम तल कौन सा है?

उत्तर : चेतना का पहला तल अनाहत चक्र पर है, इसे अचेतन स्तर (Subconcious Level) कहते हैं, इसके आगे विशुद्धि चक्र पर चेतना का दूसरा तल है। इसे भव्य चेतन तल (Super Conscious Level) कहते हैं, चेतना का तीसरा तल है आज्ञा चक्र, इसे संस्कार (Collective Conscious) कहते हैं। सर्वोत्तम तल सहस्रार पर

स्थित है, जहाँ पूर्ण चैतन्यता (Ultimate Conciousness) है। जहाँ आत्मा है। इस प्रकार हमारे शरीर में सहस्त्रार चक्र पर चेतना का सर्वोत्तम दल है।

प्र. 6 : जीवन में भय व द्वंद्व क्यों आते हैं?

उत्तर : जीवन में भय व द्वंद्व चेतना को जड़ के बीच से जगाने के लिए आते हैं। भय के लिए बुरी कल्पनाएँ करनी होती हैं। भय के लिए जो चीज अस्तित्व में ही नहीं है, उसकी बढ़ा-चढ़ाकर कल्पनाएँ करनी होती हैं।

प्र. 7 : जड़ व चेतन में क्या अंतर है?

उत्तर : आत्मा ही चेतन है, बाकी सब जड़ तत्त्व हैं।

प्र. 8 : जीवन ऊर्जा अभिव्यक्ति (Expression) चाहती है। समझाइए।

उत्तर : जीवन ऊर्जा का मतलब व्यक्त करना है, क्योंकि वैज्ञानिक रूप से हम जानते हैं, ऊर्जा को न तो उत्पन्न किया जा सकता है, न उसे नष्ट किया जा सकता है। इस प्रकार हम कह सकते हैं कि हर इनसान एक जीवन ऊर्जा है और यह ऊर्जा व्यक्त, अर्थात् प्रदर्शित होना चाहती है।

प्र. 9 : किसी भवन या कमरे में एनर्जी लेवल कैसे चैक किया जाता है?

उत्तर : किसी भवन या कमरे में एनर्जी लेवल चेक करने के लिए वहाँ पर हमें उस हॉल, उस मकान या उस कक्ष में बैठे हुए जितने इनसान हैं, उनके अंदर जो मस्तिष्क है या मन है, उसकी स्थिति या चैतन्यता को जोड़ा जाना चाहिए। इसी तरह से जितने मन हैं और उनके अंदर जितने विचार चल रहे हैं, वहीं जुड़कर उस हॉल की, उस मकान की, उस कक्ष की ऊर्जा बनते हैं।

इसी तरह से किसी गाँव की ऊर्जा या कॉन्शसनेस का जो संयुक्त जोड़ है, वह जाँचा जा सकता है। इसी तरह से किसी शहर के एनर्जी लेवल को भी जाँचा जा सकता है। यह देखना होगा कि 'कलेक्टिव कॉन्शसनेस ऑफ माइंड' उस शहर की कैसी है। 'कलेक्टिव कॉन्शसनेस' उस गाँव की कितनी है और वह कलेक्टिव कॉन्शसनेस, जिसको हम चेतना कहते हैं, वह उस हॉल में बैठे हुए व्यक्तियों की कितनी है।

प्र. 10 : ज्यादातर लोग जीवन के अंत तक अतृप्त क्यों रहते हैं?

उत्तर : ज्यादातर लोगों को जीवन के अंत तक भी पता नहीं चलता कि वे किन चीजों को पाना चाहते थे, वो सदैव ही अतृप्त रहते हैं। वे सांसारिक व क्षणभंगुर चीजों पर ही केंद्रित रहते हैं।

प्र. 11 : तन की पवित्रता का चेतना से क्या संबंध है?

उत्तर : तन की पवित्रता से मन की पवित्रता आती है, मन की पवित्रता से बुद्धि की पवित्रता आती है, बुद्धि की पवित्रता से चित्त की पवित्रता आती है, एवं चित्त पवित्र होने से जीवन में चेतना स्वत: ही प्रकट हो जाती है।

प्र. 12 : तुलसी का पत्ता किसी जीव में क्या लाता है?

उत्तर : तुलसी का पत्ता ग्रहण करने से चैतन्यता का स्तर बढ़ जाता है।

प्र. 13 : आपकी ऊर्जा कब बढ़ने लगती है?

उत्तर : जब आप अंदर से प्रसन्न होते हैं तथा शांत होने लगते हैं, तब आपकी ऊर्जा बढ़ने लगती है।

प्र. 14 : आप कोशिश करके क्या हो सकते हैं, जो पशु नहीं हो सकते?

उत्तर : आप कोशिश करके चैतन्य हो सकते हैं, जो पशु नहीं हो सकते।

प्र. 15 : घर के वाइब्रेशंस किससे दूषित हो रहे हैं तथा आप किससे खुद को ऊर्जावान बना सकते हैं?

उत्तर : असल में हमारे घरों में जो सद्भावनाओं की कमी है। घर में जो निंदा करने की आदतें हैं, जो घर में द्वेष है। असल में ये सब जो घर के व्यक्ति हैं, ये ही घर का आभामंडल (Aura) हैं। इससे घर दूषित हो रहे हैं। आप अगर ऊर्जावान बनना चाहते हैं तो सुबह का जो समय है, जिस समय सुबह सूर्योदय होता है, उसके एक घंटे पहले और एक घंटे बाद का जो समय है, वह जबरदस्त सात्त्विकता का समय है। उस समय ध्यान (Meditation) कर सकते हैं। आप प्रार्थना कर सकते हैं। उस दौरान सूर्य नमस्कार व योगा कर सकते हैं। इससे आपके आसपास का वातावरण ऊर्जावान हो जाएगा तथा आप भी ऊर्जा से भर जाएँगे।

प्र. 16 : आप कौन सी तीन चीजों से रिलेशन बना लेते हैं और आत्मा को भूल जाते हैं। वो तीन चीजें कौन-कौन सी हैं?

उत्तर : पहली 'मैं शरीर हूँ'। दूसरी 'मैं विचार हूँ'। तीसरी 'मैं भाव, यानी इमोशन हूँ', अगर हमें ये ठीक से पता चल जाए कि हम ये तीनों नहीं हैं तो जो बचेगा वो ही तो आत्मा है।

प्र. 17 : सुख–दुःख, कर्म, संस्कार, विचार, सत्संग व चेतना के मूल में क्या होता है ?

उत्तर : सुख–दुःख के मूल में कर्म तथा कर्म के मूल में संस्कार हैं। संस्कार के मूल में सत्संग है।

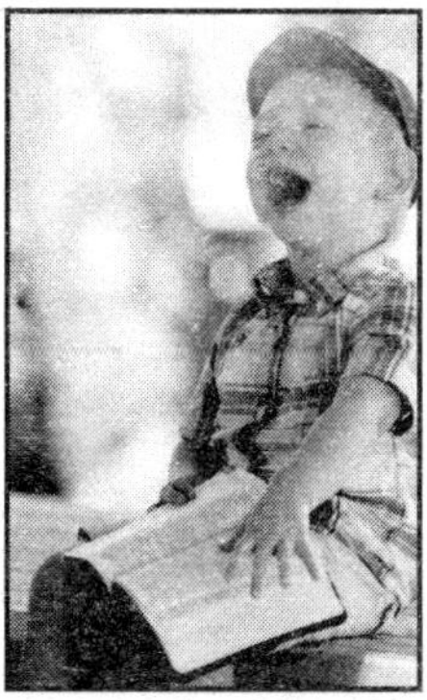

प्र. 18 : स्थायी खुशी क्या है ?

उत्तर : स्थायी खुशी को आनंद भी कहते हैं। आनंद तब प्राप्त होता है, जब इनसान स्वयं का संपूर्ण परिचय प्राप्त कर लेता है, जिसके परिणाम से वह ईश्वर व प्रकृति के साथ एकाकार हो जाता है।

प्र. 19 : चैतन्यता को किस प्रकार प्राप्त किया जा सकता है ?

उत्तर : चैतन्यता भक्ति से आती है व सत्य के संग (सत्संग) से प्राप्त होती है।

प्र. 20 : क्या जीवन पहले से तय है ? जीवन का कौन सा आयाम तय करना लगभग असंभव है ?

उत्तर : जीवन मुख्यतः तीन आयामों से मिलकर बनता है। हमारे जीवन की गुणवत्ता कैसी होगी ? हम कितने समय तक जीवित रहेंगे ? हम कौन–कौन से काम करेंगे ? कितनी ऊर्जा के साथ काम करेंगे ? यह सब चीजें, जिन्हें हम समग्र जीवन कहते हैं। यह तीन बातों से मिलकर बनता है।

पहला आयाम, हमारे द्वारा किए गए संचित कर्म, जिन्हें हम सूचनाएँ भी कह सकते हैं। वह हमारे पूरे शरीर में जमा हैं, हमारी पूरी शख्सियत में जमा हैं।

दूसरा आयाम चेतना है। सूचना और ऊर्जा का स्तर इन्हें हम कह सकते हैं कि ये काफी हद तक हमारे हाथ में हैं।

तीसरा आयाम, जिसे हम समय कहते हैं। इसे तय करना लगभग इनसान के लिए असंभव है। सूचनाएँ, जिन्हें हम संचित कर्म कहते हैं, वे एक दिशा देते हैं कि हमारी ऊर्जा किस स्वरूप को धारण करेगी, अगर हम कुछ काम अपने लिए बेहतर करते हैं तथा कुछ काम दूसरों के लिए बेहतर करते हैं तो निश्चित रूप से सूचनाओं का तंत्र बदलता है और यह बदला हुआ तंत्र ऊर्जा की दिशा को भी बदलता है। कहने

का आशय यह है कि अगर हम सूचना में कुछ नहीं करते। हम कुछ भी अतिरिक्त कर्म नहीं करते, न अपने लिए कुछ बेहतर करते हैं और न बाहरी व्यक्ति के लिए कुछ बेहतर कार्य करते हैं तो निश्चित रूप से हमारा जीवन भाग्य के आधार पर ही चलेगा, यानी संचित कर्म के आधार पर ही चलता है।

लेकिन अगर हम यह तय करें कि हम कुछ अपना बेहतर करेंगे या दूसरे व्यक्ति के लिए कुछ बेहतर करेंगे तो निश्चित रूप से सूचना व ऊर्जा, यानी लगभग दो–तिहाई जीवन आपके हाथों में आ जाएगा। इस तरह से हम कह सकते हैं कि जीवन पहले से तय है। इसके बावजूद इनसान जीवन में तय बातों को बदल सकता है, लेकिन समय पर नियंत्रण करना इनसान के लिए लगभग नामुमकिन है।

2.4 ज्ञान

प्र. 1 : खुशियों के बारे में बुनियादी गलती इनसान क्या करता है?

उत्तर : खुशियों के बारे में बुनियादी गलती यह होती है कि हम अपनी खुशियाँ बाहरी हालातों के सामने अकसर गिरवी रख देते हैं। जीवन की गुणवत्ता हमारे घर के आकार या कार के ब्रांड से तय नहीं होती, बल्कि इससे तय होती है कि हमारे आसपास के लोगों को हम कितनी खुशी दे पाते हैं।

प्र. 2 : जीवन जीने का सबसे समझदारी भरा तरीका क्या है?

उत्तर : अपने जीवन को बेहतर बनाने के लिए या यूँ कहें कि प्रेम भरा बनाने के लिए कुछ अलग नहीं करना होता, बल्कि जो भी हम काम कर रहे हैं, उस पर प्रेमपूर्ण तरीके से पूरा ध्यान लगाना होता है। उसे प्रेममय बनाना होता है। इस प्रकार प्रेम ही जीवन जीने का सबसे समझदारी भरा तरीका है।

प्र. 3 : आप इस सृष्टि, यानी कि प्रकृति के स्रोत (Source) कब बन जाते हो?

उत्तर : हम अपनी चीजों को देखने से पहले ही अपनी राय बनाने लगते हैं। जिन चीजों को हम अच्छा मानते हैं, उन सब चीजों से जुड़ने लगते हैं और जिन चीजों को हम गलत मान लेते हैं, उन सब चीजों से हम छूटने लगते हैं। आपको बस उन सब चीजों को वैसा ही देखना है, जैसी वो

वास्तव में हैं। अपनी राय नहीं बनानी है। यह सृष्टि कितनी शानदार है। हमारे पास इसे देने को है ही क्या ? सबकुछ तो किया जा चुका है, अगर हम स्वयं को और सृष्टि को समझ लेंगे तो निश्चित रूप से हम सृष्टि/प्रकृति के स्रोत ही बन जाएँगे।

प्र. 4 : किसका साक्षी बना जाना चाहिए और किसको साक्षी बनाना है ?

उत्तर : शरीर को हमारे अंदर चल रहे विचारों का साक्षी बनना है। हमारे अंदर चल रहे भावों का साक्षी बनना है। जो शरीर को देख रहा है, जो विचारों को देख रहा है, जो भावनाओं को देख रहा है। ये और कोई नहीं हमारी अपनी आत्मा (Soul) है। आत्मा के साक्षी बनें और साक्षी भाव में उस शरीर को, मन में उठते विचारों को और भावनाओं को देखना है।

प्र. 5 : स्थायी खुशी क्या है ?

उत्तर : स्थायी खुशी को आनंद भी कहते हैं। आनंद तब प्राप्त होता है, जब इनसान स्वयं का संपूर्ण परिचय प्राप्त कर लेता है, जिसके परिणाम से वह ईश्वर व प्रकृति के साथ एकाकार हो जाता है।

प्र. 6 : आत्मा सूक्ष्म शरीर के साथ कब तक रहती है ?

उत्तर : आत्मा सूक्ष्म शरीर के साथ हमेशा बनी रहती है, जब तक वह मुक्त नहीं होती। मुक्ति मोह के क्षय, अर्थात् मोक्ष का परिणाम है।

प्र. 7 : रिश्ते किस-किस तत्त्व पर आधारित होते हैं ? रिश्तों को हमेशा शानदार कैसे बनाए रखा जा सकता है ?

उत्तर : रिश्ते तीन तत्त्वों पर आधारित होते हैं—पहले शरीर पर आधारित, दूसरे मन पर आधारित एवं तीसरे दिल पर आधारित रिश्ते।

रिश्तों को तभी शानदार बनाए रखा जा सकता है, जब वो रिश्ते दूसरों की खुशियों को लेने के लिए न बनाएँ जाए, अगर आप दूसरों की खुशियों को अपनी खुशी बनाना चाहते हैं तो थोड़े समय में रिश्तों में खटास आने लगेगी, लेकिन रिश्ते कुछ इस तरह से होने चाहिए कि आप बहुत ही खुश हैं और बेहतरीन हैं और आप इसकी अभिव्यक्ति करने के लिए ही रिश्ते बना रहे हैं। ऐसे रिश्ते ही टिकाऊ होते हैं, अगर आप इस बात पर फोकस हैं कि आप खुशी का प्रवाह कैसे बनें और फिर उस खुशी के प्रवाह को रिश्तों के माध्यम से साझा कैसे करें, तब यह रिश्ते शानदार होंगे, टिकाऊ होंगे, गहरे होंगे।

प्र. 8 : प्रेम व सफलता में क्या फर्क है?

उत्तर : प्रेम भावनाओं की मिठास है। अपने आसपास के लोगों को खुश रखना व वातावरण को अच्छा बनाना, इसे सफलता कहा जाता है।

प्र. 9 : इच्छाशक्ति कम क्यों हो जाती है?

उत्तर : आत्मा से दूर होने के कारण तथा तार्किक शक्ति के करीब होने के कारण इच्छाशक्ति कम हो जाती है।

प्र. 10 : कर्तव्य बीज है तो फल क्या है?

उत्तर : कर्तव्य बीज है तो फल उसका परिणाम, यानी अधिकार है।

प्र. 11 : हियरिंग क्या है? हियरिंग कब लिसनिंग बन जाती है?

उत्तर : हियरिंग का आशय बाहर की आवाज का हमारे कर्णपटल पर टकराना मात्र है। हियरिंग जब कारण या उद्‌देश्य के साथ सुनी जाती है तो वह लिसनिंग बन जाती है।

प्र. 12 : अच्छाई–बुराई के बारे में मजेदार बात क्या है?

उत्तर : बुराई को छोड़ना बहुत मुश्किल है, जबकि अच्छा काम करना तुलनात्मक रूप से आसान है। अधर्म छोड़ना मुश्किल है। धर्म का पालन करना आसान है। जानना आसान है। मानना मुश्किल है।

प्र. 13 : निष्काम का शाब्दिक अर्थ क्या है? इसका प्रेम से क्या संबंध है? निष्कामता व अनासक्ति में क्या भेद है?

उत्तर : निष्काम का शाब्दिक अर्थ 'मैं नहीं' और अगर 'मैं नहीं' तो इसका अर्थ है आप। पहले निष्कामता आती है तो फिर प्रेम आता है, यानी जब तक हम अपने लिए नहीं सोचते और दूसरों के लिए सोचते हैं, तब ही प्रेम आता है और जब प्रेम आ जाता है, तभी अनासक्ति आती है। अकसर निष्कामता व अनासक्त शब्दों का प्रयोग होता है और यह स्पष्ट होता है कि पहले निष्कामता होगी तो अनासक्ति आएगी, यानी हम कह सकते हैं कि निष्कामता कारण है और अनासक्ति उसका परिणाम है।

कर्म ही इनसान की पहचान

एक दिन घनश्याम दास बिड़ला अपने कार्यालय जा रहे थे। कार्यालय जाने में देर हो गई थी। इसलिए ड्राइवर गाड़ी तेज चला रहा था, जब गाड़ी एक तालाब के रास्ते से गुजर रही थी, उसके किनारे सैकड़ों लोगों की भीड़ देखकर बिड़ला साहब ने ड्राइवर से पूछा, "क्या बात है? इतनी भीड़ क्यों है?"

ड्राइवर ने कहा, "पता नहीं सर, लगता है कोई डूब गया है।" घनश्याम दास ने तुरंत गाड़ी रोकने को कहा और जल्दी से अपना दरवाजा खोल दौड़ पड़े। तालाब के निकट जाकर देखा तो हैरान रह गए, एक नौ-दस वर्ष का बालक पानी में डूब रहा था, लोग खड़े होकर 'बचाओ, बचाओ' चिल्ला रहे थे, लेकिन कोई तालाब में कूदकर बचाने नहीं जा रहा था।

घनश्याम दास जूते पहने ही पानी में कूद गए। तैरकर बालक को पकड़ा और खींचकर बाहर लाए। उसी भीगी हालत में बालक को लेकर अस्पताल पहुँच गए। बच्चे ने काफी पानी पी लिया था, जब डॉक्टरों ने आश्वासन दिया कि लड़का बच जाएगा, तभी वे अपने कार्यालय पहुँचे, उन्हें इस हालत में देखकर सभी कर्मचारी अवाक् रह गए, जब उन्होंने सुना कि बिड़लाजी ने किस तरह उस लड़के की जान बचाई, उनकी भूरि-भूरि प्रशंसा करते हुए कहा, "सर, आप तो महान् हैं।" बिड़लाजी ने कहा, "यह तो हमारा कर्तव्य था।"

***सार :** हमारे कर्म ही हमारी पहचान हैं।*

प्र. 14 : मनुष्य को भौतिकता और चेतनता के बीच कौन जोड़ता है?

उत्तर : मनुष्य को भौतिकता और चेतनता के बीच प्राण (Life Force) जोड़ते हैं।

प्र. 15 : अनासक्ति से क्या प्राप्त होता है?

उत्तर : अनासक्ति से आनंद की प्राप्ति होती है। हम सभी चेतन हैं और संसार अचेतन है।

प्र. 16 : जीवन के लक्ष्य को प्राप्त करने में सबसे मुश्किल क्या होता है?

उत्तर : जीवन में लक्ष्य पाना इतना मुश्किल नहीं है, जितना कि स्पष्ट रूप से लक्ष्य का निर्धारण कर लेना होता है।

प्र. 17 : आप कितने आनंदित हैं, यह किस बात पर निर्भर करता है? क्या आनंद जीवन का लक्ष्य है?

उत्तर : आप कितने आनंदित हैं, यह इस बात पर निर्भर करता है कि आपके आसपास के लोग आपसे कितने खुश हैं। आनंद जीवन का लक्ष्य नहीं, पर यह श्रेष्ठ जीवन के लिए मुक्ति का माहौल जरूर बनाता है।

प्र. 18 : नश्वरता व आनंद का क्या संबंध है?

उत्तर : अगर व्यक्ति यह समझ जाए कि जीवन नश्वर है, तो वह अपने

आसपास का वातावरण खराब नहीं होने देगा। इस प्रकार नश्वरता की ठीक-ठीक समझ यदि सभी में आ जाए तो आनंद की मात्रा भी बढ़ जाती है।

प्र. 19 : आनंद की कमान आप अपने हाथ में कर्म के द्वारा कैसे ले सकते हैं?

उत्तर : वैदिक शिक्षा में पहली शिक्षा 'मेरा जीवन, मेरा कर्म है' की दी जाती है, जब हम इस बात को समझ जाते हैं, तो स्वयं को बदलने का खयाल आता है एवं हम आनंदित होने लगते हैं।

प्र. 20 : विवेक व आनंद का क्या आशय है?

उत्तर : विवेक का संबंध बुद्धि से है व आनंद का संबंध भाव से है। इस प्रकार हम कह सकते हैं, जब बुद्धि और भाव दोनों शुद्ध हो जाते हैं तो इनसान विवेकानंद हो जाता है।

प्र. 21 : माला जपने से भी महत्त्वपूर्ण क्या है?

उत्तर : माला न जप सकें तो इतनी बड़ी बात नहीं है। माला जपने की लालसा उससे भी अधिक महत्त्वपूर्ण है।

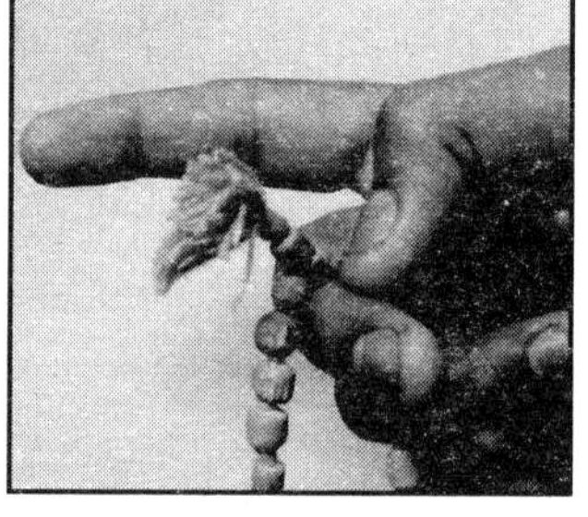

प्र. 22 : आपके अच्छे इरादों से किसी का भला नहीं होता तो फिर किससे होता है?

उत्तर : आपके स्वयं के अच्छे होने से दूसरों का भला होता है, वास्तव में इरादे तो हिटलर एवं नेपोलियन के भी उनकी नजर में अच्छे ही रहे थे, उन्हें लग रहा था कि वे अपने देश का भला ही कर रहे हैं।

प्र. 23 : कभी-कभी दूध भी भीतर जाकर जहर बन जाता है तो फिर यदि आप सिर्फ जहर ही पिएँ तो जीवन का क्या होगा, इस कथन की व्याख्या कीजिए।

उत्तर : कभी-कभी हम दूध लेते हैं, लेकिन विचारों के प्रदूषण से या शरीर में व्याप्त किसी बैक्टीरिया से वह दूध भी जहर बन जाता है, लेकिन हम अगर सिर्फ जहर ही लें तो फिर इस जीवन को कौन बचाए? कहने का आशय यह है कि अगर हम अच्छे विचार या अच्छे भोजन को भी लें तो भी वह कभी नुकसान पहुँचा देता है, परंतु यदि हमने रास्ता ही गलत चुन लिया और हम लगातार बुरे विचारों या बुरे पदार्थों का सेवन

कर रहे हैं तो फिर हमारे शरीर को बुरे विचारों से भला हमें कौन बचा सकता है?

प्र. 24 : आपका और किसी अन्य का आभामंडल (Aura) कब शानदार हो जाता है?

उत्तर : शरीर के चारों ओर एक विशेष प्रकार का ऊर्जायुक्त आवरण होता है जिससे उस व्यक्ति की उर्जा संगृहीत रहती है और यह जो आभामंडल है, यह एक प्रकार की नेगेटिव वाइब्रेशन से हमारी रक्षा करता है। हमारा और किसी अन्य का आभामंडल तब शानदार हो जाता है, जब हम सहज हो जाते हैं, जब हम अंदर और बाहर से एक हो जाते हैं, जब हमारी कथनी, करनी व शब्दों में, मन, वचन व कर्म में एकरूपता आ जाती है।

प्र. 25 : सत्संग का परिणाम क्या है?

उत्तर : सत्संग का परिणाम विवेक है।

प्र. 26 : अच्छे निर्णय का कारण क्या है?

उत्तर : अच्छे निर्णय का कारण विवेक है।

प्र. 27 : अवसाद व समर्पण में क्या संबंध है?

उत्तर : समर्पण के न होने से अवसाद उत्पन्न होता है तथा समर्पण के होने से अवसाद चला जाता है, अर्थात् अवसाद समर्पण से संबंधित है। यदि हम समर्पित हैं तो हम अवसादग्रस्त नहीं हो सकते।

प्र. 28 : आसक्ति, विरक्ति, अनासक्ति में क्या भेद है?

उत्तर : जो व्यक्ति आसक्त हो गया है, वह जीवन में पूर्ण रूप से खो गया है। विरक्ति में व्यक्ति ने जीवन को ही अस्वीकार कर दिया है। आसक्ति एवं विरक्ति के बीच में अनासक्ति उपस्थित होती है। समता के साथ खड़े होना ही अनासक्ति है। आसक्ति एवं विरक्ति दोनों ही बंधन लेकर आती हैं, परंतु अनासक्ति व्यक्ति को बंधनमुक्त कर देती है।

प्र. 29 : स्वार्थ के रास्ते से परमार्थ के रास्ते पर कैसे जाएँ?

उत्तर : स्वार्थ व परमार्थ के रास्ते में समान मेहनत होती है, परंतु परमार्थ का रास्ता मुक्ति व आनंद लाता है। स्वार्थ का रास्ता बंधन लेकर आता है।

प्र. 30 : जन्म व मरण के चक्र से कब बाहर निकला जा सकता है?

उत्तर : जन्म व मरण के चक्र से बाहर तभी निकला जा सकता है, जब 'मैं' और 'मेरा' से बाहर या यूँ कहें कि 'मै' और 'मेरा'चक्र से हम बाहर निकल जाएँ।

प्र. 31 : मन को मंदिर कैसे बनाएँ?

उत्तर : मन को मंदिर बनाने के लिए सत्संग, सकारात्मकता, प्रार्थना, पवित्रता, एकांत, शुभ भावना, सात्त्विकता, आस्तिकता आदि साधन प्रयोग किए जा सकते हैं। इससे मन को मंदिर बनाया जा सकता है।

प्र. 32 : जानने व मानने में क्या भेद है? संत कौन है?

उत्तर : जिसको जानते हैं, उसे मानने की जरूरत नहीं। जिसको मानते हैं, इसका मतलब उसे अभी जानना बाकी है। वास्तव में संत वह है, जो परमात्मा को जानता है, दुनिया को मानता है।

प्र. 33 : कर्म की व्याख्या कीजिए।

उत्तर : कर्म इनसान के द्वारा की जानेवाली वह प्रक्रिया है, जो समय के अधीन होती है तथा इसके तीन साधन हैं—सोचना, बोलना एवं करना। इस प्रकार कर्म एक व्यापक शब्द है, जिसमें विचार, वाणी व क्रिया तीनों का समावेश होता है।

प्र. 34 : आप कितनी भी मेहनत करो, 24 घंटे से ज्यादा काम नहीं कर सकते तो फिर आप क्या करें?

उत्तर : आप अपना मूल्य (Value) बढ़ाएँ, मतलब अपना ज्ञान (Knowledge) बढ़ाएँ। निश्चित रूप से यह मेहनत करने से भी ज्यादा महत्त्वपूर्ण काम है।

प्र. 35 : शुभ संकल्प के लिए कौन सा दिन महीने में सबसे बेहतर माना जाता है?

उत्तर : महीने में पूर्णिमा का दिन सबसे बेहतरीन है। पूर्णिमा के दिन चंद्रमा बड़ा हो जाता है और हमारे शरीर में जो भी चीजें हैं, वो बढ़ने लगती हैं, अगर उस रोज हमने शुभ संकल्प किया है तो वो बढ़ेगा और उस रोज हमने कोई नकारात्मक विचार लिया है तो वो भी बढ़ेगा। चंद्रमा इस दिन बड़ा है और उस रोज ज्वारभाटा भी बढ़ा हुआ है। इस दिन जल ऊपर की ओर उठता है। इसलिए इस दिन हम जो भी संकल्प लेंगे, वो संकल्प पूरे होने की संभावना अधिक हो जाएगी।

प्र. 36 : आपका मानसिक व भावात्मक ढाँचा किस चीज के आसपास बना होना चाहिए?

उत्तर : आपका मानसिक व भावात्मक ढाँचा जीवन की नश्वरता के इर्द-गिर्द बना होना चाहिए। पर यह ढाँचा वास्तव में भौतिकता के आसपास बना

होता है, जब जेहन में जीवन की क्षणभंगुरता का खयाल होता है तो कर्म श्रेष्ठ होने लगते हैं।

प्र. 37 : जीवन में धैर्य कैसे बढ़ाएँ?

उत्तर : सबसे बेहतर धैर्य की शिक्षा प्रकृति है। प्रकृति का प्रत्येक कार्य धैर्य से भरा हुआ है। प्रकृति के बीच बैठें, प्रकृति के बीच में कुछ समय गुजारें। प्रकृति निश्चित रूप से धैर्यता प्रदान करती है। प्रकृति का प्रतिनिधित्व गाय भी करती है और गौ-सेवा से भी धैर्य को बढ़ाया जा सकता है।

प्र. 38 : अवसाद को कैसे दूर किया जाए?

उत्तर : अवसाद को दूर करने के लिए जीवन की कमी को दूर करना होगा। जितने हम कृतज्ञ होते जाएँगे, जीवन में अवसाद उतना ही कम होता जाएगा।

प्र. 39 : कोयले के उदाहरण से आसक्ति को कैसे समझा जा सकता है?

उत्तर : लकड़ी जब लंबे समय तक जलती है तो वह कोयले में बदल जाती है, लेकिन यही कोयला जब और अधिक दबता है तो यह हीरे में बदल जाता है। कोयले का एक दूसरा रूप हीरा है या यूँ कहें, हीरा एक दिन कोयला रहा था। कहने का मतलब यह है कि गुरुजन के अनुशासन में या स्वयं अनुशासित रहने से एक दिन ऐसा जरूर आता है, जब वह आसक्ति, जो कोयले के समान काली है, वह मेहनत करने से, पीड़ा सहने से, अनुशासन सहने पर भक्ति में बदल जाती है। इसके बाद जो आपके पास बैठेगा, उसे ही शांति की अनुभूति होगी।

प्र. 40 : आदर्श मार्केटिंग के चार सर्वश्रेष्ठ सूत्र क्या हैं?

उत्तर : पहला सूत्र, ग्राहक का हित सबसे आगे होना चाहिए।

दूसरा सूत्र, माल को बेचना नहीं होता, बल्कि ग्राहक की समस्या का समाधान करना होता है।

तीसरा सूत्र, अच्छे विक्रेता को अपने समय का उपयोग संबंधों को बेहतर बनाने के लिए करना चाहिए।

चौथा सूत्र, पहले बहुत अच्छे से तैयारी करनी चाहिए। अपने उत्पाद (Product) को पहले भली प्रकार समझें।

प्र. 41 : सात्त्विकता जीवन में स्थिर कब होती है ?

उत्तर : सात्त्विकता जीवन में आहार की पवित्रता से होती है। इसके लिए व्यक्ति को शाकाहार को अपनाना चाहिए। जो आहार किसी प्राणी को भयभीत कर के आया हो, वह सात्त्विकता नहीं ला सकता, चाहे शाकाहार ही क्यों न हो।

प्र. 42 : वासना को किससे नियंत्रित किया जा सकता है ?

उत्तर : वासना को संकल्प शक्ति से ही नियंत्रित किया जा सकता है।

प्र. 43 : इच्छाशक्ति व संकल्प शक्ति में क्या अंतर है ? संकल्प शक्ति के साधन क्या हैं ?

उत्तर : इच्छाशक्ति प्रथम चरण है। अगर कुछ पाने की इच्छा होगी तो इच्छा के परिणाम से संकल्प शक्ति जागृत होती है। संकल्प शक्ति के जो मुख्य साधन हैं उनमें सदाचार, पवित्र विचार, धर्म और शुद्ध आचरण है। अगर यह सब सकारात्मक हैं तो संकल्प शक्ति भी सकारात्मक होगी, अगर यह नकारात्मक हैं तो सदाचार की जगह दुराचार, धर्म की जगह अधर्म, पवित्र विचार की जगह अपवित्र विचार, शुद्ध विचार की जगह अशुद्ध विचार, शुद्ध आचरण की जगह अशुद्ध आचरण, तो इससे संकल्प शक्ति भी नकारात्मक हो जाएगी।

प्र. 44 : स्त्रियाँ सम क्यों हैं और पुरुष विषम क्यों हैं ?

उत्तर : बच्चे का जन्म पुरुष के शुक्राणु (Sperm) व स्त्री के अंडाणु (Egg) के मिलन से होता है। पुरुष में 24 कोष्ठोंवाले गुणसूत्र (Cromosome) होते हैं व स्त्रियों में भी 24 कोष्ठोंवाले गुणसूत्र होते हैं। स्त्री की सभी 24 गुणसूत्र जोड़ियाँ सम होती हैं (x-x) जबकि पुरुष की 23 गुणसूत्र जोड़ियाँ सम होती हैं (x-x), परंतु 24वाँ गुणसूत्र में दो तरह के अणु होते हैं (x-y) या (x-x)।

जब पुरुष का 24 सम कोष्ठोंवाला गुणसूत्र स्त्री के 24 सम कोष्ठोंवाले गुणसूत्र से मिलता है तो पूर्ण समता (equality) होती है, यानी सभी 48 गुणसूत्र समान, जिसके कारण लड़की का जन्म होता है। इससे हटकर जब पुरुष के 23 गुणसूत्र, जो सम (x-x) हैं तथा 24वाँ गुणसूत्र (x-y) स्त्री के 24 सम गुणसूत्र से मिलता है तो लड़के का जन्म होता है, जो पूर्ण सम है। इसी कारण प्राय: स्त्रियाँ समानुपाती, सुंदर व शांत होती हैं।

3

योग, आसन, प्राणायाम व सात चक्रों को जानें

3.1 परिचय

योग का आशय सिर्फ प्राणायाम व आसन नहीं है, बल्कि यह बौद्धिक, मानसिक, भावनात्मक और आध्यात्मिक शक्ति को एक कर, स्वयं में छुपी हुई चेतना को बढ़ाने का माध्यम है। योग का शाब्दिक अर्थ है जोड़ना। हमारी सबसे सूक्ष्म सत्ता (जिसे हम आत्मा कहते हैं) को सार्वभौमिक चेतना (जिसे परमात्मा कहते हैं), से मिलाने की प्रक्रिया को योग की प्रक्रिया कहा जा सकता है, अर्थात् चित्तवृत्तियों का निरोध ही योग है। महर्षि पतंजलि ने योग को इस प्रकार लिखा है—'योगश्चित्तबृत्ति निरोध', अर्थात् चित्त वृत्तियों का निरोध ही योग है। उन्होंने 'योग सूत्र' के नाम से योग सूत्रों का संकलन किया, जिसमें उन्होंने शारीरिक, मानसिक, भावात्मक और आध्यात्मिक शुद्धि के लिए अष्टांग योग का मार्ग बताया है। वास्तव

में महर्षि पतंजलि द्वारा बतलाए गए योग के आठों आयाम बहुत ही विशिष्ट हैं। यही वास्तव में योग का उपयुक्त मतलब है।

अष्टांग योग के आठ सूत्रों का संक्षिप्त विवरण इस प्रकार है—

1. **यम :** पाँच सामाजिक नैतिकता को यम बताया गया है। यह तत्त्व बाहरी इंद्रियों से संतुलन स्थापित करता है। इसकी 5 धारणाएँ निम्न हैं—
   (क) **अहिंसा :** शब्दों से, विचारों से और कर्मों से किसी को अकारण हानि न पहुँचाना।
   (ख) **सत्य :** विचारों में सत्यता, परम सत्य में स्थित रहना, जैसा कि मन में है वैसा ही प्रमाणित बातें वाणी से बोलना।
   (ग) **अस्तेय :** चोरी की प्रवृत्ति का न होना ।
   (घ) **ब्रह्मचर्य :** चेतना को ब्रह्म के ज्ञान में स्थिर करना एवं सभी इंद्रिय जनित सुखों में संयम बरतना ब्रह्मचर्य कहलाता है।
   (ङ) **अपरिग्रह :** आवश्यकता से अधिक संचय नहीं करना और दूसरों की वस्तुओं की इच्छा नहीं करना।
2. **नियम :** पाँच व्यक्तिगत नैतिकता को नियम बतलाया गया है। यह तत्त्व आंतरिक सोच व संतुलन को स्थापित करता है। इसके पाँच नियम निम्न प्रकार हैं—
   (क) **शौच :** शरीर, मन की शुद्धि।
   (ख) **संतोष :** संतुष्ट और प्रसन्न रहना ।
   (ग) **तप :** स्वयं का अनुशासित रहना।
   (घ) **स्वाध्याय :** आत्मचिंतन करना।
   (ङ) **ईश्वर-प्राणिधान :** ईश्वर के प्रति पूर्ण समर्पण, पूर्ण श्रद्धा का होना।
3. **आसन :** पतंजलि ने स्थिर तथा सुखपूर्वक बैठने की क्रिया को आसन कहा है। पतंजलि के योग सूत्र में आसनों के नाम नहीं गिनाए गए हैं, लेकिन परवर्ती विचारकों ने अनेक आसनों की कल्पना की है। आसन के उदाहरण सिद्धासन, सुखासन, पद्मासन व वज्रासन हैं।
4. **प्राणायाम :** योग की यथेष्ट भूमिका के लिए नाड़ी साधन और उसके जागरण के लिए किया जानेवाला श्वास और प्रश्वास का नियमन प्राणायाम है। मन की चंचलता और विक्षुब्धता पर विजय प्राप्त करने में प्राणायाम बहुत सहायक है।

5. **प्रत्याहार :** महर्षि पतंजलि के अनुसार जो इंद्रियाँ चित्त को चंचल कर रही हैं, उन इंद्रियों का विषयों से हटकर एकाग्र हुए चित्त के स्वरूप का अनुकरण करना प्रत्याहार है। प्रत्याहार से इंद्रियाँ वश में रहती हैं और उन पर पूर्ण विजय प्राप्त हो जाती है।
6. **धारणा :** मन को एकाग्रचित्त करके ध्येय विषय पर लगाना पड़ता है। किसी एक विषय को ध्यान में बनाए रखना।
7. **ध्यान :** किसी एक स्थान पर या वस्तु पर मन स्थिर होना ही ध्यान है, जब ध्येय वस्तु का चिंतन करते हुए चित्त एकाग्र हो जाता है तो उसे ध्यान कहते हैं। पूर्ण ध्यान की स्थिति में किसी भी वस्तु का ज्ञान अथवा उसकी स्मृति चित्त में प्रविष्ट नहीं होती।
8. **समाधि :** अंत में है समाधि, यानी शून्य, जब एक साधक ध्यान को साध लेता है, तो फिर कुछ भी बाकी नहीं रह जाता। बस एक ही भाव मन में रहता है कि सभी मनुष्य उस एक ईश्वर की संतान हैं, जिसे लोग ईश्वर, अल्लाह या गॉड आदि कहकर पुकारते हैं।

भारतीय दर्शन और योग में शरीर के सात चक्रों यानी ऊर्जा केंद्रों का वर्णन मिलता है। चक्रों के बारे में अधिकतम मूल जानकारियाँ उपनिषदों में मिलती हैं। चक्र हमारे आकार, व्यवहार, विचार, भावनाओं को नियंत्रित करते हैं। जब हमारे ये चक्र संतुलित होते हैं तो हमारा शरीर स्वस्थ व मन प्रसन्न रहता है। इन चक्रों का वर्णन इस प्रकार है—

1. **मूलाधार चक्र :** यह चक्र गुदा और जननेंद्रिय के बीच स्थित होता है। योग शास्त्र के अनुसार बताया जाता है कि यदि हम इस स्थान पर ध्यान लगाएँ तो इससे वीरता और आनंद भाव की प्राप्ति होती है। यह भी बताया गया है कि यदि मूलाधार चक्र सक्रिय न हो तो इसकी वजह से व्यक्ति अकसर ही कब्ज, दस्त, बवासीर, कोलाइटिस, उच्च रक्तचाप जैसी गंभीर समस्याओं से पीड़ित रहता है। मूलाधार के संतुलित होने से मनुष्य के व्यक्तित्व में आत्मविश्वास दिखता है। मूलाधार चक्र का संबंध भूमि से है।
2. **स्वाधिष्ठान चक्र :** स्वाधिष्ठान चक्र जननेंद्रियों के ठीक ऊपर होता है। इस चक्र का संबंध हमारे शरीर में स्थित जल तत्त्व से होता है। इस चक्र के जागृत हो जाने पर आलस्य, अविश्वास जैसे तमाम तरह के दुर्गुणों का नाश होता है, सिर्फ इतना ही नहीं, बल्कि शरीर में किसी भी प्रकार के

विकार जल तत्त्व के ठीक न होने से होते हैं। स्वाधिष्ठान चक्र के संतुलन से आपके व्यक्तित्व में रचनात्मकता दिखती है।

3. **मणिपुर चक्र :** यह चक्र नाभि के पीछे रीढ़ की हड्डी पर स्थित होता है। यह चक्र अग्नि तत्त्व को नियंत्रित करता है। इस चक्र के संतुलित होने या जागृत होने से मनुष्य कर्मयोगी बन जाता है।
4. **अनाहत चक्र :** अनाहत चक्र मनुष्य के हृदय में स्थित होता है और इसके बारे में बताया जाता है कि जो व्यक्ति इस चक्र को जागृत कर लेने में सफल हो जाता है, उसके जीवन से कपट, चिंता, मोह तथा अंधकार जैसी चीजों का नाश होता है। अनाहत चक्र में संतुलन से मनुष्य के व्यक्तित्व में प्रेम, करुणा व दया का भाव दिखता है। यह चक्र वायु तत्त्व को नियंत्रित करता है।
5. **विशुद्ध चक्र :** यह चक्र कंठ के ठीक पीछे स्थित होता है। यह चक्र उच्चतम आध्यात्मिक अनुभूतियाँ देता है एवं सारी-की-सारी सिद्धियाँ इसी चक्र में पाई जाती हैं। कुंडली शक्ति का जागरण होने से जो ध्वनि आती है, वह इसी चक्र से आती है। इस चक्र के गड़बड़ होने से वैज्ञानिक रूप से थायरॉइड जैसी समस्याएँ और वाणी की विकृति पैदा होती हैं।
6. **आज्ञा चक्र :** यह चक्र हमारी दोनों भौहों के बीच स्थित होता है। इस चक्र को जागृत करने से अंतर्ज्ञान, कल्पना और स्थितियों से निपटने में सफलता मिलती है। इसके जागृत होने से इनसान को आत्मज्ञान प्राप्त होता है। आज्ञा चक्र में संतुलन से मनुष्य के व्यक्तित्व में दूरदर्शिता दिखती है।
7. **सहस्रार चक्र :** यह चक्र मस्तिष्क के मध्य भाग में स्थित होता है। माना जाता है कि इस चक्र का संबंध आंतरिक व बाहरी सौंदर्य तथा आध्यात्मिकता के साथ से है, हालाँकि इस चक्र को जागृत करने में तमाम तरह की परेशानियाँ आती हैं, मगर इसके जागृत होने के पश्चात् परम आनंद की प्राप्ति होती है। सहस्रार चक्र के जागने से मनुष्य का व्यक्तित्व पूर्णतः चैतन्य रूप में खिला हुआ दिखाई देता है।

गीता में योग का स्वरूप

गीता में 'योग' शब्द को अनेक अर्थ में प्रयोग किया गया है, परंतु मुख्य रूप से गीता में ज्ञानयोग, कर्मयोग, भक्तियोग और ध्यान योग, इन योग मार्गों का विस्तृत रूप में वर्णन निम्न प्रकार किया गया है—

ज्ञानयोग : ज्ञानयोग के माध्यम से गीता उपदेश देती है कि समस्त दृश्य जगत् परमात्मा से उत्पन्न होता है और अंत में परमात्मा में लीन हो जाता है, अर्थात् ऐसा समझना चाहिए कि संपूर्ण भूत प्रकृति से उत्पन्न हुआ है और संपूर्ण जगत् के उद्‍भव का मूल कारक परमात्मा है, इसलिए मनुष्य को आत्मा, प्रकृति एवं ईश्वर को जानना आवश्यक है, जिसे जानकर मनुष्य अपने लक्ष्य को प्राप्त कर सकता है।

कर्मयोग : भगवद्‍गीता के तीसरे अध्याय में कर्मयोग का वर्णन किया गया है। इसमें कहा गया है कि मनुष्य में कर्म करने की स्वाभाविक प्रवृत्ति है। कर्म न करना तो एक क्षणमात्र भी संभव नहीं है। मन से इंद्रियों का संयम करके अनासक्त भाव से कर्म करनेवाले की प्रशंसा करते हुए श्रीकृष्ण कहते हैं कि हे अर्जुन! जो पुरुष मन से इंद्रियों को वश में करके अनासक्त हुए समस्त इंद्रियों द्वारा कर्मयोग का आचरण करता है, वही श्रेष्ठ है।

भक्तियोग : ज्ञानयोग और कर्मयोग के लिए भक्ति का होना भी आवश्यक है, क्योंकि भक्ति के बिना निष्काम कर्म नहीं हो सकता, जब साधक भक्ति योग के माध्यम से अपना सर्वस्व भगवान् को अर्पित कर देता है तो उसकी सांसारिक पदार्थों में आसक्ति समाप्त हो जाती है, तभी वह परमात्मा को जान पाता है।

ध्यानयोग : ध्यान किस प्रकार किया जाए, इसका वर्णन करते हुए योगेश्वर श्रीकृष्ण छठे अध्याय में कहते हैं कि पवित्र स्थान में, जिसके ऊपर कुशा या मृगछाल या वस्त्र बिछा हुआ हो। यह आसन न अधिक ऊँचा हो, न अधिक नीचा। ऐसे आसन पर शरीर को स्थिर करते हुए बैठकर साधना करनी चाहिए। आसन पर सिर और गरदन एक सीध में रखते हुए चित्त और इंद्रियों की क्रियाओं को वश में रखते हुए, मन को एकाग्र करके अंतःकरण की शुद्धि के लिए योग का अभ्यास किया जाता है।

3.2 प्राणायाम

प्र. 1 : प्राणायाम क्या है?

उत्तर : प्राणायाम योग के आठ अंगों में से एक है। अष्टांग योग में आठ प्रक्रियाएँ होती हैं—यम, नियम, आसन, प्राणायाम, प्रत्याहार, धारणा, ध्यान तथा समाधि। प्राणायाम =

प्राण + आयाम। इसका शाब्दिक अर्थ है—'प्राण (श्वसन) को लंबा करना या प्राणशक्ति' (जीवनीशक्ति) को गहरा बनाना।

प्र. 2 : प्राणायाम करते समय क्या-क्या सावधानियाँ रखनी चाहिए?

उत्तर : सबसे पहले विश्वास, सत्यभावना, दृढ़ता के साथ इसे प्रारंभ करना चाहिए। इसके बाद निम्न प्रक्रिया अपनाई जानी चाहिए—

- प्राणायाम करने से पहले हमारा शरीर अंदर से और बाहर से शुद्ध होना चाहिए।
- बैठने के लिए नीचे, अर्थात् भूमि पर आसन बिछाना चाहिए।
- बैठते समय हमारी रीढ़ की हड्डियाँ एक पंक्ति में, अर्थात् सीधी होनी चाहिए।
- सुखासन, सिद्धासन, पद्मासन, वज्रासन किसी भी आसन में बैठें, मगर जिसमें आप अधिक देर बैठ सकते हैं, उसी आसन में बैठें।
- प्राणायाम करते समय हमारे हाथों को ज्ञान या किसी अन्य मुद्रा में होनी चाहिए।
- प्राणायाम करते समय हमारे शरीर में कहीं भी किसी प्रकार का तनाव नहीं होना चाहिए, यदि तनाव में प्राणायाम करेंगे तो उसका लाभ नहीं मिलेगा।
- प्राणायाम करते समय अपनी शक्ति का अतिक्रमण न करें, यानी सहजता के साथ करें।
- हर साँस का आना-जाना बिल्कुल आराम से होना चाहिए।
- जिन लोगों को उच्च रक्तचाप की शिकायत है, उन्हें अपना रक्तचाप साधारण होने के बाद धीमी गति से प्राणायाम आरंभ करना चाहिए।
- यदि ऑपरेशन हुआ हो तो छह महीने बाद ही प्राणायाम का धीरे-धीरे अभ्यास करें।
- हर श्वास के आने-जाने के साथ मन-ही-मन में ओम् का जाप करें।

- ओम् के जाप का उच्चारण करने से हमारे पूरे शरीर में (सिर से लेकर पैर के अँगूठे तक) एक वाइब्रेशन होती है, जो हमारे अंदर की नकारात्मक ऊर्जा को बाहर निकालकर मन और आत्मा को शुद्ध करती है।

प्र. 3 : भस्त्रिका प्राणायाम व इससे होनेवाले लाभों को समझाइए?

उत्तर : सुखासन, सिद्धासन, पद्मासन, वज्रासन में बैठें। नाक से लंबी साँस फेफड़ों में ही भरें, फिर लंबी साँस फेफड़ों से ही छोड़ें। साँस लेते और छोड़ते समय एक-सा दबाव बना रहे। हमें हमारी गलतियाँ सुधारनी हैं, एक तो हम पूरी साँस नहीं लेते; और दूसरा हमारी साँस पेट में चली जाती है। हमारे शरीर में दो रास्ते हैं, एक (नाक, श्वसन नलिका, फेफड़े) और दूसरा (मुँह, अन्न नलिका, पेट)। जैसी फेफड़ों में हवा शुद्ध करने की प्रणाली है, वैसी पेट में नहीं है। उसी के कारण हमारे शरीर में ऑक्सीजन की कमी महसूस होती है और उसी के कारण हमारे शरीर में रोग पैदा होते हैं।

लाभ :

- हमारा हृदय सशक्त बनाने के लिए है।
- हमारे फेफड़ों को सशक्त बनाने के लिए है।

प्र. 4 : कपालभाति प्राणायाम व उससे होनेवाले लाभों को समझाइए?

उत्तर : सुखासन, सिद्धासन, पद्मासन, वज्रासन में बैठें और साँस को बाहर फेंकते समय पेट को अंदर की तरफ धक्का देना है, इसमें सिर्फ साँस को छोड़ते रहना है। दो साँसों के बीच अपने आप साँस अंदर चली जाएगी, जान-बूझकर साँस को अंदर नहीं लेना है। कपाल कहते हैं मस्तिष्क के अग्र भाग को, भाति कहते हैं ज्योति को, कांति को, तेज को; कपालभाति प्राणायाम लगातार करने से चेहरे का लावण्य बढ़ता है। कपालभाति प्राणायाम धरती की संजीवनी कहलाता है। कपालभाति प्राणायाम करते

समय मूलाधार चक्र पर ध्यान केंद्रित करना होता है। इससे मूलाधार चक्र जाग्रत होकर कुंडलिनी शक्ति जाग्रत होने में मदद होती है।

लाभ :

- बालों की सारी समस्याओं का समाधान प्राप्त होता है।
- सभी प्रकार की चर्म समस्या मिट जाती है।
- कपालभाति प्राणायाम से शरीर की बढ़ी चर्बी घटती है, यह इस प्राणायाम का सबसे बड़ा फायदा है।
- कब्ज, एसिडिटी, गैस्ट्रिक जैसी पेट की सभी समस्याएँ मिट जाती हैं।
- डायबिटीज ठीक हो जाती है।
- कोलेस्ट्रोल को घटाने में भी सहायक है।

प्र. 5 : बाह्य प्राणायाम व उससे होनेवाले लाभों को समझाइए?

उत्तर : सुखासन, सिद्धासन, पद्मासन, वज्रासन में बैठें। साँस को पूरी तरह बाहर निकालने के बाद साँस बाहर ही रोके रखने के बाद तीन बंध लगाते हैं।

1. **जालंधर बंध :** गले को पूरा सिकोड़कर ठोड़ी को छाती से सटाकर रखना है।
2. **उड्डयान बंध :** पेट को पूरी तरह अंदर पीठ की तरफ खींचना है।
3. **मूल बंध :** हमारी मल विसर्जन करने की जगह को पूरी तरह ऊपर की तरफ खींचना है।

लाभ :

- कब्ज, एसिडिटी, गैस जैसी पेट की सभी समस्याएँ मिट जाती हैं।
- हर्निया ठीक हो जाता है।
- धातु और पेशाब से संबंधित सभी समस्याएँ मिट जाती हैं। मन की एकाग्रता बढ़ती है।
- व्यंधत्व (संतानहीनता) से छुटकारा मिलने में भी सहायक है।

प्र. 6 : अनुलोम-विलोम प्राणायाम व उससे होनेवाले लाभों को समझाइए?

उत्तर : सुखासन, सिद्धासन, पद्मासन या वज्रासन में बैठें। शुरुआत और अंत हमेशा बाएँ नथुने से ही करना है, नाक का दायाँ नथुना बंद करें व बाएँ

से लंबी साँस लें, फिर बाएँ का बंद करके, दाएँ वाले से लंबी साँस छोड़ें…अब दाएँ से लंबी साँस लें और बाएँ वाले से छोड़ें…यानी यह दायाँ–दायाँ, बायाँ–बायाँ यह क्रम रखना, यह प्रक्रिया 10–15 मिनट तक दुहराएँ। साँस लेते समय अपना ध्यान दोनों आँखों के बीच में स्थित आज्ञा चक्र पर ध्यान एकत्रित करना चाहिए और मन–ही–मन में साँस लेते समय ओम् का जाप करते रहना चाहिए। बाईं नाड़ी को चंद्र (इड़ा, गंगा) नाड़ी, और दाईं नाड़ी को सूर्य (पिंगला, यमुना) नाड़ी कहते हैं। चंद्र नाड़ी से ठंडी हवा अंदर जाती है और सूर्य नाड़ी से गरम हवा अंदर जाती है। ठंडी और गरम हवा के उपयोग से हमारे शरीर का तापमान संतुलित रहता है। इससे हमारी रोग–प्रतिकारक शक्ति बढ़ जाती है।

लाभ :

- हार्ट के ब्लॉकेज खुल जाते हैं।
- हाई, लो दोनों रक्तचाप ठीक हो जाएँगे।
- मैमोरी बढ़ाने के लिए।
- सर्दी, खाँसी, नाक, गला ठीक हो जाता है।
- सभी प्रकार की चर्म समस्या मिट जाती हैं।
- मस्तिष्क से संबंधित सभी व्याधियों को मिटाने के लिए।

प्र. 7 : भ्रामरी प्राणायाम व उससे होनेवाले लाभों को समझाइए?

उत्तर : सुखासन, सिद्धासन, पद्मासन, वज्रासन में बैठें। दोनों अँगूठों से कान पूरी तरह बंद करके, दो उँगलियों को माथे पर रखकर, छह उँगलियों को दोनों आँखों पर रख दें और लंबी साँस लेते हुए कंठ से भरें।

लाभ :

- सायकिक पेशेंट्स को फायदा होता है।
- माइग्रेन पेन, डिप्रेशन और मस्तिष्क से संबंधित सभी व्याधियों को मिटाने के लिए।
- मन और मस्तिष्क को शांति मिलती है।
- ब्रह्मानंद की प्राप्ति करने के लिए।
- मन और मस्तिष्क की एकाग्रता बढ़ाने के लिए।

प्र. 8 : उद्गीथ प्राणायाम व उससे होनेवाले लाभों को समझाइए?

उत्तर : सुखासन, सिद्धासन, पद्मासन, वज्रासन में बैठें और लंबी साँस लेके मुँह से ॐ का जाप करना है।

लाभ :

- पॉजिटिव एनर्जी तैयार करता है।
- माइग्रेन पेन, डिप्रेशन और मस्तिष्क से संबंधित सभी व्याधियों को मिटाने के लिए।
- मन और मस्तिष्क को शांति मिलती है।
- मन और मस्तिष्क की एकाग्रता बढ़ाने के लिए।

प्र. 9 : अग्निसार प्राणायाम व उससे होनेवाले लाभों को समझाइए?

उत्तर : सुखासन, सिद्धासन, पद्मासन, वज्रासन में बैठें। यह क्रिया में कपालभाति प्राणायाम जैसा नहीं है, बार-बार साँस बाहर नहीं करनी है। साँस को पूरी तरह बाहर निकालने के बाद बाहर ही रोककर पेट को आगे-पीछे करना है।

लाभ :

- कब्ज, एसिडिटी, गैस्टिक जैसी पेट की सभी समस्याएँ मिट जाती हैं।
- हर्निया ठीक होता है।
- धातु और पेशाब के संबंधित सभी समस्याएँ मिट जाती हैं।

- मन की एकाग्रता बढ़ेगी।

प्र. 10 : उज्जायी प्राणायाम व उससे होनेवाले लाभों को समझाइए?

उत्तर : सुखासन, सिद्धासन, पद्मासन, वज्रासन में बैठें। सिकुड़े हुए गले से साँस को अंदर लेना है।

लाभ :

- थायरॉइड की शिकायत से आराम मिलता है।
- तुतलाने, हकलाने की शिकायत भी दूर होती है।
- अनिद्रा, मानसिक तनाव भी कम करता है।
- टी.बी. (क्षय) को मिटाने में मदद होती है।

प्र. 11 : सीत्कारी प्राणायाम व उससे होनेवाले लाभों को समझाइए?

उत्तर : सुखासन, सिद्धासन, पद्मासन, वज्रासन में बैठें। जिह्वा तालू से लगाकर जबड़े बंद करें और उस छोटी सी जगह से सीऽऽ सीऽऽ करते हुए हवा को अंदर खींचना है और मुँह बंद करके साँस को नाक से बाहर छोड़ दें। जैसे ए.सी. के फैंस होते हैं, उससे ए.सी. के कम्प्रेसर पर कम दबाव आता है और गरम हवा बाहर फेंकने से हमारे कक्ष की हवा ठंडी हो जाती है। हमारे शरीर की अतिरिक्त गरमी कम हो जाती है।

लाभ :

- शरीर की अतिरिक्त गरमी को कम करने के लिए।
- ज्यादा पसीना आने की शिकायत से आराम मिलता है।
- पेट की गरमी और जलन को कम करने के लिए।
- शरीर पर कहीं भी आए हुए फोड़ों को मिटाने के लिए।

प्र. 12 : चंद्रभेदी प्राणायाम व उससे होनेवाले लाभों को समझाइए?

उत्तर : चंद्रभेदी प्राणायाम करने से चंद्रनाड़ी क्रियाशील हो जाती है। इस क्रिया में रीढ़ की हड्डी को, कमर और गले को सीधा रखना है। इसके बाद

दाएँ हाथ के अँगूठे से दाईं नाक को बंद कर बाईं नाक से गहरी और लंबी साँस लें और फिर बाईं नाक को बंद कर लें। जितना संभव हो सके, अपनी साँस को अंदर रोककर रखें। उसके बाद दाहिने नथुने से धीरे–धीरे करके साँस को छोड़ें। सुबह के समय खाली पेट चंद्रभेदी प्राणायाम करना फायदेमंद होता है। इस योगासन को करते समय इस बात का ध्यान रखें कि शुरुआत में इसकी अवधि अधिक न हो, धीरे–धीरे अवधि बढ़ा सकते हैं।

लाभ :

- आँखों की समस्या से छुटकारा मिलता है।
- मन को शांति मिलती है, तनाव दूर होता है।
- चर्म रोगों में फायदेमंद।
- हृदय रोगों में फायदेमंद।
- पाचन क्रिया दुरुस्त रहती है।

प्र. 13 : सूर्यभेदी प्राणायाम व उससे होनेवाले लाभों को समझाइए?

उत्तर : सूर्यभेदी का मतलब है पिंगला नाड़ी या फिर सूर्य स्वर का भेदन करना। पिंगला नाड़ी या फिर सूर्य स्वर को जागृत करना भी सूर्यभेदी प्राणायाम कहलाता है। यह प्राणायाम चंद्रभेदी प्राणायाम की भाँति ही है, बस इसमें श्वास दाईं नाक से भरनी है तथा बाईं नाक से बाहर निकालनी है।

लाभ :

- रक्तशोधन होता है।
- शरीर के ताप को बढ़ाता है।
- रक्त में लाल कण बढ़ते हैं।

- मस्तिष्क संबंधी रोग, अवसाद, पागलपन दूर होते हैं।
- साइनस, दमा, सर्दी, जुकाम में रामबाण का कार्य करता है।
- गठिया, कब्ज, गैस और अजीर्ण में बहुत लाभदायक है।

प्र. 14 : सूर्य नमस्कार के क्या लाभ होते हैं?

उत्तर : सूर्य नमस्कार से ऊर्जा शक्ति बढ़ने लगती है। इससे शरीर व मन सबल होते हैं। इसके सतत अभ्यास से मणिपुर जागृत होता है। इससे पाचन तंत्र भी मजबूत होता है।

प्र. 15 : मनुष्य के शरीर में ऊर्जा के स्तर को कैसे बढ़ाया जा सकता है?

उत्तर : ऊर्जा अति सूक्ष्म है। पहले तत्त्व भूमि, जो दिखता है, जिसको छुआ जा सकता है, उससे सूक्ष्म जल और जल से भी सूक्ष्म अग्नि, पर अग्नि से भी सूक्ष्म वायु प्राणायाम के दौरान वायु तत्त्व शरीर के भीतर जाता है, जिससे शरीर ऊर्जावान बनता है। प्राण का मतलब श्वास, यानी वायु। अगर अच्छी वायु या गहरी श्वास शरीर में जाएगी तो शरीर में ऊर्जा का स्तर निश्चित रूप से बढ़ने लगेगा।

प्र. 16 : प्राणायाम से पदार्थ (Matter) को ऊर्जा (Energy) में कैसे बदलें?

उत्तर : वैसे तो बहुत से प्राणायाम हैं, जिससे बॉडी में ऑक्सीनेशन काफी मात्रा में होता है और इस ऑक्सीनेशन प्रोसेस के कारण मानव शरीर में जो सेल्स हैं, उनके माइटोकॉन्ड्रिया में अधिक ऑक्सीजन पहुँचती है और इससे पदार्थ ऊर्जा में रूपांतरित होने लगता है। इसी प्रक्रिया के कारण पदार्थ शरीर के अंदर ऊर्जा रूप में बदलने लगता है, वैसे इसके लिए कई प्राणायाम हैं, भस्त्रिका सबसे प्रमुख प्राणायाम माना जाता है।

प्र. 17 : किस प्राणायाम से शारीरिक व मानसिक संतुलन को बेहतर बनाया जा सकता है?

उत्तर : कपालभाति प्राणायाम से शारीरिक व मानसिक संतुलन को आसानी से बेहतर बनाया जा सकता है, क्योंकि कपालभाति की वजह से हमारा उदर, जहाँ पर हमारी भोजन सामग्री टिकी है, उसका ऊर्जा रूप में परिवर्तन होता है और वह ऊपर उठती है। निश्चित रूप से कपालभाति प्राणायाम शारीरिक व मानसिक संतुलन के लिए सबसे बेहतर कहा जा सकता है।

प्र. 18 : दिमाग व मन को ठीक करने का सर्वोत्तम प्राणायाम कौन सा है?

उत्तर : दिमाग और मन को ठीक करने का सर्वोत्तम प्राणायाम अनुलोम विलोम

है। अनुलोम विलोम के कारण श्वास मस्तिष्क के दोनों तरफ पहुँचती है और इसका परिणाम यह होता है कि हमारा मन शांत होने लगता है और दिमाग अधिक जागरूक होने लगता है।

प्र. 19 : गले संबंधी रोग को ठीक करने का सर्वोत्तम प्राणायाम कौन सा है?

उत्तर : गला यानी विशुद्धि चक्र। गले संबंधी रोग को ठीक करने का सर्वोत्तम प्राणायाम उज्जायी प्राणायाम माना गया है।

प्र. 20 : मानसिक रोग एवं तनाव के लिए सर्वोत्तम प्राणायाम कौन सा है?

उत्तर : मानसिक रोग एवं तनाव का मुख्य कारण मस्तिष्क, यानी आज्ञा चक्र है। भ्रामरी प्राणायाम के दौरान हम गहरा श्वास लेते हैं। इसमें कंपन के साथ गुंजन कर वापस छोड़ा जाता है, जिससे हमारा मस्तिष्क सक्रिय होता है, उसे अधिक ऊर्जा मिलती है। इसके परिणाम से मस्तिष्क अधिक जागरूक बनता है, जिससे तनाव को कम करने में आसानी होती है।

प्र. 21 : आत्मा को महसूस करने के लिए सर्वोत्तम प्राणायाम कौन सा है?

उत्तर : आत्मा यानी सहस्त्रार जो सबसे ऊपर है, यानी सबसे सूक्ष्म। आत्मा को महसूस करने के लिए हमें उद्गीत प्राणायाम का सहारा लेना होता है। जिसके दौरान ओम् का जाप किया जाता है। ओम् के उच्चारण से जो ऊर्जा है, वह ऊर्ध्व गमन, यानी ऊपर की तरफ उठती है। इस वजह से हमें सहस्त्रार पर ऊर्जा अनुभव होती है और सहस्त्रार का मतलब है शांति। शांति की इस अनुभूति को सभी धर्मों में अलग-अलग तरीके से अभिव्यक्त किया गया है। निश्चित रूप से ओम् में जो अक्षर प्रयोग किए गए हैं, उनके उच्चारण से हमारी जो ऊर्जा है, वो मूलाधार से सहस्त्रार की तरफ बढ़ने लगती है और हमें आत्मसुख का अनुभव होने लगता है। ओम् का ही रूप ईसाई धर्म में 'आमीन', इसलाम में 'अमीन' के रूप में है एवं सिख धर्म में भी 'एक ओंकार' की मान्यता है।

प्र. 22 : साक्षी भाव लाने के लिए सर्वोत्तम प्राणायाम कौन सा है?

उत्तर : साक्षी भाव लाने के लिए सर्वोत्तम प्राणायाम प्रणव प्राणायाम है। प्रणव प्राणायाम के दौरान सिद्धासन अथवा पद्मासन अथवा ध्यान मुद्रा में पूर्णता के साथ बैठा जाता है। शरीर के अंदर आती श्वास व बाहर जाती हुई श्वास को अनुभव किया जाता है। इसे विपश्यना ध्यान भी कहा जाता है

प्र. 23 : अभ्यांतर प्राणायाम क्या है ?

उत्तर : अभ्यांतर प्राणायाम में गहरे श्वास को अंदर लिया जाता है और कुछ मिनट रोककर रखा जाता है और उसके बाद उस श्वास को वापस बाहर निकाल दिया जाता है। अभ्यांतर प्राणायाम के कारण शरीर की दुर्बलता ठीक होने लगती है। शरीर मजबूत बनने लगता है, प्राण मजबूत बनने लगते हैं और दूसरी तरफ बाह्य प्राणायाम के अंदर हम श्वास को बाहर निकालकर रोक देते हैं। इस प्राणायाम के परिणामस्वरूप हमारी ऊर्जा अधोगामी से ऊर्ध्वगामी होने लगती है, यानी ऊपर उठने लगती है।

प्र. 24 : चंद्रभेदी व सूर्यभेदी प्राणायाम में क्या अंतर है ?

उत्तर : चंद्रभेदी प्राणायाम में हम हमारी इड़ा (चंद्र) नाड़ी को सशक्त करते हैं। इस प्रक्रिया में ध्वनि रहित गहरी श्वास बाईं नासिका से भरकर यथाशक्ति रोककर दाईं नासिका से निकाल देते हैं। शरीर में गरमी कम होती है, Blood Pressure (BP) कम होता है, जिससे गुस्सा भी कम होता है। इसके विपरीत सूर्य भेदी प्राणायाम में हम पिंगला नाड़ी को मजबूत बनाते हैं। इस प्रक्रिया में ध्वनि रहित गहरी श्वास दाईं नासिका से भरकर यथाशक्ति रोककर बाईं नासिका से निकाल देते हैं। इससे शरीर में गरमी बढ़ती है, ब्लड प्रेशर बढ़ता है और स्वभाव उग्र होने लगता है।

प्र. 25 : सूर्यभेदी प्राणायाम व चंद्रभेदी प्राणायाम शरीर की किस स्थिति में कब किया जाना ठीक रहता है ?

उत्तर : सूर्यभेदी प्राणायाम लो ब्लड प्रेशर में तथा सर्दी के मौसम में करना चाहिए व चंद्रभेदी प्राणायाम हाई ब्लड प्रेशर में तथा गरमी के मौसम में किया जाना ठीक है।

प्र. 26 : शीतली प्राणायाम व शीतकारी प्राणायाम किस मौसम में उपयुक्त हैं ?

उत्तर : शीतली प्राणायाम गरमी के मौसम में किया जानेवाला प्राणायाम है एवं शीतकारी प्राणायाम सर्दी के मौसम में किया जानेवाला प्राणायाम है।

प्र. 27 : अभ्यांतर व नाड़ी (Subtel energy) शुद्धि प्राणायाम में क्या भेद है ?

उत्तर : अभ्यांतर प्राणायाम में श्वास को रोका नहीं जाता, परंतु नाड़ी शुद्धि प्राणायाम में यथासंभव श्वासों का रोका जा सकता है।

प्र. 28 : 6 प्रतिशत वायु सिर्फ शरीर में ही नहीं होती, बल्कि उस शरीर के सूक्ष्मतम किस भाग में भी होती है ?

उत्तर : शरीर की प्रत्येक कोशिका में भी वायु स्थित है।

प्र. 29 : प्राण के कितने प्रकार हैं, मृत्यु के कितने घंटे बाद जिंदा होना लगभग नामुमकिन हो जाता है ?

उत्तर : प्राण के पाँच प्रकार—समान, प्राण, उदान, अपान और व्यान। मृत्यु के 12 घंटे बाद जिंदा होना मुश्किल हो जाता है। मृत्यु के 6 से 12 घंटे में उदान बाहर निकलता है और उसके बाद वापस जिंदा होना नामुमकिन हो जाता है।

प्र. 30 : श्वसन तंत्र (Respiratory System) क्या है ? इसकी प्रभावकारिता या स्वास्थ्य को प्राणायाम के द्वारा कैसे चेक किया जा सकता है ?

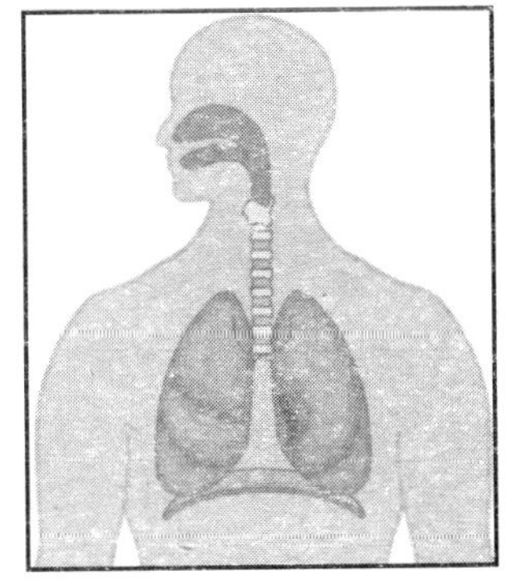

उत्तर : यह श्वसन प्रणाली है, जो रोग प्रतिरोधकता से संबंधित है। जिसमें फेफड़े व थायरॉइड भी शामिल है। श्वसन तंत्र की प्रभावकारिता को प्राणायाम द्वारा अगर हम चेक करना चाहें तो हमें गहरी साँस भरकर देखना होगा, यदि हम इसे लगभग 1 मिनट तक शरीर में रोककर रख सकें तो हमारे फेफड़े बहुत मजबूत हैं एवं श्वसन प्रणाली भी स्वस्थ है।

प्र. 31 : 'श्रवण' पंचतत्त्वों में से कौन सा तत्त्व है, इससे किसकी शुद्धि होती है?

उत्तर : 'श्रवण' पंचतत्त्वों में 'आकाश' तत्त्व है, आकाश की शुद्धि होने से अंतःकरण जागृत होता है। बुराई को सुनने से तंत्रिका संबंधी (Neurological) समस्याएँ होती हैं और आकाश तत्त्व अशुद्ध हो जाता है।

प्र. 32 : प्राण क्या है? प्राण कितने प्रकार के होते हैं?

उत्तर : प्राण जीवन का आधार है। प्राण बौद्धिक संसार, चेतना और मन के बीच का एक संपर्क सूत्र है।

प्राण मुख्यतः पाँच प्रकार के होते हैं—

- **प्राण** : नासिका से हृदय के मध्य।
- **अपान** : नाभि से पैरों के तलवों के बीच।
- **विज्ञान** : नाड़ियों के मध्य।
- **उदान** : हृदय से मस्तिष्क के बीच।
- **समान** : हृदय से उदर के मध्य।

यह प्राण ही तय करते हैं कि हम कितने शक्तिशाली हैं।

प्र. 33 : उपप्राण क्या है? उपप्राण के प्रकार बताइए, यह कैसे नियंत्रित करता है?

उत्तर : उपप्राण मानव शरीर के महत्त्वपूर्ण कार्यों को संचालित करता है। उपप्राण, प्राण का एक भाग है। उपप्राण के प्रकार निम्नलिखित हैं—

1. **नाद** : यह डकार को नियंत्रित करता है।
2. **कूर्मा** : यह पलक की झपकने को नियंत्रित करता है।
3. **देवदत्त** : यह उबासी आने को नियंत्रित करता है।
4. **कर्कला** : यह छींकने को नियंत्रित करता है।
5. **धनंजय** : यह हृदय को संचालित करता है।

3.3 योग व सप्त चक्र व अन्य

प्र. 1 : योग का मतलब किससे मिलन है?

उत्तर : योग का मतलब आत्मा का परमात्मा से मिलन है।

प्र. 2 : योग के बुनियादी गुण में सबसे महत्त्वपूर्ण क्या है?

उत्तर : योग के बुनियादी गुण में सबसे महत्त्वपूर्ण संतुलन है।

प्र. 3 : योग विज्ञान में अंतःकरण के कितने प्रकार हैं?

उत्तर : योग विज्ञान में अंतःकरण के चार प्रकार हैं। पहला बुद्धि, जो कि तर्क पर आधारित है। जो हर चीज को तर्क के आधार पर समझना चाहती है। दूसरा अहंकार है। अहंकार का अर्थ ईगो नहीं है।

अहंकार का आशय है, हम जो भी अपनी पहचान बना लेते हैं। ये पूरी तरह से पूर्व धारणा पर आधारित है। आपकी पहचान एक मनुष्य के रूप में है। आपकी पहचान हिंदू और मुसलिम के रूप में है। आपकी पहचान गोरे या काले के रूप में है। जो आप अपनी पहचान बना लेते हैं, वो मन का एक भाग है, जिसे अहंकार कहते हैं। तीसरा भाग मनस्य, यानी मेमोरी है। चौथा और आखिरी भाग माइंड का है चित्त, जिसे हम पवित्र कह सकते हैं, जब हम बुद्धि, अहंकार और मनस्य से बाहर निकल जाते हैं तो हम पवित्रता (Purity) की सर्वोच्च (Supreme) अवस्था में पहुँच जाते हैं, जिसे चित्त कहा जाता है।

प्र. 4 : माइंडफुलनेस और नो माइंड मेडिटेशन क्या है?

उत्तर : माइंडफुलनेस व नो माइंड मेडिटेशन को ही साक्षी भाव कहते हैं, यानी वर्तमान पर ध्यान देना, न्यायिक (Judgemental) न होना।

प्र. 5 : यदि मूलाधार चक्र पृथ्वी तत्त्व का प्रतिनिधित्व करता है तो विशुद्धि चक्र एवं आज्ञा चक्र किसका प्रतिनिधित्व करते हैं?

उत्तर : विशुद्धि चक्र आकाश तत्त्व का प्रतिनिधित्व करता है एवं आज्ञा चक्र प्रकाश का प्रतिनिधित्व करता है।

प्र. 6 : मूलाधार चक्र अगर प्रजनन अंग (Reproductive Organs) का प्रतिनिधित्व करता है एवं स्वादिष्ठान चक्र यूरिनरी सिस्टम का प्रतिनिधित्व करता है तो मणिपुर चक्र किसे रिप्रेजेंट करता है?

उत्तर : मणिपुर चक्र पेनक्रियाज ग्लैंड को रिप्रेजेंट करता है या यूँ कहें कि हमारे पाचन तंत्र (Digestive System) के लिए उत्तरदायी होता है।

प्र. 7 : अन्नमय कोश को कौन सा शरीर कहते हैं?

उत्तर : अन्नमय कोश को स्थूल शरीर (Macro body) कहते हैं।

प्र. 8 : मस्तिष्क की भाषा किसकी भाषा है?

उत्तर : मस्तिष्क की भाषा ब्रह्मांड की भाषा है। मस्तिष्क से निकलती तरंगों को ब्रह्मांड पकड़ता है और वास्तविकता में बदलने की क्षमता रखता है।

प्र. 9 : जिस प्रकार पानी में कंपन, तरंग के बाद लहरें उत्पन्न होती हैं, उसी

प्रकार हमारी मस्तिष्क का स्पंदन भी तरंगें उत्पन्न करता है, क्या यह कथन सत्य है, व्याख्या कीजिए?

उत्तर : हाँ, यह कथन सत्य है। दिल ही नहीं धड़कता, दिमाग भी धड़कता है, जैसा कि ऊपर वर्णन किया गया है, पानी में तरंग के बाद लहरें उत्पन्न होती है, उसी

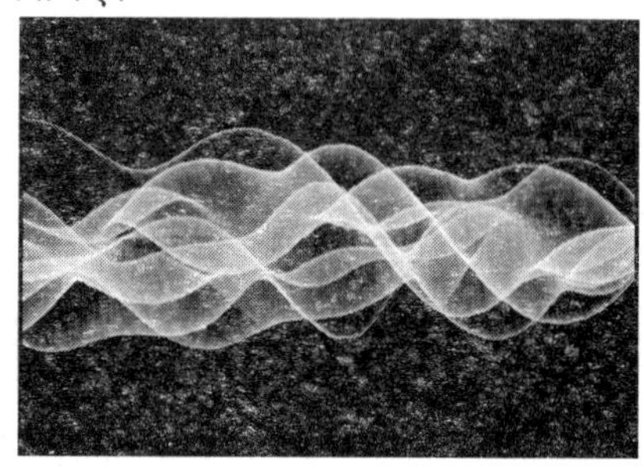

प्रकार हमारा मस्तिष्क भी धड़कता है। जिस प्रकार पानी में लहरों (Vibrations) के बाद जो तरंगें (Waves) उत्पन्न होती हैं, उसी प्रकार दिमाग की भाषा ही ब्रह्मांड समझता है। दिमाग से निकलनेवाली तरंगें (Waves), सृष्टि (Universe) से निकलती हैं, उसे ब्रह्मांड वास्तविकता में परिवर्तित करता है। केवल दिल ही नहीं, धड़कता दिमाग भी वाइब्रेंट करता है। दिल की धड़कन को ECG के द्वारा पढ़ा जाता है, उसी प्रकार दिमाग की धड़कन EEG द्वारा पढ़ी जाती है।

प्र. 10 : वाइब्रेशन से एनर्जी, एनर्जी से मैटर बना है तो वाइब्रेशन कौन-कौन से 3 शरीरों से बनी है?

उत्तर : मनुष्य के शरीर को मुख्यत: 5 शरीरों में विभाजित किया गया है—प्रथम अन्नमय कोष, द्वितीय प्राणमय कोष, तृतीय मनोमय कोष, चतुर्थ विज्ञानमय कोष तथा पंचम आनंदमय कोष। वाइब्रेशन का निर्माण अंत की तीन कोषों से मिलकर बना होता है—मनोमय कोष, विज्ञानमय कोष, आनंदमय कोष। कहने का आशय यह है कि मन, बुद्धि व आध्यात्मिकता, यानी मनोमय कोष, विज्ञानमय और आध्यात्मिकता, यह मिलकर ही हमारे शरीर में वाइब्रेशन का कारण बनते हैं और उसी वजह से हमारे शरीर की प्रवृत्ति दिखने लगती है।

प्र. 11 : सूर्य नमस्कार के 12 मंत्र बताइए?

उत्तर : ओम् मित्राय नमः, ओम् रविये नमः, ओम् सूर्याय नमः, ओम् भानवे नमः, ओम् खगाय नमः, ओम् पूश्णे नमः, ओम् हिरण्यगर्भाए नमः, ओम् मरीचै नमः, ओम् आदित्याय नमः, ओम् सावित्रे नमः, ओम् अकार्य नमः, ओम् भास्कराय नमः।

प्र. 12 : सूर्य नमस्कार की 12 मुद्राओं के नाम बताइए?

उत्तर :

1.	प्रणामासन	7.	भुजंगासन
2.	हस्त उत्तानासन	8.	पर्वतासन
3.	हस्तपादासन	9.	हस्तपादासन
4.	अश्व संचालानासन	10.	हस्त उत्तानासन
5.	दंडासन	11.	ताड़ासन
6.	अष्टांगासन	12.	प्रणामासन

प्र. 13 : मूलाधार, स्वाधिष्ठान एवं मणिपुर चक्र के क्या गुण हैं व इन्हें किस विधि से सरलता से किया जा सकता है?

उत्तर : मूलाधार चक्र का गुण इच्छाशक्ति है, इसे शारीरिक क्रियाओं यथा व्यायाम द्वारा संतुलित किया जा सकता है।

स्वाधिष्ठान चक्र सृजनात्मकता का गुण समाहित किए हुए होता है, इसे संतुलित करने के लिए संगीत व गीत का सहारा लिया जा सकता है।

मणिपुर चक्र का गुण विश्वास होता है तथा इसे संतुलित करने के लिए कपालभाति प्राणायाम उपयुक्त होता है।

प्र. 14 : अनाहत चक्र, विशुद्धि चक्र, आज्ञा चक्र एवं सहस्रार चक्र के क्या गुण हैं व इन्हें कैसे संतुलित करते हैं?

उत्तर : अनाहत चक्र का गुण प्रेम होता है तथा प्रकृति के बीच रहकर हम इसे संतुलित कर सकते हैं।

विशुद्धि चक्र का गुण वाणी होता है तथा इसे सत्य बोलकर व भ्रामरी प्राणायाम द्वारा शुद्ध बनाया जा सकता है।

आज्ञा चक्र का गुण विवेक होता है तथा इसे ध्यान द्वारा संतुलित बनाया जा सकता है।

सहस्रार चक्र का मुख्य गुण परम आनंद होता है, इसे माता-पिता एवं सृष्टि के प्रति ज्ञापित कर संतुलित किया जा सकता है।

प्र. 15 : मूलाधार चक्र, स्वाधिष्ठान चक्र और मणिपुर चक्र प्रभावी होने के क्या लक्षण हैं?

उत्तर : जब मूलाधार चक्र सक्रिय होता है तो इनसान अपने शरीर को बहुत अधिक महत्त्व देने लगता है और शरीर को प्रदर्शित करने के लिए शरीर को अधिक महत्त्व देने लगता है। इसी प्रकार जब मनुष्य का स्वाधिष्ठान चक्र सक्रिय होता है तो उसके जीवन में कामनाओं का प्रबल वेग होने लगता है, अगर मणिपुर चक्र जागृत होता है तो मनुष्य में धन, पद और यश के प्रति आकर्षण अधिक बढ़ जाता है।

प्र. 16 : कोरोना वायरस क्या है? डब्ल्यू.एच.ओ. ने इसका क्या नाम रखा?

उत्तर : कोरोना वायरस कई प्रकार के विषाणुओं (वायरस) का एक समूह है, जो स्तनधारियों व पक्षियों में रोग उत्पन्न करता है,

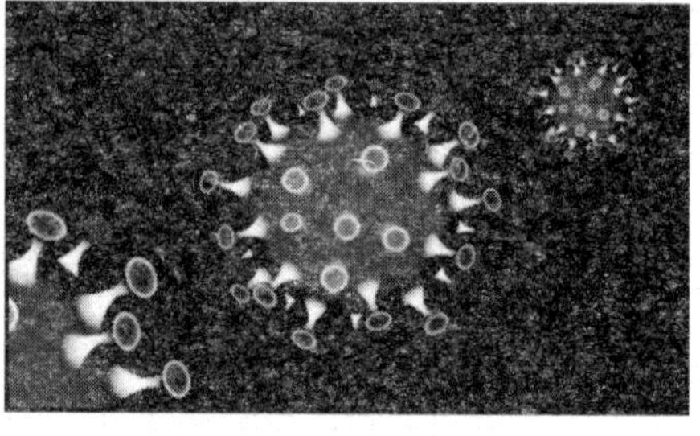

यह अति सूक्ष्म R.N.A. वायरस होता है। इसके कारण श्वास तंत्र संक्रमित हो जाता है। जिसकी शुरुआत सर्दी-जुकाम से शुरू होकर यह बीमारी मृत्यु तक का कारण भी बन जाती है। इसकी रोकथाम के लिए टीके (वैक्सीन) की कर ली गई है, साथ ही उपचार के लिए मनुष्य को अपनी प्रतिरक्षा प्रणाली (Huminity) पर भी निर्भर रहना पड़ता है। चीन के वुहान क्षेत्र में उत्पन्न होनेवाला यह वायरस 2019-20 से फैलता जा रहा है। WHO ने इसका नाम Covid-19 रखा है।

प्र. 17 : क्या मनोविज्ञान व प्राणायाम के द्वारा Covid-19 महामारी से लड़ा जा सकता है?

उत्तर : विश्व स्वास्थ्य संगठन के प्रथम महानिदेशक डॉ. चिस्होम, जो कि एक मनोरोग विशेषज्ञ भी थे, ने कहा है—"बगैर मानसिक स्वास्थ्य के शारीरिक स्वास्थ्य नहीं प्राप्त हो सकता।" मानसिक, शारीरिक स्वास्थ्य बुनियादी तौर पर आपस में जुड़े हुए हैं। मनुष्य के शरीर में एंटीबॉडी बनाने की क्षमता होती है, जब हमारे शरीर में कोई वायरस जाता है, जो ह्यूमन सिस्टम जागृत हो जाता है और यह वायरस को रोकने का कार्य आरंभ कर देता है। इस दौरान अलग-अलग कोशिकाएँ (Cells) मिलकर वायरस को बेअसर करने में लग जाती हैं, इन्हें एंटीबॉडी कहा जाता है।

विभिन्न प्राणायामों के द्वारा शरीर की प्रतिरक्षा प्रणाली को मजबूत बनाया जा सकता है। इसी अध्याय में योग व प्राणायाम का विस्तृत वर्णन किया गया है। साथ-ही-साथ अच्छी पुस्तकों व विचारों को पढ़ने से हमारे मन व मस्तिष्क में नकारात्मकता कम होती है, जो कि इस बीमारी से लड़ने में सहायक होती है।

3.4 आसन

प्र. 1 : आसन से क्या तात्पर्य है और इनका वर्गीकरण कैसे किया जा सकता है?

उत्तर : आसन से तात्पर्य शरीर की वह स्थिति है, जिसमें आप अपने शरीर और मन को शांत, स्थिर और सुख से रख सकें। आसनों को सदैव श्वास के समन्वय में किया जाता है। सुखपूर्वक बिना कष्ट के एक ही स्थिति में अधिक-से-अधिक समय तक बैठने की क्षमता को आसन कहते हैं।

आसनों का अभ्यास शारीरिक, मानसिक एवं आध्यात्मिक रूप से स्वास्थ्य लाभ एवं उपचार के लिए किया जाता है।

आसनों को दो समूहों में बाँटा गया है—

गतिशील आसन : वे आसन, जिनमें शरीर शक्ति के साथ गतिशील रहता है।

स्थिर आसन : वे आसन, जिनमें अभ्यास को शरीर में बहुत ही कम या बिना गति के किया जाता है।

प्र. 2 : स्वस्तिकासन (Swastikasana) की विधि व लाभ बताइए।

उत्तर : बाएँ पैर को घुटने से मोड़कर दाहिनी जाँघ और पिंडली के बीच इस प्रकार स्थापित करें कि बाएँ पैर का तल छिप जाए, उसके बाद दाहिने पैर के पंजे और तल को बाएँ पैर के नीचे से जाँघ और पिंडली के मध्य स्थापित करने से स्वस्तिकासन बन जाता है। ध्यान मुद्रा में बैठें तथा रीढ़ सीधी कर श्वास खींचकर यथाशक्ति रोकें। इसी प्रक्रिया को पैर बदलकर भी करें। इस आसन से पैरों का दर्द, पसीना आना दूर होता है। पैरों का गरम या ठंडापन दूर होता है एवं ध्यान हेतु यह आसन उपयोगी है।

प्र. 3 : गोमुखासन (Gomukhasana) की विधि व लाभ बताइए?

उत्तर : दोनों पैर सामने फैलाकर बैठें। बाएँ पैर को मोड़कर एड़ी को दाएँ नितंब के पास रखें। दाएँ पैर को मोड़कर बाएँ पैर के ऊपर इस प्रकार रखें कि दोनों घुटने एक-दूसरे के ऊपर हो जाएँ। दाएँ हाथ को ऊपर उठाकर पीठ की ओर मुड़िए तथा बाएँ हाथ को पीठ के पीछे नीचे से लाकर दाएँ हाथ को पकड़िए, गरदन और कमर सीधी रहे। एक ओर से लगभग एक मिनट तक करने के पश्चात् दूसरी ओर से इसी प्रकार करें। यह आसन अंडकोष वृद्धि एवं आंत्र वृद्धि में विशेष लाभप्रद है। धातरोग, बहुमूत्र एवं स्त्री रोगों में लाभकारी है। यकृत, गुर्दे एवं वक्षस्थल को बल देता है। संधिवात, गठिया को दूर करता है।

प्र. 4 : गोरक्षासन (Gorakhshasana) की विधि व लाभ बताइए।

उत्तर : दोनों पैरों की एड़ी तथा पंजे आपस में मिलाकर सामने रखिए, अब सीवनी नाड़ी (गुदा एवं मूत्रेंद्रिय के मध्य) को एड़ियों पर रखते हुए उस पर बैठ जाइए। दोनों घुटने भूमि पर टिके हुए हों। हाथों को ज्ञान मुद्रा की स्थिति में घुटनों पर रखें। गोरक्षासन से मांसपेशियों में रक्त संचार ठीक रूप से होकर वे स्वस्थ होती हैं। इससे मूलबंध को स्वाभाविक रूप से लगाने और ब्रह्मचर्य कायम रखने में यह आसन सहायक है। यह आसन इंद्रियों की चंचलता समाप्त कर मन में शांति प्रदान करता है, इसलिए इसका नाम गोरक्षासन है।

प्र. 5 : अर्धमत्स्येंद्रासन (Ardha Matsyendrasana) की विधि व लाभ बताइए।

उत्तर : दोनों पैर सामने फैलाकर बैठें, बाएँ पैर को मोड़कर एड़ी को नितंब के पास लगाएँ। बाएँ पैर को दाएँ पैर के घुटने के पास बाहर की ओर भूमि पर रखें। बाएँ हाथ को दाएँ घुटने के समीप बाहर की ओर सीधा रखते हुए दाएँ पैर के पंजे को पकड़ें। दाएँ हाथ को पीठ के पीछे से घुमाकर पीछे की ओर देखें। इसी प्रकार दूसरी ओर से इस आसन को करें। यह आसन मधुमेह एवं कमरदर्द में लाभकारी है। पृष्ठ देश की सभी नस-नाड़ियों में (जो मेरुदंड के इर्द-गिर्द फैली हुई हैं) रक्त संचार को सुचारु रूप से चलाता है। इस आसन से उदर के विकार दूर होते हैं एवं आँखों की रोशनी बढ़ती है।

प्र. 6 : योगमुद्रासन (Yoga Mudrasana) की विधि व लाभ बताइए।

उत्तर : बाएँ पैर को उठाकर दाईं जाँघ पर इस प्रकार लगाइए कि बाएँ पैर की एड़ी नाभि के नीचे आए। दाएँ पैर को उठाकर इस तरह लाइए कि बाएँ पैर की एड़ी के साथ नाभि के नीचे मिल जाए। दोनों हाथ पीछे ले जाकर बाएँ हाथ की कलाई को दाहिने हाथ से पकड़ें, फिर श्वास छोड़ते हुए सामने की ओर झुकते हुए नाक को जमीन से लगाने का प्रयास करें, हाथ बदलकर क्रिया करें। पुनः पैर बदलकर पुनरावृत्ति करें। इस आसन से चेहरा सुंदर, स्वभाव विनम्र व मन एकाग्र होता है।

प्र. 7 : उदाराकर्षण व शंखासन (Uadarakarshan and Shankhasana) की विधि व लाभ बताइए।

उत्तर : हाथों को घुटनों पर रखते हुए पंजों के बल उकड़ू बैठ जाइए। पैरों में लगभग एक-सवा फीट का अंतर होना चाहिए। श्वास अंदर भरते हुए दाएँ घुटने को बाएँ पैर के पंजे के पास टिकाइए तथा बाएँ घुटने को दाईं तरफ झुकाइए। गरदन को बाईं ओर से पीछे की ओर घुमाइए व पीछे देखिए। थोड़े समय रुकने के पश्चात् श्वास छोड़ते हुए बीच में आ जाइए। इसी प्रकार दूसरी ओर से करें। इन आसनों से सभी प्रकार के उदर रोग तथा कब्ज, मंदागिनी, गैस, अम्ल-पित्त, खट्टी डकारों का आना एवं बवासीर आदि निश्चित रूप से दूर होते हैं। ये आसन आँत, गुर्दे, अग्नाश्य तथा तिल्ली संबंधी रोगों में लाभप्रद हैं।

प्र. 8 : सर्वांगासन (Sarwangasana) की विधि व लाभ बताइए।

उत्तर : दोनों पैरों को धीरे-धीरे उठाकर 90° अंश तक लाएँ। बाँहों और

कोहनियों की सहायता से शरीर के निचले भाग को इतना ऊपर ले जाएँ कि वह कंधों पर सीधा खड़ा हो जाए। सर्वांगासन थायरॉइड को सक्रिय एवं स्वस्थ बनाता है। इस आसन से मोटापा, दुर्बलता, कद वृद्धि की कमी एवं थकान आदि विकार दूर होते हैं।

4

आयुर्वेद व हमारा स्वास्थ्य

4.1 परिचय

आयुर्वेद (आयु+वेद = आयुर्वेद) विश्व की प्राचीनतम चिकित्सा प्रणालियों में से एक है। यह विज्ञान, कला और दर्शन का मिश्रण है। 'आयुर्वेद' नाम का अर्थ है, जीवन से संबंधित ज्ञान। आयुर्विज्ञान विज्ञान की वह शाखा है, जिसका संबंध मानव शरीर को निरोग रखने, रोग हो जाने पर रोग से मुक्त करने अथवा उसका शमन करने तथा आयु बढ़ाने से है। आयुर्वेद के ग्रंथ तीन दोषों (त्रिदोष—वात, पित्त, कफ) के असंतुलन को रोग का कारण मानते हैं और इन तीनों के संतुलन को आरोग्य, यानी स्वास्थ्य माना जाता है।

4.2 आयुर्वेद के उद्देश्य

1. स्वस्थ व्यक्तियों के स्वास्थ्य की रक्षा करना।

2. रोगी (आतुर) व्यक्तियों के विकारों को दूर कर उन्हें स्वस्थ बनाना।

आयुर्वेद के प्राचीन गंथों के अनुसार यह देवताओं की चिकित्सा पद्धति है, जिसके ज्ञान को मानव कल्याण के लिए निवेदन किए जाने पर देवताओं के वैद्य ने धरती के महान् आचार्यों को दिया। इस शास्त्र के आदि आचार्य अश्विनी कुमार माने जाते हैं।

आयुर्वेद के प्रमुख आचार्य अश्विनी कुमार, धन्वंतरि, दिवोदास (काशिराज), नकुल, सहदेव, आर्कि, च्यवन, जनक, बुध, जावाल, जाजलि, पैत, करथ, अगस्त्य, अत्रि तथा उनके छह शिष्य (अग्निवेश, मेड़, जातुकर्ण, पराशर, सीरपाणि, हारीत), सुश्रूत और चरक। आयुर्वेद को आठ भागों में बाँटा गया है और इन आठों भागों में प्रत्येक भाग का नाम तंत्र रखा। ये आठ भाग निम्नलिखित हैं—

1. शल्य तंत्र (Surgical Techniques)
2. शालाक्य तंत्र (ENT)
3. काय चिकित्सा तंत्र (General Medicine)
4. भूत विद्या तंत्र (Psycho therapy)
5. कुमार भृत्य तंत्र (Pediatrics)
6. अंगद तंत्र (Toxicology)
7. रसायन तंत्र (Renjumvention and Geriatics)
8. वाजीकरण तंत्र (Virilification and Sexology)

4.3 आयुर्वेद में आयु का आशय

आयुर्वेद का अर्थ प्राचीन आचार्यों की व्याख्या और इसमें प्रयुक्त हुए शब्द 'आयु' और 'वेद' इन दो शब्दों के अनुसार बहुत व्यापक है। आयुर्वेद के आचार्यों ने शरीर, इंद्रिय, मन तथा आत्मा के संयोग को आयु कहा है।

4.3.1 शरीर : समस्त चेष्टाओं, इंद्रियों, मन और आत्मा के आधारभूत पंच भौतिक पिंड को 'शरीर' कहते हैं। मानव शरीर के स्थूल रूप में छह अंग हैं। दो हाथ, दो पैर, सिर और ग्रीवा एक तथा अंतराधि (मध्य शरीर) एक। इन अंगों के अवयवों को प्रत्यंग कहते हैं।

उचित परिस्थिति में शुद्ध रज और शुद्ध वीर्य का संयोग होने और उसमें आत्मा का संचार होने से माता के गर्भाशय में शरीर का आरंभ होता है। इसे ही गर्भ कहते हैं। माता के आहारजनित रक्त से अपरा (प्लैसेंट) और गर्भनाड़ी के द्वारा, जो नाभि से लगी रहती है, गर्भ पोषण प्राप्त करता है। यह गर्भोदक में निमग्न

रहकर उपस्नेहन द्वारा भी पोषण प्राप्त करता है तथा प्रथम मास में कलल (जेली) और द्वितीय में घन होता है। तीसरे मास में अंग-प्रत्यंग का विकास आरंभ होता है। चौथे मास में उसमें अधिक स्थिरता आ जाती है तथा गर्भ के लक्षण माता में स्पष्ट रूप से दिखाई पड़ने लगते हैं। इस प्रकार यह माता की कोख में उत्तरोत्तर विकसित होता हुआ जब संपूर्ण अंग-प्रत्यंग और अवयवों से युक्त हो जाता है, तब प्राय: नवें मास में कोख से बाहर आकर नवीन प्राणी के रूप में जन्म ग्रहण करता है।

4.3.2 इंद्रिय : शरीर में प्रत्येक अंग या किसी भी अवयव का निर्माण उद्देश्य विशेष से ही होता है, अर्थात् प्रत्येक अवयव के द्वारा विशिष्ट कार्यों की सिद्धि होती है, जैसे—हाथ से पकड़ना, पैर से चलना, मुख से खाना, दाँत से चबाना आदि। कुछ अवयव ऐसे भी हैं, जिनसे कई कार्य होते हैं और कुछ ऐसे हैं, जिनसे एक विशेष कार्य ही होता है। जिनमें कार्य विशेष ही होता है, उनमें उस कार्य के लिए शक्ति संपन्न एक विशिष्ट सूक्ष्म रचना होती है। इसी को इंद्रिय कहते हैं। शब्द, स्पर्श, रूप, रस और गंध इन बाह्य विषयों का ज्ञान प्राप्त करने के लिए क्रमानुसार कान, त्वचा, नेत्र, जिह्वा और नासिका के अवयव इंद्रियाश्रय अवयव (विशेष इंद्रियों के अंग) कहलाते हैं और इनमें स्थित विशिष्ट शक्ति संपन्न सूक्ष्म वस्तु को इंद्रिय कहते हैं। ये क्रमश: पाँच हैं—

4.3.3 श्रोत्र, त्वक, चक्षु, रसना और घ्राण : इन सूक्ष्म अवयवों में पंचमहाभूतों में से उस महाभूत की विशेषता रहती है, जिसके शब्द (ध्वनि) आदि विशिष्ट गुण हैं; जैसे शब्द के लिए श्रोत्र इंद्रिय में आकाश, स्पर्श के लिए त्वक् इंद्रिय में वायु, रूप के लिए चक्षु इंद्रिय में तेज, रस के लिए रसनेंद्रिय में जल और गंध के लिए घ्राणेंद्रिय में पृथ्वी तत्त्व। इन पाँचों इंद्रियों को ज्ञानेंद्रिय कहते हैं। इनके अतिरिक्त विशिष्ट कार्य संपादन के लिए पाँच कर्मेंद्रियाँ भी होती हैं, जैसे चलने के लिए पैर, पकड़ने के लिए हाथ, बोलने के लिए जिह्वा, मल त्याग के लिए गुदा और मूत्र त्याग तथा संतानोत्पादन के लिए शिश्न। आयुर्वेद दार्शनिकों की भाँति इंद्रियों में अहंकारिक नहीं, अपितु भौतिक मानता है। मन से संपर्क न होने पर ये इंद्रियाँ निष्क्रिय रहती हैं।

4.3.4 मन : प्रत्येक प्राणी के शरीर में अत्यंत सूक्ष्म अणु रूप का और केवल एक ही मन होता है। यह अत्यंत द्रुतगतिवाला और प्रत्येक इंद्रिय का नियंत्रक होता है, किंतु यह स्वयं भी आत्मा के संपर्क के बिना अचेतन होने से निष्क्रिय रहता है। प्रत्येक व्यक्ति के मन में सत्व, रज और तम, ये तीनों प्राकृतिक गुण होते हुए भी इनमें से किसी एक की सामान्यत: प्रबलता रहती है और उसी के

अनुसार व्यक्ति सात्त्विक, रजस या तामसिक होता है। समय-समय पर आहार, आचार एवं परिस्थितियों के प्रभाव से दूसरे गुणों का भी प्राबल्य हो जाता है। इसका ज्ञान प्रवृत्तियों के लक्षणों द्वारा होता है, यथा राग-द्वेष से हटा हुआ यथार्थद्रष्टा मन सात्त्विक होता है। राग युक्त, सचेष्ट और चंचल मन राजस और आलस्य दीर्घसूत्रता एवं निष्क्रियता आदि युक्त मन तामस होता है। इसलिए सात्त्विक मन को शुद्ध, सत्त्व या प्राकृतिक माना जाता है और रज तथा तम उसके दोष कहे गए हैं। आत्मा से चेतना प्राप्त कर प्राकृतिक या सदोष मन अपने गुणों के अनुसार इंद्रियों को अपने-अपने विषयों में प्रवृत्त करता है और उसी के अनुरूप शारीरिक कार्य होते हैं। आत्मा, मन के द्वारा ही इंद्रियों और शरीरावयवों को प्रवृत्त करता है, क्योंकि मन ही उसका कारण है।

4.3.5 आत्मा : आत्मा पंचमहाभूत और मन से भिन्न चेतनावान, निर्विकार और नित्य है तथा साक्षी स्वरूप है, क्योंकि स्वयं निर्विकार तथा निष्क्रिय है। इसके संपर्क से सक्रिय, किंतु अचेतन मन, इंद्रियों और शरीर में चेतना का संचार होता है और वे सचेष्ट होते हैं। आत्मा में रूप-रंग, आकृति आदि कोई चिह्न नहीं हैं, किंतु उसके बिना शरीर अचेतन होने के कारण निश्चेष्ट पड़ा रहता है और मृत कहलाता है तथा उसके संपर्क से ही उसमें चेतना आती है, तब उसे जीवित कहा जाता है। और उसमें अनेक स्वाभाविक क्रियाएँ होने लगती हैं, जैसे—श्वासोच्छ्वास, छोटे से बड़ा होना और कटे हुए घाव भरना आदि, पलकों का खुलना और बंद होना, जीवन के लक्षण, मन की गति, एक इंद्रिय से हुए ज्ञान का दूसरी इंद्रिय पर प्रभाव होना, विभिन्न इंद्रियों और अवयवों को विभिन्न कार्यों में प्रवृत्त करना, विषयों को ग्रहण और धारण करना, स्वप्न में एक स्थान से दूसरे स्थान तक पहुँचना, एक आँख से देखी वस्तु का दूसरी आँख से भी अनुभव करना। इच्छा, द्वेष, सुख, दु:ख, प्रयत्न, धैर्य, बुद्धि, स्मरण शक्ति, अहंकार आदि शरीर में आत्मा के होने पर ही होते हैं। आत्मारहित मृत शरीर में नहीं होते, अत: ये आत्मा के लक्षण कहे जाते हैं, अर्थात् आत्मा का पूर्वोक्त लक्षणों से अनुमान मात्र किया जा सकता है।

यह आत्मा नित्य निर्विकार और व्यापक होते हुए भी पूर्वकृत शुभ या अशुभ कर्म के परिणामस्वरूप जैसी योनि में या शरीर में जिस प्रकार के मन और इंद्रियों तथा विषयों के संपर्क में आती है, वैसे ही कार्य होते हैं। उत्तरोत्तर अशुभ कार्य के करने से उत्तरोत्तर अधोगति होती है तथा शुभ कर्मों के द्वारा उत्तरोत्तर उन्नति होने से मन के राग-द्वेष हीन होने पर मोक्ष की प्राप्ति होती है।

4.4 आयुर्वेद के आठ भाग का संक्षिप्त विवरण

विशेष चिकित्सा तथा सुगमता आदि के लिए आयुर्वेद को आठ भागों (अष्टांग वैद्यक) में विभक्त किया गया है।

1. **काय चिकित्सा (Surgical Techniques)** : इसमें सामान्य रूप से औषधि प्रयोग द्वारा चिकित्सा की जाती है। प्रधानत: ज्वर, रक्तपित्त, शोथ, उन्माद, अपस्मार, कुष्ठ, प्रमेह, अतिसार आदि रोगों की चिकित्सा इसके अंतर्गत आती है।
2. **शल्यतंत्र (ENT)** : विविध प्रकार के शल्यों को निकालने की विधि एवं अग्नि, क्षार, यंत्र, शस्त्र आदि के प्रयोग द्वारा संपादित चिकित्सा को शल्य चिकित्सा कहते हैं। किसी व्रण में से तृण के हिस्से, लकड़ी के टुकड़े, पत्थर के टुकड़े, धूल, लोहे के खंड, हड्डी, बाल, नाखून, शल्य, अशुद्ध रक्त, पूय, मतृ भ्रूण आदि को निकालना तथा यंत्रों एवं शस्त्रों के प्रयोग एवं व्रणों के निदान तथा उसकी चिकित्सा आदि का समावेश शल्य यंत्र के अंतर्गत किया गया है।
3. **शालाक्य तंत्र (General Medicice)** : गले के ऊपर के अंगों की चिकित्सा में बहुधा 'शलाका' सदृश यंत्रों एवं शस्त्रों का प्रयोग होने से इसे शालाक्य तंत्र कहते हैं। इसके अंतर्गत प्रधानत: मुख, नासिका, नेत्र, कर्ण आदि अंगों में उत्पन्न व्याधियों की चिकित्सा आती है।
4. **भूत विद्या (Psycho Therapy)** : इसमें देवाधि ग्रहों द्वारा उत्पन्न हुए मानसिक विकारों और उसकी चिकित्सा का वर्णन है।
5. **कौमार भृत्य (Pediatrics)** : बच्चों, स्त्रियों विशेषत: गर्भिणी स्त्रियों और विशेष स्त्री रोग के साथ गर्भ विज्ञान का वर्णन इस तंत्र में है।
6. **अंगदतंत्र (Toxicology)** : इसमें विभिन्न स्थावर, जंगम और कृत्रिम विषों एवं उनके लक्षणों तथा चिकित्सा का वर्णन है।
7. **रसायन तंत्र (Renjumvention and Geriatrics)** : चिरकाल तक वृद्धावस्था के लक्षणों से बचते हुए उत्तम स्वास्थ्य, बल, पौरुष एवं दीर्घायु की प्राप्ति एवं वृद्धावस्था के कारण उत्पन्न हुए विकारों को दूर करने के उपाय इस तंत्र में वर्णित हैं।
8. **वाजीकरण (Virilification and Sexology)** : शुक्रधातु की उत्पत्ति, पुष्टता एवं उसमें उत्पन्न दोषों एवं उसके क्षय, वृद्धि आदि

कारणों से उत्पन्न लक्षणों की चिकित्सा आदि विषयों के साथ उत्तम स्वस्थ संतानोत्पत्ति संबंधी ज्ञान का वर्णन इसके अंतर्गत आते हैं।

4.5 आयुर्वेद ज्ञान

प्र. 1 : स्वास्थ्य का क्या मतलब है?

उत्तर : स्वास्थ्य का मतलब शरीर से है। जब शरीर न होने का अहसास हो, अर्थात् शरीर में कोई कष्ट न हो तो हम कह सकते हैं कि हम स्वस्थ हैं। यदि पाँव में दर्द हो तो हमें पता चलता है कि पाँव है और यदि पेट में दर्द हो तो हमें पता चलता है कि पेट है और जब हमें पाँव एवं पेट के दर्द का पता ही न चले तो हम कह सकते हैं कि हम स्वस्थ हैं।

प्र. 2 : शरीर को आसानी से स्वस्थ कैसे रखा जा सकता है?

उत्तर : शरीर को मुख्य रूप से स्वस्थ सिर्फ शरीर का पर्याप्त इस्तेमाल कर, यानी कि शारीरिक व्यायाम के द्वारा रखा जा सकता है।

प्र. 3 : चर्मरोग (Skin Disease) एवं सूखी खुजली (Dry Eczema) के क्या कारण हैं?

उत्तर : पित्त जब बढ़ता है तब चर्म रोग होता है। ड्राई एक्जिमा (Dry Eczema) का कारण वात एवं पित्त दोनों की अधिकता है।

प्र. 4 : शरीर में पित्त बढ़ने का पता कैसे चलता है?

उत्तर : जब हमें मिसरी भी कड़वी लगने लगे या यूँ कहें, कोई भी मीठी चीज अगर कड़वी लगने लगे तो मान लीजिए कि शरीर में पित्त बढ़ा हुआ है।

प्र. 5 : आहार का परिणाम मन पर क्या है तथा आहार किस-किस साधन से होता है?

उत्तर : आहार का परिणाम मन में विचारों का आना है। आहार कई प्रकार से किया जा सकता है। आहार मुख से किया जा सकता है। आहार आँखों से किया जा सकता है। आहार सुनकर कानों से भी किया जा सकता है।

प्र. 6 : शरीर की प्रत्येक कोशिकाओं (cells) में किसे बढ़ाया जाना चाहिए?

उत्तर : वाइब्रेशन फ्रीक्वेंसी, यानी प्राणशक्ति को।

प्र. 7 : इड़ा, पिंगला और सुषुम्ना नाड़ियों को किससे संबंधित कर सकते हैं?

उत्तर : पिंगला नाड़ी से तमोगुण को संबंधित कर सकते हैं। इड़ा नाड़ी को

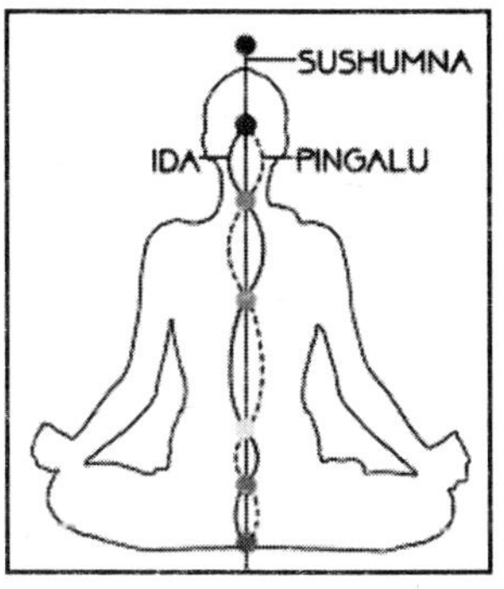

रजोगुण से संबंधित कर सकते हैं और सुषुम्ना नाड़ी से सत्त्वगुण को संबंधित कर सकते हैं। सुषुम्ना नाड़ी ही सभी इड़ा और पिंगला नाड़ियों में संतुलन स्थापित कर सकती है।

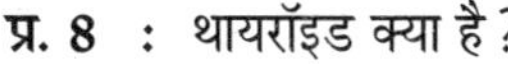

प्र. 8 : थायरॉइड क्या है?

उत्तर : थायरॉइड शरीर का एक प्रमुख एंडोक्राइन ग्लैंड है, जो तितली के आकार का होता है। यह गले में स्थित होता है। इसमें से थायरॉक्सिन हार्मोन का स्राव होता है। इसके प्रभाव से मांसपेशियों और जोड़ों में दर्द, गले में सूजन, मोटापा, थकान, अवसाद और त्वचा की समस्या होती है।

प्र. 9 : पशुओं अथवा वनस्पति में से किसका आनुवंशिक कोड (Genetic Code) जेनेटिक कोड जटिल होता है? इसका आहार से क्या संबंध है?

उत्तर : पशुओं अथवा वनस्पति में से पशुओं (Animals) का जेनेटिक कोड जटिल होता है, जबकि वनस्पतियों (Vegetables) का जेनेटिक कोड सरल होता है, अगर हम पशुओं को खाते हैं तो हर पशु की अपनी भावनाएँ, विचार एवं कोशिकाएँ होती हैं। हम कह सकते हैं कि पशु एक जटिल या कॉम्प्लेक्स सॉफ्टवेयर है। मांसाहार कर हम पशु की जटिलता को तोड़कर उसे अपने सॉफ्टवेयर का हिस्सा बना लेते हैं। ऐसा करना बहुत ही जटिल (Complex) होता है। वनस्पतियों का जेनेटिक कोड सरल होता है तो उन्हें अपनी कोशिकाओं के साथ मिलाना आसान होता है।

प्र. 10 : आपके खाने में लाइव फूड (Live food) कितना होना चाहिए?

उत्तर : हमारे दैनिक जीवन में लगभग 40 से 50 प्रतिशत खाना लाइव फूड होना चाहिए। लाइव फूड का उदाहरण कच्चे फल व सब्जियाँ हैं। पकाने के बाद इनका स्वरूप कम उपयोगी रह जाता है।

प्र. 11 : रात में सोते तो सभी हैं, पर दुनिया में लगभग कितने प्रतिशत लोग दूसरे दिन की सुबह नहीं देख पाते?

उत्तर : प्रतिदिन दुनिया में लगभग दो लाख लोग मृत्यु को प्राप्त हो जाते हैं।

प्र. 12 : रोग प्रतिरोधक क्षमता (Immunity) एवं उपापचय क्षमता (Metabolism) में क्या अंतर है?

उत्तर : रोग प्रतिरोधक क्षमता (Immunity) का मतलब है इंफेक्शन के विरुद्ध शरीर का लड़ना। इसके विपरीत मेटाबॉलिज्म एक प्रोसेस है, जिसके द्वारा भोजन बॉडी में जाता है एवं ऊर्जा में इस प्रक्रिया द्वारा परिवर्तित होता है। जितना मेटाबॉलिज्म प्रोसेस अच्छा होगा, उतना ही शरीर का पाचन अच्छा होगा एवं ऊर्जा मिलेगी, जितनी इम्युनिटी स्ट्रॉन्ग होगी, उतनी ही शरीर की बाहरी कीटाणु और बैक्टीरिया से लड़ने की क्षमता अधिक होगी।

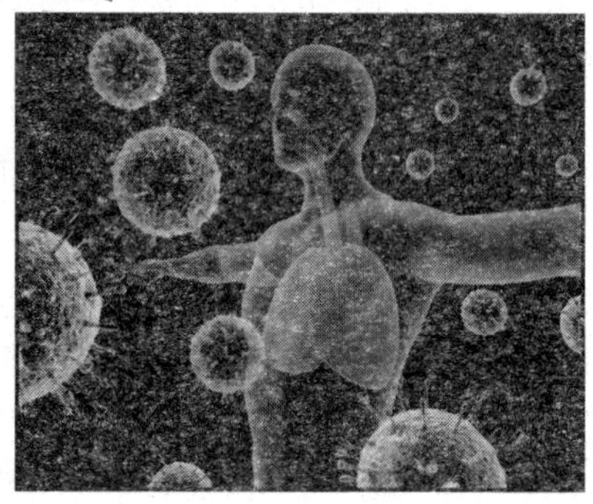

प्र. 13 : वमन व विरेचन क्रिया में क्या भेद है?

उत्तर : वमन क्रिया में कफ दोष और पित्त दोष को मुख द्वार यानी मुँह से उलटी के रूप में निष्कासित किया जाता है। इसके विपरीत विरेचन कर्म में पित्त व कफ दोषों को गुदा मार्ग से मल के द्वारा निष्कासित किया जाता है। जिन लोगों को कफ से संबंधित शिकायत है, उन लोगों के लिए वमन क्रिया बहुत उपयोगी है। इस क्रिया में उलटी के माध्यम से शरीर में उपस्थित विषाक्त पदार्थों को बाहर निकाला जाता है। इसके साथ ही अस्थमा और मोटापे के रोगी के लिए भी यह बहुत अच्छा रहता है। संक्षेप में हम कह सकते हैं कि वमन क्रिया आयुर्वेद की पंचकर्म की पहली औषधि है, जिसमें कफ को ठीक किया जाता है। कफ को मुँह

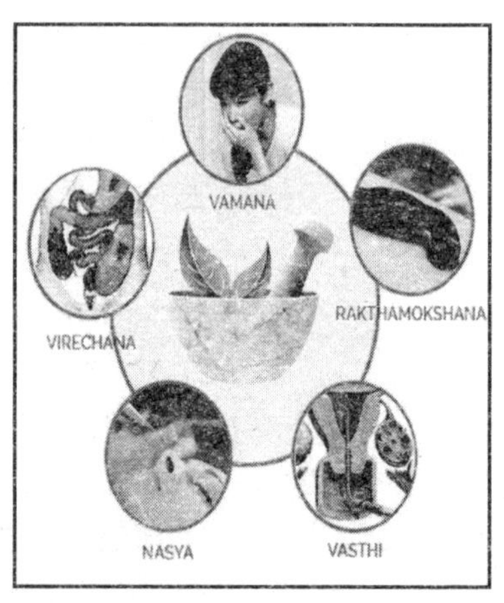

के मार्ग से बाहर निकाला जाता है। दूसरी ओर विरेचन मल त्याग की प्रक्रिया है, यह प्रक्रिया तब अपनाई जाती है, जब शरीर में विषाक्त पदार्थ काफी इकट्ठा हो जाता है। इसे पित्त कहा जाता है तो पित्त को खत्म करने के लिए विरेचन प्रक्रिया अपनाई जाती है, विरेचन क्रिया में शरीर में जो मल है, जो विषाक्त पदार्थ हैं, उन्हें मलद्वार द्वारा बाहर निकाला जाता है।

प्र. 14 : महर्षि घेरंड कौन थे? षड्कर्म क्या है?

उत्तर : 'घेरंड संहिता' के रचयिता महर्षि घेरंड मुनि थे। यह सबसे प्राचीन और प्रथम ग्रंथ है, जिसमें योग, आसन की मुद्रा, प्राणायाम, नेति, धोती आदि क्रियाओं का विशद वर्णन है। घेरंड मुनि ने अपने शिष्य चंड कापालिक को योग विषय पर प्रश्न पूछने का उपदेश दिया था। इस प्रकार आयुर्वेद के अंदर षड्कर्म के रचयिता भी महर्षि घेरंड ही थे।

प्र. 15 : महर्षि चरक व महर्षि वागभट्ट कौन थे?

उत्तर : महर्षि चरक की गणना भारतीय आयुर्वेदिक औषधि विज्ञान के मूल प्रवर्तकों में होती है। चरक की शिक्षा तक्षशिला में हुई थी। ईसा से 300 से 200 वर्ष पूर्व आयुर्वेद के आचार्य महर्षि चरक द्वारा 'चरक संहिता' की रचना की गई, जो आयुर्वेद में बहुत ही प्रसिद्ध है। इस प्रकार चरक भारतीय इतिहास के मेडिकल साइंस

के जनक कहे जाते हैं। इनका कार्य बौद्ध काल से भी पहले से था। महर्षि वागभट्ट महर्षि चरक के शिष्य थे। महर्षि चरक आत्मानुभूति से इलाज करते थे और महर्षि वागभट्ट उनकी बातों से संतुष्ट नहीं होते थे, तब वागभट्ट प्रश्न पूछते थे और महर्षि चरक उन्हें कारण ढूँढ़ने को कहते थे। इस प्रकार महर्षि वागभट्ट एक वैज्ञानिक हुए, जिन्होंने महर्षि चरक के दिए गए औषधियों के पीछे के कारणों को ढूँढ़ा है। उनके

द्वारा रचित दो प्रसिद्ध ग्रंथ 'अष्टांग संग्रह' तथा 'अष्टांग हृदयम' बहुत ही प्रचलित ग्रंथ हैं।

प्र. 16 : महर्षि सुश्रुत कौन थे?

उत्तर : महर्षि सुश्रुत को आयुर्वेद शल्य चिकित्सा का जनक कहा जाता है। 'सुश्रुत संहिता' के प्रणेता आचार्य सुश्रुत का जन्म छठी शताब्दी ईसा पूर्व काशी में हुआ था। 'सुश्रुत संहिता' को भारतीय चिकित्सा पद्धति में विशेष स्थान प्राप्त है। 'सुश्रुत संहिता' में सुश्रुत को विश्वामित्र का पुत्र भी कहा गया है।

प्र. 17 : 'अष्टांग हृदयम' व 'अष्टांग संग्रह' में क्या अंतर है?

उत्तर : 'अष्टांग हृदयम' व 'अष्टांग संग्रह' महर्षि वाग्भट द्वारा लिखे गए दो प्रसिद्ध ग्रंथ हैं। यह ग्रंथ वाग्भट द्वारा 3500 वर्ष पूर्व लिखे गए थे। इसमें आयुर्वेद के 7,000 सूत्र मिलते हैं, जो स्वास्थ्य से संबंधित हैं। 'अष्टांग हृदयम' पहला भाग है एवं इसी पुस्तक का दूसरा भाग 'अष्टांग संग्रह' है। मुख्य रूप से वाग्भट आयुर्वेद विषय के एक वैज्ञानिक के रूप में जाने जाते हैं। इन्होंने बीमारी के मुख्य कारणों में वात, पित्त एवं कफ के असंतुलन की वजह से स्वास्थ्य खराब होना बताया है एवं इनके संतुलन के लिए बहुत से सूत्र दिए हैं।

प्र. 18 : आयुर्वेद में वर्णित पंचकर्म व षड्कर्म में क्या भेद है?

उत्तर : आयुर्वेद में वर्णित पंचकर्म में उपचार आयुर्वेदिक औषधि द्वारा किया जाता है, जबकि षड्कर्म में उपचार जल व श्वसन क्रिया द्वारा किया जाता है।

प्र. 19 : पंचतत्त्वों की अशुद्धियों से कौन-कौन से रोग उत्पन्न होते हैं तथा इनका सबसे सरल उपाय क्या है?

उत्तर : पंचतत्त्वों में प्रथम पृथ्वी तत्त्व के अशुद्ध होने से हड्डियों से संबंधित रोग,

गठिया जैसे रोग और शरीर में कमजोरी पैदा हो जाती है। दूसरी ओर जल तत्त्व के अशुद्ध होने से किडनी, मूत्राशय के और प्रजनन संबंधी रोग मनुष्य को हो जाते हैं। अग्नि तत्त्व के अशुद्ध होने से पेट के रोग व डाइबिटीज जैसे राग हो जाते हैं। वायु तत्त्व के अशुद्ध हो जाने से हृदय संबंधी व अस्थमा रोग हो जाते हैं। आकाश तत्त्व के दूषित हो जाने से बुद्धि से संबंधित (न्यूरोलॉजिकल) रोग हो जाते हैं, परंतु आज्ञा चक्र के सक्रिय हो जाने से या गुरु तत्त्व के कारण ये बाकी पाँचों तत्त्व ठीक हो जाते हैं, तो गुरु तत्त्व यानी आज्ञा चक्र सबसे महत्त्वपूर्ण है। आज्ञा चक्र के ठीक हो जाने से बाकी सभी पंचतत्त्व ठीक हो जाते हैं और सहस्रार भी जागने लगता है।

4.6 शरीर विज्ञान व हमारा स्वास्थ्य

प्र. 1 : शरीर में कौन सी प्रक्रिया ऊर्जा प्रणाली एवं कौन सी प्रक्रिया रक्षा प्रणाली कहलाती है?

उत्तर : शरीर में मेटाबॉलिज्म प्रोसेस ऊर्जा प्रणाली (Energy System) एवं इम्युनिटी प्रोसेस रक्षा प्रणाली (Security System) कहलाती है।

प्र. 2 : अंत:स्रावी प्रणाली (Endocrine System) क्या है एवं इसका क्या कार्य है?

उत्तर : अंत:स्रावी प्रणाली (Endocrine System) ग्रंथियों का एक समूह है, जो हार्मोन स्रावित करने के लिए जिम्मेदार है। डगलस ग्रंथि होने के कारण ये हार्मोंस को सीधे किसी भी व्यक्ति के रक्त में छोड़ देती है। ये हार्मोन रक्त के माध्यम से शरीर में पहुँचते हैं और हमारे मेटाबॉलिज्म को नियंत्रित व विकास करने का काम करती है। यह हमारे प्रजनन तंत्र (Reproductive System), नींद तथा हमारे मूड इन सभी को रेगुलेट करती है।

प्र. 3 : अधिवृक्क ग्रंथि (Adernal Gland) क्या है? यह किसके लिए जिम्मेदार है?

उत्तर : अधिवृक्क ग्रंथि वृक्क (Kidney) के ऊपर स्थित होती है। यह ग्रंथि एड्रिनलीन हार्मोन स्रावित करती है, जिसे करो या मरो हार्मोन भी कहते हैं। यह मनुष्य को रक्तदाब, हृदयस्पंदन, ग्लूकोज आदि को नियंत्रित करती है।

प्र. 4 : थाइमोसिन (Thymosin) क्या है एवं इसका क्या कार्य है?

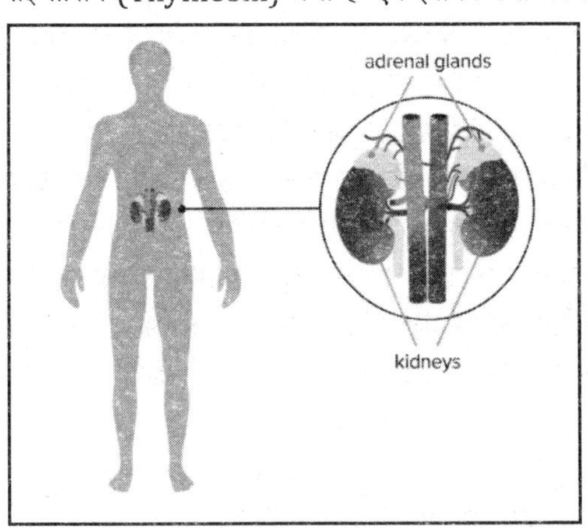

उत्तर : थाइमोसिन एक हार्मोन है, इसका मुख्य कार्य इम्युन सिस्टम को अच्छा करना है।

प्र. 5 : प्राणमय कोष, मनोमय कोष एवं विज्ञानमय कोष को कौन सा शरीर कहते हैं?

उत्तर : प्राणमय कोष, मनोमय कोष एवं विज्ञानमय कोष को सूक्ष्म शरीर (Micro/Subtle) कहते हैं।

प्र. 6 : खाली स्थान भरें--
व्यक्तियों को खाना खिलाना इतना मुश्किल नहीं है जितना कि.............. ? संक्षिप्त में व्याख्या करें।

उत्तर : व्यक्तियों को खाना खिलाना इतना मुश्किल नहीं है, जितना कि उन व्यक्तियों में भूख जगाना। भूख जगाना बहुत मुश्किल काम है, खाना खिलाना आसान काम है।

प्र. 7 : डोपामाइन हार्मोन का बढ़ना कब होता है?

उत्तर : जब जीवन में कोई उपलब्धि होती है और खुशी की अनुभूति होती है, तब डोपामाइन हार्मोन स्रावित होता है।

प्र. 8 : सेराटोनिन हार्मोन कब स्रावित होता है?

उत्तर : सेराटोनिन हार्मोन एक मूड स्टेबलाइजर है। जब हम दूसरों की मदद करते हैं। सामाजिक कार्य या सेवा करते हैं, तब हमारा मूड स्थिर व अच्छा होता है और सेराटोनिन हार्मोन का स्राव होता है।

प्र. 9 : एंडोर्फिन हार्मोन का स्राव कब होता है?

उत्तर : एंडोर्फिन हार्मोन पेन किलर है। इसका स्राव तब होता है, जब हम व्यायाम एवं शारीरिक क्रियाएँ करते हैं।

प्र. 10 : ऑक्सीटोसिन हार्मोन का स्राव कब होता है?

उत्तर : ऑक्सीटोसिन हार्मोन अत्यंत भावना के समय निकलता है, जब हम किसी को प्रेम से आलिंगन करते हैं। माँ नवजात बच्चे को स्पर्श करती है। सेक्स के दौरान भी ऑक्सीटॉसिन हार्मोन स्रावित होता है।

प्र. 11 : डिसईज क्या है?

उत्तर : डिसईज का अर्थ है, दूसरों से चाहना। दूसरों से जब हम बहुत कुछ चाहने लगते हैं और अगर वह चाहत पूरी नहीं होती तो हमें डिसईज महसूस होता है, यानी हमारा जीवन ईजी नहीं रहता। इस तरह से अत्यधिक अपेक्षाओं के कारण शरीर रुग्ण हो जाता है। इस प्रकार हम कह सकते हैं कि रोग का प्रमुख कारण मनुष्य का स्वयं मन ही है। मन ही सूक्ष्म शरीर है।

प्र. 12 : चित्त एवं पित्त क्या हैं?

उत्तर : चित्त मन का ऐसा हिस्सा है, जो चेतना से जुड़ा है। यह विशुद्ध प्रज्ञा व चेतना है। पित्त मनुष्य के शरीर में यकृत में पाया जाता है। यह गहरे हरे व पीले रंग का द्रव है, जो पाचन में सहायक है।

प्र. 13 : ग्रंथि के प्रकार व परिणाम बताइए?

उत्तर : मनुष्य के शरीर में या जीवों के शरीर में दो प्रकार की ग्रंथियाँ होती हैं। एक बाह्य स्रावी और एक अंत: स्रावी, जो

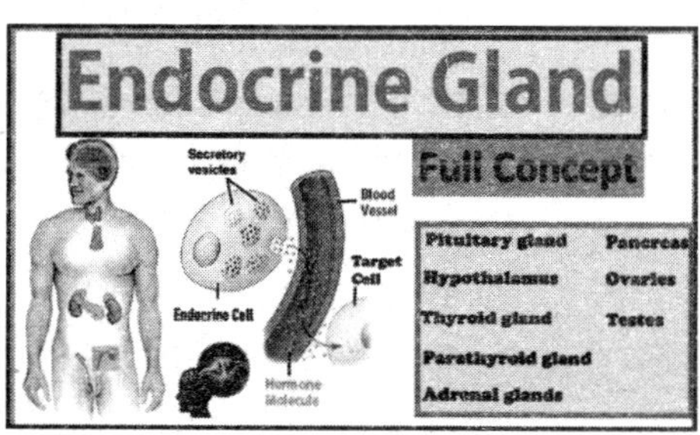

अंत: स्रावी ग्रंथि है, जिन्हें हम एड्रिनल ग्लैंड भी कहते हैं, ये रक्त के साथ हार्मोन का निर्माण करती हैं, जैसे—थायरॉइड, पैराथायरॉइड। इसी तरह से बाह्य स्रावी ग्रंथियाँ, जो हार्मोन स्रावित करती हैं, वह रक्त में मिलकर शरीर को पोषित नहीं करती, बल्कि दूध व लार के रूप में शरीर से स्रावित होती हैं।

प्र. 14 : एड्रिनल ग्रंथि किससे जुड़ी है और कौन सा हार्मोन स्रावित करती है ?

उत्तर : एड्रिनल ग्रंथि किडनी से जुड़ी हुई है। एड्रिनिलिन व स्टियोराइट व कॉर्टीसोल हार्मोन स्रावित होते हैं।

प्र. 15 : भोजन में एंजाइम किस में मदद करते हैं और यह किस कारण नष्ट हो जाते हैं ?

उत्तर : भोजन में एंजाइम भोजन को पचाने में मदद करते हैं और भोजन पकाने के दौरान ये नष्ट हो जाते हैं। इसलिए जितना संभव हो सके, हमें लाइव भोजन या कच्चा भोजन ही लेना चाहिए।

प्र. 16 : बी.एम.आर. (BMR) और बी.एम.आई. (BMI) में क्या फर्क है ?

उत्तर : बी.एम.आर. का मतलब होता है बेसल मेटाबॉलिक रेट। इसका आशय यह है वह कैलोरी की मात्रा, जो इनसान आराम के समय खर्च करता है या उपभोग करता है। यह जेनेटिक से संबंधित है। इसी तरह बी.एम. आई. का मतलब होता है बॉडी मास इंडेक्स। इसके द्वारा यह पता लगाया जाता है कि व्यक्ति की लंबाई के आधार पर वजन का मानक क्या है। इसके आधार पर अंडरवेट, ओवरवेट और ओबेसिटी का अनुमान लगाया जा सकता है।

प्र. 17 : सही मात्रा में जल का सेवन करके मनुष्य दिल की बीमारियों को कितना प्रतिशत कम कर सकता है ?

उत्तर : सही मात्रा में जल का सेवन करके मनुष्य दिल की बीमारियों को काफी हद तक कम कर सकता है।

प्र. 18 : ऑयल पुलिंग किसके लिए उपयुक्त है ? इसे कैसे किया जाता है ?

उत्तर : ऑयल पुलिंग पाचन, हृदय व किडनी को स्वस्थ रखने के लिए उपयुक्त है। इस प्रक्रिया में मुँह में एक से दो चम्मच तिल या मूँगफली का तेल लेकर लगातार घुमाने से तेल मुँह में पतला होने लगता है। 10 से 15 मिनट बाद जब तेल पतला हो जाए तो उसे थूक देते हैं। इससे मुँह में मौजूद सभी प्रकार के बैक्टीरिया और विषाक्त पदार्थ तेल के साथ आसानी से बाहर निकल जाते हैं।

प्र. 19 : फलों एवं सब्जियों में कितने प्रतिशत पानी पाया जाता है ?

उत्तर : फलों में लगभग 90 प्रतिशत और सब्जियों में लगभग 70 प्रतिशत पानी पाया जाता है।

प्र. 20 : नीम व हल्दी किसकी सफाई करते हैं ?

उत्तर : नीम संक्रमण (Infection) को दूर करता है, यानी इम्युनिटी इंप्रूव करता है, जबकि हल्दी रक्त को शुद्ध करती है और रक्त हमारे शरीर का निर्माण करता है।

प्र. 21 : बीमारी को किन-किन भागों में बाँटा जा सकता है ?

उत्तर : बीमारी को दो भागों में बाँटा जा सकता है—इनफेक्शियस डिजीज और क्रॉनिक डिजीज। क्रॉनिक डिजीज यह जीवन-शैली के संबंध में विकार से उत्पन्न होती है। आमतौर पर ऐसा समझा जाता है कि 40 से ऊपर की उम्र में क्रॉनिक डिजीज होती है और 40 से कम उम्र गें इनफेक्शियस डिजीज होती है।

प्र. 22 : सबसे जटिल इंजीनियरिंग कौन सी है ?

उत्तर : सबसे जटिल इंजीनियरिंग हमारा अपना शरीर है।

प्र. 23 : मानव मस्तिष्क में कितने न्यूरॉन्स होते हैं ?

उत्तर : मानव मस्तिष्क में लगभग एक सौ अरब न्यूरॉन होते हैं। जहाँ तक न्यूरॉन्स के कार्य का सवाल है, यह सूचनाओं का संचार करता है।

प्र. 24 : मानव हृदय एक मिनट में कितनी बार धड़कता है ?

उत्तर : मानव हृदय एक मिनट में 70 से 100 बार धड़कता है।

प्र. 25 : हृदय को रक्त संचरण किससे मिलता है ?

उत्तर : हृदय को रक्त संचरण धमनियों से मिलता है।

प्र. 26 : डी.एन.ए. में प्यूरिन के टूटने से क्या बनता है ?

उत्तर : डी.एन.ए. में प्यूरिन के टूटने से यूरिक एसिड बनता है।

प्र. 27 : मानव मस्तिष्क में कितने न्यूरॉन होते हैं ? एक न्यूरॉन कितने न्यूरॉन से जुड़ा होता है ?

उत्तर : मस्तिष्क में लगभग 10,000 करोड़ न्यूरॉन होते हैं तथा एक न्यूरॉन का दूसरे न्यूरॉन से 10,000 के करीब संबंध या जोड़ (Connection) होता है।

प्र. 28 : न्यूरॉन का क्या कार्य है ?

उत्तर : न्यूरॉन, अर्थात् तंत्रिका कोशिका एक विशेष कोशिका होती है, जो मस्तिष्क एवं तंत्रिकाओं में पाई जाती है। न्यूरॉन का कार्य मस्तिष्क से सूचना का आदान-प्रदान एवं विश्लेषण करने का कार्य होता है। यह कार्य एक विद्युत् रासायनिक संकेत के द्वारा होता है। इसे सिग्नल्स भी कहा जाता है।

प्र. 29 : पोटेशियम का हमारे शरीर में क्या कार्य है? इसके स्रोत क्या हैं?

उत्तर : पोटेशियम एक महत्त्वपूर्ण तत्त्व है, जो हमारे शरीर में पाया जाता है। पोटेशियम का मुख्य कार्य हमारी मसल्स, यानी मांसपेशियों में इलेक्ट्रिक सिग्नल को रेगुलेट करना है। दूसरा महत्त्वपूर्ण कार्य हमारे शरीर में एसिड बैलेंस को यानी अम्लता के स्तर को संतुलित करना है। इसके अलावा हड्डियों को मजबूत बनाना और हार्टबीट को नियमित करना भी पोटेशियम का कार्य है। इसके मुख्य स्रोत काजू, बादाम, मूँगफली, गेहूँ व विभिन्न प्रकार की दालें हैं।

प्र. 30 : मनुष्य के शरीर में सेल्स, यानी कोशिकाएँ किससे बनती हैं व बदलती हैं?

उत्तर : मनुष्य के शरीर में सेल्स, यानी कोशिकाएँ ऊर्जा से बनती हैं व बदलती हैं, यानी जैसी ऊर्जा वैसे सेल्स।

प्र. 31 : दिल क्या करता है?

उत्तर : प्रायः यह कहा जाता है कि दिल भावनाओं को इंगित करता है, जबकि ऐसा नहीं है, दिल हमारे हृदय में रक्त के स्राव, यानी बहाव को नियंत्रित करता है। अगर किसी कारण से हमारे दिमाग में उत्तेजना पैदा हुई है तो उसके परिणामस्वरूप हृदय को अधिक ब्लड की आवश्यकता होती है, उसको पूरा करने का काम दिल करता है। इस प्रकार हम कह सकते हैं कि दिल सिर्फ दो ही लब-डब आवाजें करता है, खून को पंप करता है या ऐसा भी कहें कि उत्तेजना से हुई खून की कमी को पूरा करता है।

प्र. 32 : शरीर का केंद्र लाओत्से के अनुसार कौन सा है?

उत्तर : लाओत्से के अनुसार नाभि शरीर का केंद्र है, क्योंकि गर्भस्थ शिशु नाभि से ही अपनी माँ से सर्वप्रथम जुड़ा होता है।

प्र. 33 : ब्लड प्रेशर के बढ़ने का मुख्य कारण क्या है?

उत्तर : ब्लड प्रेशर बढ़ने का कारण पित्त का बढ़ना होता है। नमक अधिक लेने से ब्लड प्रेशर बढ़ जाता है। इसके अतिरिक्त तनाव से भी ब्लड प्रेशर का सीधा संबंध है।

प्र. 34 : पर्याप्त शारीरिक श्रम कर लेने से व ठीक भोजन कर लेने से लगभग कितनी प्रतिशत बीमारियों से शरीर को मुक्त रखा जा सकता है?

उत्तर : 90 प्रतिशत बीमारियों से शरीर को मुक्त रखा जा सकता है।

प्र. 35 : एंडोक्राइन सिस्टम और एड्रिनल ग्रंथि में क्या संबंध है?

उत्तर : एंडोक्राइन सिस्टम ग्रंथियों का समूह है, जो मिलकर हार्मोन का निर्माण करता है, जबकि दूसरी ओर एड्रिनल ग्रंथि, एंडोक्राइन सिस्टम का ही एक भाग है, जो कि कई तरह से हार्मोन स्रावित करती है।

प्र. 36 : ग्रंथि को परिभाषित कीजिए।

उत्तर : ग्रंथि कोशिकाओं का समूह है, जो शरीर में हार्मोन व प्रोटीन स्रावित करती हैं।

प्र. 37 : पीनियल ग्रंथि, पिट्यूटरी ग्रंथि तथा थायरॉइड ग्रंथि किसको प्रभावित करती हैं?

उत्तर : पीनियल ग्रंथि मेलाटोनिन हार्मोन स्रावित करती है, जो कि नींद को प्रभावित करती है। पिट्यूटरी ग्रंथि संपूर्ण एंडोक्राइन सिस्टम को नियंत्रित रखती हैं, इसीलिए पिट्यूटरी ग्रंथि को मास्टर ग्रंथि भी कहा जाता है। थायरॉइड ग्रंथि तितली के आकार की होती है, जो थायरॉइड हार्मोन को स्रावित करती है। मुख्यत: यह हमारे शरीर के मैटाबॉलिज्म व शारीरिक विकास को नियंत्रित करती है।

प्र. 38 : थाइमस ग्रंथि, पैंक्रियाज ग्रंथि एवं एड्रिनल ग्रंथि किसे नियंत्रित करती हैं?

उत्तर : थाइमस ग्रंथि हमारे इम्युन सिस्टम को, अग्न्याशय ग्रंथि हमारे मेटाबॉलिज्म को एवं एड्रिनल ग्रंथि हमारी इम्युनिटी को नियंत्रित करती है।

प्र. 39 : दंड बैठक के क्या फायदे हैं?

उत्तर : दंड बैठक से भुजाएँ मजबूत होती हैं तथा हमारे घुटने स्वस्थ रहते हैं।

प्र. 40 : श्वेत रक्त कणिकाएँ (WBC) क्या हैं?

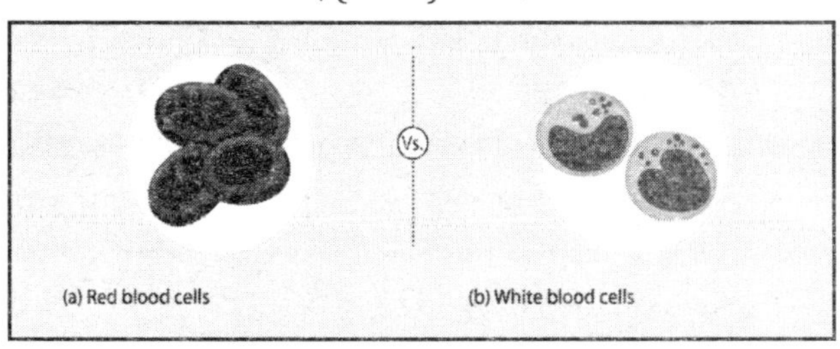

उत्तर : श्वेत रक्त कणिकाओं का मुख्य कार्य शरीर की रोग प्रतिरोधक क्षमता को बनाए रखना है।

प्र. 41 : लाल रक्त कणिकाएँ (RBC) क्या हैं? इनका शरीर में क्या कार्य है?

उत्तर : लाल रक्त कणिकाओं का मुख्य कार्य ऑक्सीजन को ब्लड के माध्यम से पूरे शरीर में पहुँचाना है। लाल रक्त कणिकाओं में हीमोग्लोबिन होता है, यह रक्त को ऑक्सीजन सप्लाई करने में मदद करता है।

प्र. 42 : गुड़, मूँगफली व तिल में क्या विशेषता है?

उत्तर : गुड़, मूँगफली व तिल क्षारीय प्रकृति के होते हैं, अम्लीय नहीं, जबकि वर्तमान में ज्यादातर पदार्थ अम्लीय हैं। इसीलिए गुड़, मूँगफली व तिल हमारे शरीर में संतुलन लेकर आते हैं। सर्दियों में इन्हें खाना बेहद फायदेमंद है।

प्र. 43 : आलस्य किस बात का सूचक है?

उत्तर : आलस्य इस बात का सूचक है कि भोजन ज्यादा कर लिया गया है।

प्र. 44 : 'विपश्यना' शब्द का क्या आशय है?

उत्तर : 'विपश्यना' शब्द दो शब्दों से मिलकर बना है, वी+पश्यना। वी का अर्थ है विशेष एवं पश्यना का अर्थ है देखना। इस प्रकार विपश्यना का शाब्दिक अर्थ हुआ, जो जैसा है, उसे वैसा ही देखना। विपश्यना ध्यान में हमें बिना किसी पूर्व धारणा के व्यक्तियों एवं वस्तुओं को उसी प्रकार देखना होता है, जिस प्रकार वे होती हैं।

प्र. 45 : विपश्यना ध्यान क्या है?

उत्तर : विपश्यना ध्यान मन को शांत और निर्मल करने की वैज्ञानिक विधि है। इसे मन का व्यायाम भी कहा जाता है। जिस प्रकार व्यायाम से शरीर को स्वस्थ और मजबूत बनाया जाता है, उसी प्रकार विपश्यना से मन को स्वस्थ बनाया जाता है। यह भारत की सबसे प्राचीन मेडिटेशन तकनीक है, जिसे लगभग 2600 साल पहले महात्मा बुद्ध ने फिर से खोजा था। विपश्यना का मतलब है देखना।

प्र. 46 : कायापश्यना, वेदाउपश्यना, चित्तोपश्यना, धर्मोपश्यना क्या है ?

उत्तर : यह चारों विपश्यना ध्यान के विविध आयाम हैं। कायापश्यना में सिर्फ श्वास पर ध्यान लगाते हैं। वेदाउपश्यना में विशेष रूप से अपने अंदर चल रही भावनाओं पर ध्यान लगाते हैं। चित्तोपश्यना में हम विशेष रूप से मन के सूक्ष्म आयाम चित्त को देखते हैं। धर्मोपश्यना में विशेष रूप से धर्म को देखते हैं।

प्र. 47 : लिवर से जो हार्मोन निकलता है, वो क्या है ?

उत्तर : लिवर से जो हार्मोन निकलता है, उसे बिलरुबिन (Bilirubin) कहते हैं।

प्र. 48 : बच्चे के लिंग के लिए पुरुष व स्त्री में कौन जिम्मेदार होता है ?

उत्तर : पुरुष तथा स्त्री में से बेबी के लिंग के लिए पुरुष ही जिम्मेदार है, उसका शुक्राणु (Sperm) ही तय करता है कि गर्भ में आनेवाला बेबी बॉय होगा या गर्ल होगी।

प्र. 49 : संतुलित ऊर्जा प्राप्त करने के लिए कौन सा खाना खाया जाना चाहिए ?

उत्तर : संतुलित ऊर्जा प्राप्त करने के लिए हमें सात्त्विक भोजन करना चाहिए। फल व सब्जियों का प्रयोग अधिक करना चाहिए। सात्त्विक भोजन शरीर में तमस व रजस को संतुलित बना देता है।

प्र. 50 : बिना कारण जाने मात्र ऊपरी लक्षण के आधार पर दवाइयाँ खाना गलत है। इसे समझाइए।

उत्तर : जब तक बीमारी का सही कारण व जड़ का पता नहीं चलेगा, तब तक उसका समाधान नहीं हो सकता। इसे हम इस तरह समझ सकते हैं कि हमने रात में सुरक्षा के लिए एक कुत्ते को पाला और जब वह कुत्ता भौंक रहा था, तब हमने उसे ही पीटना शुरू कर दिया, जबकि उस वक्त घर में चोर आए थे। ठीक इसी प्रकार बिना सही वजह जाने हम यदि दवाइयाँ ऊपरी लक्षण मात्र से लेते हैं तो यह गलती इसी प्रकार की गलती होगी।

प्र. 51 : क्या स्त्रियों का मासिक चक्र अशुद्ध है ? किस प्रकार ?

उत्तर : स्त्रियों का मासिक चक्र अशुद्ध हो ही नहीं सकता है क्योंकि यह तो जीवन बनाने की सामग्री (Life Making Material) है।

प्र. 52 : जल के पास क्या विशेष क्षमता है ?

उत्तर : जल के पास आपकी वाइब्रेशन को, यानी तरंगों को शोषित (Absorb) करने की गहरी क्षमता है।

प्र. 53 : यज्ञ वास्तव में क्या है ?

उत्तर : प्रकृति के प्रयोग से जो क्षति होती है, उसे ऑफ सेट करना ही यज्ञ है। जो बहुतायत में है, उसे प्रभु को निवेदन करना यज्ञ है। किसी समय पेड़ बहुत अधिक थे और उन्हें काटकर आहुति देना यज्ञ था, अब पेड़ कम हैं तो पेड़ लगाना ही यज्ञ है।

5

इतिहास व ब्रह्मांड की रोचक जानकारियाँ

5.1 परिचय

इस अध्याय में हम इतिहास व ब्रह्मांड के बारे में महत्त्वपूर्ण व रोचक जानकारियाँ प्राप्त करेंगे। यह कहा जा सकता है कि भविष्य को बदला जा सकता है, लेकिन इतिहास को समझा जाता है, जब हम इतिहास को समझ जाते हैं तो हमें भविष्य के बारे में बहुत सी जानकारियाँ व घटनाओं को समझना आसान हो जाता है। इस अध्याय में हम इतिहास के कुछ विशेष रोचक प्रश्नों व उनके जवाबों को आपके सामने ला रहे हैं। आशा है कि इतिहास के इन रोचक प्रश्न व उत्तरों से आपका ज्ञान व जागरूकता का स्तर बढ़ेगा।

ब्रह्मांड कितना विशाल है, ब्रह्मांड में तारे, ग्रह, उपग्रह, खगोलीय पिंड, पदार्थ, ऊर्जा इन सबको जानने से हमारी जागरूकता का स्तर बढ़ता है तथा हम अपनी वास्तविक स्थिति को समझ पाते हैं। इस अध्याय में ब्रह्मांड व उससे जुड़ी विभिन्न जानकारियों को सम्मिलित किया गया है। ब्रह्मांड में जो नवग्रह हैं, जो हमारा सौर

मंडल है, उसके बारे में भी बहुत सी जानकारियों का समावेश किया गया है। इसमें भूमध्य रेखा, कर्क रेखा, मकर रेखा, अक्षांश व देशांतर रेखाओं से संबंधित जानकारियाँ दी गई हैं।

आशा है, इन्हें पढ़ने से हमारी जानकारी का स्तर बढ़ेगा तथा हमारा सामान्य ज्ञान बेहतर बनेगा। इस अध्याय में हमने यह भी कोशिश की है कि राजस्थान की विभिन्न वीरांगनाओं, महिलाओं की भी यहाँ चर्चा की गई है। इससे हमें राजस्थान में महिलाओं का इतिहास में जो योगदान है, उसे समझने में भी मदद मिलेगी।

इस अध्याय को लिखने का उद्देश्य यह है कि हम अपने जागरूकता के स्तर को कैसे बढ़ाएँ? क्योंकि जब हम स्वयं को जानना चाहते हैं तो हमें अपने आसपास के वातावरण, बीती हुई घटनाओं का समग्र ज्ञान होना चाहिए; आशा है कि यह रोचक सामग्री हमारी जागरूकता को बढ़ाने में मददगार साबित होगी। आपसे पुनः आग्रह है कि प्रत्येक प्रश्न को पढ़ें, उसके बारे में थोड़ी देर स्वयं सोचें और उसी के बाद जवाब देखें। ऐसा करने से जो जवाब हैं, वो सदा के लिए आपके हो जाएँगे और आपकी जानकारी पक्की होती जाएगी। आप अपनी जागरूकता के स्तर को बढ़ाते रहें, खुद की खोज की जो यात्रा है, उसे जारी रखें।

5.2 इतिहास

प्र. 1 : जयचंद व पृथ्वीराज का संबंध क्या था? अनंतपाल कौन थे?

उत्तर : जयचंद व पृथ्वीराज के नाना का नाम आनंद पाल तोमर था। इस प्रकार जयचंद व पृथ्वीराज रिश्ते में मौसेरे भाई हुए।

प्र. 2 : पृथ्वीराज चौहान व मोहम्मद गौरी में कितने युद्ध हुए थे?

उत्तर : पृथ्वीराज चौहान व मोहम्मद गौरी के बीच 18 बार युद्ध हुए थे।

प्र. 3 : प्रसिद्ध मुगल शासकों को क्रम से लिखें—अकबर, जहाँगीर, बाबर, औरंगजेब, हुमायूँ, शाहजहाँ।

उत्तर : बाबर, हुमायूँ, अकबर, जहाँगीर, शाहजहाँ, औरंगजेब।

प्र. 4 : बाबर किसका वंशज था?

उत्तर : बाबर तैमूर का वंशज था।

प्र. 5 : राजा पोरस का राज्याभिषेक 340 ईसा पूर्व तो फिर सम्राट् अशोक कितने ईसा पूर्व थे?

उत्तर : सम्राट् अशोक का 261 ईसा पूर्व राज्याभिषेक हुआ था।

प्र. 6 : 1519 से 1526 तक किसने भारत पर पाँच बार आक्रमण किया?

उत्तर : 1519 से 1526 के मध्य जहीरुद्दीन बाबर ने भारत पर आक्रमण किया।

प्रश्न : बाबर ने 1526 में किसे हराकर भारत में मुगल वंश की नींव रखी?

प्र. 7 : बाबर ने 1526 में लोदी वंश के इब्राहिम लोदी को हराकर भारत में मुगल वंश की नींव रखी।

प्र. 8 : बाबर के सामने किस राजपूत योद्धा ने युद्ध लड़ा?

उत्तर : 17 मार्च, 1527 को राणा सांगा ने बाबर के सामने युद्ध लड़ा।

प्र. 9 : यहूदी धर्म आज से करीब कितना पुराना है? इसके संस्थापक कौन थे? यहूदी धर्म से कौन से दो धर्मों की उत्पत्ति हुई?

उत्तर : यहूदी धर्म आज से करीब चार हजार वर्ष पुराना है। इसके संस्थापक पैगंबर अब्राहम थे। यहूदी धर्म से इसाई व इसलाम धर्म की उत्पत्ति हुई। और कहा जाता है कि यहूदी धर्म वर्तमान में इजराइल का राजधर्म है।

प्र. 10 : पैगंबर अब्राहम व पैगंबर मूसा कौन थे?

उत्तर : पैगंबर अब्राहम को यहूदी धर्म का पितामह माना जाता है व पैगंबर मूसा को यहूदी धर्म का संस्थापक माना जाता है। यहूदी धर्म के धर्मग्रंथों की भाषा इब्रानी और यहूदी धर्मग्रंथ का नाम तनख या तौरा नबी है। तौरा नबी का संस्थापक पैगंबर मूसा को कहा जाता है।

प्र. 11 : ईसा मसीह व हजरत मुहम्मद कौन थे?

उत्तर : ईसा मसीह जिन्हें जीसस व यीशु भी कहा जाता है। ईसा मसीह ईसाई धर्म के संस्थापक थे। हजरत मुहम्मद को मुसलिम धर्म का संस्थापक माना जाता है।

प्र. 12 : पृथ्वी का कितना भाग समुद्र में है?

उत्तर : पृथ्वी का लगभग 2/3 भाग समुद्र में है।

प्र. 13 : 1942 से 1944 के बीच बंगाल में आए तूफान में कितने लोग मारे गए?

उत्तर : 1942 से 1944 के बीच बंगाल में आए तूफान में लगभग तीन लाख लोग भूख से तड़पकर अपनी जान गँवा बैठे थे।

प्र. 14 : 1768 से 1773 के मध्य 5 साल में बंगाल में कितने लोग मारे गए?

उत्तर : 1768 से 1773 के मध्य 5 साल में बंगाल में भयानक अकाल पड़ा जिसमें लगभग 1 करोड़ लोग मारे गए। कहा जाता है कि ईस्ट इंडिया कंपनी की शोषण करने की नीतियों के कारण ऐसा हुआ।

प्र. 15 : एडोल्फ हिटलर ने लगभग कितने यहूदी मारे? वह उनके मारे जाने का कारण क्यों बना?

उत्तर : एडोल्फ हिटलर एक जर्मन शासक था। 1933 में एडोल्फ हिटलर जर्मनी की सत्ता में आया। वह यहूदियों से बहुत नफरत करता था। द्वितीय विश्वयुद्ध के बाद उसने उन्हें जड़ से मिटाने का निश्चय

किया। कहते हैं, यहूदियों की आबादी का लगभग एक-तिहाई, अर्थात् उस समय के लगभग साठ लाख यहूदियों की हत्या का कारण हिटलर बना।

प्र. 16 : द्वितीय विश्वयुद्ध में कितने सैनिक व नागरिक मारे गए?

उत्तर : द्वितीय विश्वयुद्ध के दौरान लगभग 7 करोड़ 30 लाख सैनिकों एवं नागरिकों की मृत्यु हुई।

प्र. 17 : मीराबाई के पिता व पति का क्या नाम था?

उत्तर : मीराबाई के पिता का नाम राव रतन सिंह राठौड़ था। मीराबाई के पति का नाम कुँवर भोजराज था।

प्र. 18 : महाराणा कुंभा कहाँ के राजा थे? उनके द्वारा कितने दुर्ग बनवाए गए?

उत्तर : महाराणा कुंभा 1433 से 1468 तक मेवाड़ के राजा थे। महाराणा कुंभा ने 32 दुर्ग बनवाए, जिनमें चित्तौड़गढ़, कुंभलगढ़ व अचलगढ़ प्रमुख हैं।

प्र. 19 : मीराबाई के देवर का नाम क्या था व मीराबाई के गुरु कौन थे?

उत्तर : मीराबाई के देवर का नाम कुमार विक्रमादित्य था एवं मीराबाई के गुरु संत रैदास थे।

प्र. 20 : मीराबाई का संबंध श्रीकृष्ण भगवान् की किस गोपी के साथ जोड़कर देखा जाता है?

उत्तर : मीराबाई का संबंध श्रीकृष्ण भगवान् की ललिता गोपी से जोड़कर देखा जाता है।

प्र. 21 : मारवाड़ व मेवाड़ में कौन से जिले शामिल हैं?

उत्तर : मारवाड़ में बाड़मेर, जालौर, जोधपुर, नागौर एवं पाली जिले आते हैं। मेवाड़ में भीलवाड़ा, चित्तौड़गढ़ राजसमंद, उदयपुर, प्रतापगढ़ जिले एवं झालावाड़ का कुछ हिस्सा शामिल है।

प्र. 22 : हाड़ौती व ढूंढ़ाड़ में कौन से जिले शामिल हैं?

उत्तर : हाड़ौती में बूँदी, बाराँ, झालावाड़ तथा कोटा जिले शामिल हैं। ढूंढ़ाड़ में जयपुर, दौसा, सवाई माधोपुर, टोंक तथा करौली जिले का उत्तरी भाग शामिल है।

प्र. 23 : अंग्रेजों के आने से पहले पूर्णिमा और अमावस्या की कितनी-कितनी छुट्टियाँ हुआ करती थीं?

उत्तर : अंग्रेजों के आने से पहले पूर्णिमा की 3 दिन की और अमावस्या की 2 दिन की छुट्टियाँ हुआ करती थीं।

प्र. 24 : मुगल शब्द किससे बना है?

उत्तर : मुगल शब्द मंगोल शब्द से बना है।

प्र. 25 : चंगेज खान और तैमूर लंग जैसे मुगल शासकों ने 90 से 100 वर्षों में कितने लोगों को मारा तथा उस समय की कुल आबादी का यह कितना प्रतिशत रहा होगा?

उत्तर : 90 से 100 सालों में मुगलों द्वारा चार करोड़ लोगों को मारा गया। यह उस समय की कुल

आबादी का 10 प्रतिशत रहा। यह कहा जाता है कि चंगेज खान, युद्ध के दौरान सभी पुरुष, जिनका कद बैलगाड़ी से बड़ा, यानी 38 इंच से बड़ा होता था, उनको मार देता था, उनका सिर काटकर पहाड़ बना देता था। तैमूर लंग व चंगेज खान दोनों बहुत क्रूर थे, बाबर उन्हीं का वंशज था।

प्र. 26 : क्या बाबर व गुरु नानकजी समकालीन थे?

उत्तर : हाँ! बाबर व गुरु नानकजी समकालीन थे।

प्र. 27 : पन्नाधाय, रूपाधाय एवं गोराधाय के बारे में बताइए।

उत्तर : पन्नाधाय ने मेवाड़ के राजवंश को बचाने के लिए अपने पुत्र का बलिदान दिया था। इसी प्रकार गोराधाय ने भी कुमार अजीत सिंह को अंग्रेजों के चंगुल से बचाने के लिए अपने पुत्र का बलिदान दिया था एवं रूपाधाय ने भी कुँवर जसवंत सिंह को बचाने के लिए अपने पुत्र का बलिदान किया। गोराधाय व रूपाधाय मारवाड़ क्षेत्र की थी।

प्र. 28 : मारवाड़ की पन्नाधाय कौन थी?

उत्तर : मारवाड़ की पन्नाधाय गौराधाय व रूपाधाय थी।

प्र. 29 : सहजोबाई व दयाबाई के बारे में बताइए।

उत्तर : सहजोबाई व दयाबाई दोनों ही संत चरणदासजी की शिष्या थीं।

प्र. 30 : रानी कर्मावती कौन थी?

उत्तर : रानी कर्मावती चित्तौड़ की एक महान् रानी थी, वह राणा संग्राम सिंह की पत्नी थी, राणा उदय सिंह की माता व महाराणा प्रताप की दादी थी। सन् 1534 में जब बहादुर शाह जफर ने आक्रमण किया, तब रानी कर्मावती ने मेवाड़ की आन, बान बचाने के लिए जौहर किया था।

प्र. 31 : रानी धीरबाई कौन थी?

उत्तर : रानी धीरबाई राणा उदय सिंह की पत्नी थी।

प्र. 32 : पद्मिनी ने व कर्मावती ने जौहर कब-कब किया?

उत्तर : रानी पद्मिनी ने अलाउद्दीन खिलजी के आक्रमण से मेवाड़ की आन, बान, शान बचाने के लिए सन् 1303 में जौहर किया एवं रानी कर्मावती ने सन् 1534

में बहादुर शाह के आक्रमण से मेवाड़ की आन, बान, शान बचाने के लिए जौहर किया।

प्र. 33 : रामाबाई कौन थी ?

उत्तर : रामाबाई राणा कुंभा की पुत्री थी, इन्होंने संगीत व साहित्य में काफी योगदान किया।

प्र. 34 : कालीबाई कौन थी ?

उत्तर : कालीबाई को साक्षरता की देवी व आधुनिक काल का एकलव्य कहा जाता है।

प्र. 35 : कालीबाई राजस्थान में क्यों जानी जाती है ?

उत्तर : कालीबाई को साक्षरता की देवी व आधुनिक काल का एकलव्य कहा जाता है। कालीबाई का जन्म डूँगरपुर के एक गाँव में हुआ था। डूँगरपुर रियासत के महारावल लक्ष्मण सिंह थे, वहाँ अंग्रेजों का शासन था। महारावल लक्ष्मण सिंह शिक्षा के विरोध में थे। वे गाँव की पाठशाला को बंद करवाना चाहते थे। इसका विरोध 11 वर्ष की बालिका कालीबाई द्वारा करने पर तथा अपने गुरु को बचाते वक्त सैनिकों द्वारा गोली चलाने से उसकी मृत्यु हुई थी। यह बालिका इतिहास में सदैव के लिए आगर हो गई।

प्र. 36 : किशोरी देवी कौन थी ?

उत्तर : किशोरी देवी सीकर के कृषक आंदोलन के नेतृत्व के लिए जानी जाती है।

प्र. 37 : हाड़ी रानी कौन थी ?

उत्तर : हाड़ी रानी चूड़ावत रतन सिंह की पत्नी थी। अपने पति का मोहभंग करने के लिए तथा युद्ध के समय सैनिक का कर्तव्य समझाने के लिए इन्होंने अपने शीश का बलिदान कर दिया था।

प्र. 38 : कर्नल कूट कौन थे ? तथा वे इतिहास में क्यों प्रसिद्ध हैं ?

उत्तर : कर्नल कूट ब्रिटिश सैनिक थे, 1771 में कर्नल कूट ने हैदर अली पर आक्रमण किया और हैदर अली से हार गए। हैदर अली ने कर्नल कूट को मारने के बजाय उनकी नाक काटकर उन्हें भगा दिया। भागते-भागते कर्नल कूट बेलगाँव नामक स्थान पर पहुँचे तो एक वैद्य को उन पर दया आ गई, उन्होंने कूट की नई नाक कुछ ही दिनों में बना दी, इस प्रकार प्लास्टिक सर्जरी विश्व को हिंदुस्तान की देन है। उस समय भारत में किए जाने का उदाहरण मिलता है।

5.3 ब्रह्मांड

प्र. 1 : स्ट्रिंग थ्योरी (String Theory) क्या है ?

उत्तर : यह थ्योरी ब्रह्मांड को समझने में हमारी मदद करती है। स्ट्रिंग थ्योरी से ग्रेविटी थ्योरी तथा क्वांटम थ्योरी दोनों को समझने में मदद मिलती है। इस थ्योरी में इन दोनों थ्योरी के मध्य समान कारकों को आधार बनाकर कार्य किया जा रहा है। अभी इस थ्योरी पर काम किया जाना बाकी है। अभी यह विकास की अवस्था में है।

प्र. 2 : रिलेटिविटी, क्वांटम मैकेनिक्स एवं स्ट्रिंग थ्योरी आपस में किस प्रकार संबंधित हैं ?

उत्तर : रिलेटिविटी प्रमेय जिन वस्तुओं का आकार एवं भार है, जैसे कि ग्रह, उपग्रह उनके बारे में जानकारी प्रदान करने में सहायक है। क्वांटम मैकेनिक्स बहुत ही सूक्ष्म चीजों का अध्ययन करने में सहायक है। स्ट्रिंग थ्योरी इन दोनों के मध्य आधार है।

प्र. 3 : सूर्य न निकले तो सबकुछ लगभग कितने घंटों में नष्ट हो जाएगा ?

उत्तर : अगर सूर्य न निकले तो 18 घंटे में लगभग सबकुछ खत्म हो जाएगा।

प्र. 4 : सबसे बड़ा ग्रह कौन सा है ?

उत्तर : सबसे बड़ा ग्रह बृहस्पति है, जिसे अंग्रेजी में जूपिटर भी कहा जाता है।

प्र. 5 : सबसे छोटा ग्रह कौन सा है ?

उत्तर : सबसे छोटा ग्रह बुध है, जिसे अंग्रेजी में मरकरी भी कहा जाता है।

प्र. 6 : सबसे गरम ग्रह कौन सा है ?

उत्तर : सबसे गरम ग्रह शुक्र है, इसे अंग्रेजी में वीनस भी कहते हैं।

प्र. 7 : सूर्य से पृथ्वी की कितनी दूरी है तथा सूर्य से पृथ्वी तक उसकी किरणों को आने में कितना समय लगता है ?

उत्तर : सूर्य से पृथ्वी की दूरी लगभग 15 करोड़ किलोमीटर है तथा सूर्य से पृथ्वी तक किरण आने में प्रकाश को 8 मिनट व 20 सेकंड का समय लगता है।

प्र. 8 : सौरमंडल और ब्रह्मांड की तुलना कीजिए।

उत्तर : ब्रह्मांड, जिसे कि यूनिवर्स कहा जाता है, वह सबकुछ है। ब्रह्मांड के छोटे हिस्से को गैलेक्सीज कहते हैं और गैलेक्सी के छोटे हिस्से को सौरमंडल कहते हैं। हमारे सौरमंडल में तारे, ग्रह, उपग्रह तीनों होते

हैं। हम कह सकते हैं कि पूरे ब्रह्मांड में गैलेक्सी एक बूँद है और उस गैलेक्सी में सौरमंडल एक बूँद के समान है और सौरमंडल में पृथ्वी भी एक बूँद के समान है। ब्रह्मांड में सभी तारे, गैलेक्सी, खगोलीय पिंड, पदार्थ और अन्य सभी ऊर्जा शामिल हैं। इनसान ने ब्रह्मांड को अपनी क्षमता के अनुसार देखा है और यह पाया है कि लगभग 91 अरब प्रकाशवर्ष इस ब्रह्मांड का व्यास है, अत: आप अनुमान लगा सकते हैं कि यह ब्रह्मांड कितना विशाल है और यह सिर्फ अनुमान मात्र है और हो सकता यह अनंत हो।

प्र. 9 : तारे, ग्रह और उपग्रह का उदाहरण दीजिए।

उत्तर : चंद्रमा एक उपग्रह है, जबकि पृथ्वी एवं मंगल ग्रह हैं तथा सूर्य एक तारा है।

प्र. 10 : खगोल विद्या एवं ज्योतिष विद्या में क्या अंतर है ?

उत्तर : खगोल विद्या को एस्ट्रोनॉमी भी कहा जाता है, इसमें तारे, ग्रह, उपग्रह, आकाशगंगा, खगोलीय पिंड, पदार्थ एवं ऊर्जाओं का अध्ययन किया जाता है, जबकि ज्योतिष विद्या में इन ग्रहों का मानव जीवन पर पड़नेवाले प्रभावों का अध्ययन किया जाता है, इसे एस्ट्रॉलोजी भी कहते हैं।

प्र. 11 : ब्रह्मांड के विस्तार की व्याख्या कीजिए।

उत्तर : ब्रह्मांड बहुत ही विशाल है। ब्रह्मांड में तारे, ग्रह, उपग्रह, खगोलीय पिंड पदार्थ और समस्त ऊर्जा शामिल हैं। हम जानते हैं, ब्रह्मांड में बहुत से तारे हैं, जिनमें सूर्य भी एक तारा है। सूर्य का आकार पृथ्वी से 109 गुना है, अब जरा हम यह अनुमान लगाते हैं कि ब्रह्मांड में कितने तारे होंगे। ब्रह्मांड में तारों की संख्या का अनुमान लगाया गया और इसके लिए संख्या दो के आगे 22 जीरो लगाने पड़ेंगे। इतनी संख्या में तारे ब्रह्मांड में हैं। एक तारा सूर्य है।

प्र. 12 : सौरमंडल और ब्रह्मांड में क्या अंतर है ?

उत्तर : सौरमंडल आकाशगंगा का एक छोटा सा हिस्सा है, जबकि ब्रह्मांड बहुत विशाल है।

प्र. 13 : हमारे सौरमंडल में आठ ग्रह किससे बँधे हुए हैं ?

उत्तर : हमारे सौरमंडल में आठ ग्रह हैं, जो ग्रेविटी, अर्थात् गुरुत्वाकर्षण शक्ति से बँधे हुए हैं।

प्र. 14 : चाँद को पृथ्वी की परिक्रमा में तथा पृथ्वी को सूर्य की परिक्रमा लगाने

में कितने दिन लगते हैं?

उत्तर : चाँद को पृथ्वी की परिक्रमा में 28 दिन तथा पृथ्वी को सूर्य की परिक्रमा में 365 दिन लगते हैं।

प्र. 15 : सूर्य का आकार पृथ्वी से कितना गुना है?

उत्तर : सूर्य का आकार पृथ्वी से लगभग 109 गुना बड़ा है।

प्र. 16 : बृहस्पति पृथ्वी से कितना गुना बड़ा है?

उत्तर : बृहस्पति पृथ्वी से लगभग 11 गुना बड़ा है।

भूगोल

प्र. 1 : भूमध्य रेखा क्या है?

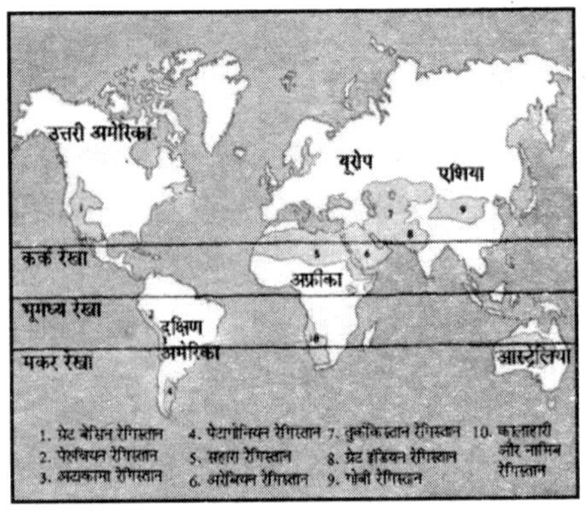

उत्तर : भूमध्य रेखा को विषुवत रेखा भी कहा जाता है, पृथ्वी के केंद्र से पूर्व से पश्चिम की ओर ग्लोब पर एक काल्पनिक रेखा है। इस पर वर्ष भर दिन व रात की लंबाई बराबर रहती है। यह उत्तरी ध्रुव व दक्षिणी ध्रुव से समान दूरी पर स्थित एक काल्पनिक रेखा है, जो इन्हें उत्तरी व दक्षिणी गोलार्ध में विभाजित करती है।

प्र. 2 : कर्क रेखा क्या है?

उत्तर : कर्क रेखा उत्तरी गोलार्ध में भूमध्य रेखा के समानांतर ग्लोब पर स्थित पश्चिम से पूर्व की ओर खींची एक काल्पनिक रेखा है। सूर्य की स्थिति मकर रेखा से कर्क रेखा की ओर बढ़ने को उत्तरायण व कर्क रेखा से मकर रेखा पर वापसी को दक्षिणायन कहते हैं। इस प्रकार छह–छह माह में यह बदलता है। भारत में कर्क रेखा उज्जैन शहर से निकलती है।

प्र. 3 : मकर रेखा क्या है?

उत्तर : मकर रेखा पृथ्वी के दक्षिणी गोलार्द्ध में भूमध्य रेखा के समानांतर ग्लोब पर पश्चिम से पूर्व की ओर खींची गई एक काल्पनिक रेखा है।

प्र. 4 : अक्षांश व देशांतर रेखाएँ क्या हैं?

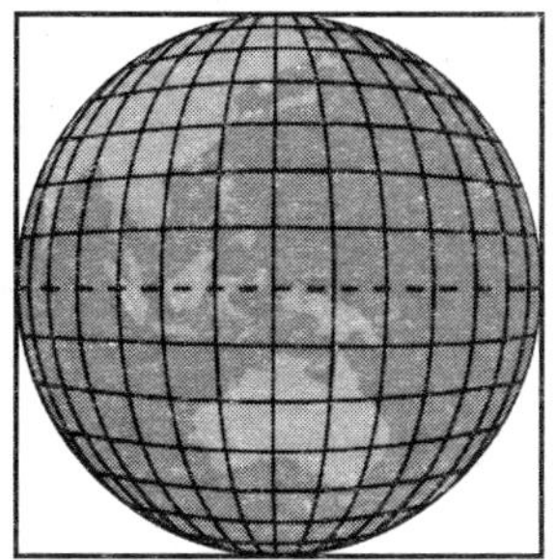

उत्तर : अक्षांश रेखाएँ काल्पनिक रेखाएँ हैं, जो पूर्व से पश्चिम की ओर जाती हैं। इसी प्रकार देशांतर रेखाएँ भी काल्पनिक रेखाएँ होती हैं, यह उत्तर से दक्षिण की ओर जाती हैं।

5.4 अन्य

प्र. 1 : संस्कृत में लिंग का क्या मतलब है?

उत्तर : संस्कृत में लिंग का अर्थ आकार या आकृति होता है। इस प्रकार शिवलिंग का अर्थ होता है शिवजी की आकृति।

प्र. 2 : बारह सौ वर्ष पूर्व भारत लगभग 84 संप्रदायों में बँटा था। क्या ऐसे भारत को राजनीतिक सीमा के अतिरिक्त अन्य सीमाओं से भी परिभाषित किया जा सकता है?

उत्तर : भारत को यदि समझना हो तो राजनीतिक सीमाओं से अलग हटकर आध्यात्मिक सीमा के रूप में समझना उचित होगा।

प्र. 3 : इंडेक्स फिंगर को संस्कृत में क्या कहते हैं?

उत्तर : इंडेक्स फिंगर को संस्कृत में तर्जनी कहते हैं।

प्र. 4 : रिंग फिंगर को संस्कृत में क्या कहते हैं?

उत्तर : रिंग फिंगर को संस्कृत में कनिष्का कहते हैं।

प्र. 5 : देवहुती के पति व पुत्र का क्या नाम था?

उत्तर : देवहुती के पति का नाम कर्दम ऋषि था। ये ब्रह्माजी के पुत्र थे एवं पुत्र का नाम महर्षि कपिल था। कहते हैं, कपिल के रूप में स्वयं भगवान् विष्णु अवतरित हुए थे। महर्षि कपिल द्वारा सांख्य योग की शिक्षा दी गई थी।

प्र. 6 : तमिल गुरु, जिन्हें शिव ने शिक्षा दी, कौन थे?

उत्तर : तमिल गुरु, जिन्हें शिव ने शिक्षा दी, वे महर्षि अगस्त्य थे।

प्र. 7 : मारवाड़ी लोग तनाव कम करने के लिए क्या बोलते हैं?

उत्तर : जो थारी मर्जी वही म्हारी मर्जी, फिर किस बात का तनाव।

प्र. 8 : देश की सबसे बड़ी समस्या क्या है तथा इसका समाधान क्यों मुश्किल है?

उत्तर : देश की सबसे बड़ी समस्या आबादी है तथा इसका समाधान इसलिए मुश्किल है, क्योंकि हमारे देश में लोकतंत्र है तथा आबादी पर नियंत्रण करना लोगों को पसंद नहीं आता। सभी व्यक्ति सुविधाएँ पाना चाहते हैं, पर उनकी कीमत नहीं चुकाना चाहते।

प्र. 9 : मंत्र व तंत्र की ओर मनुष्य कब बढ़ता है ?

उत्तर : जब धन का बल व बाहुबल काम न आए तब मनुष्य मंत्र व तंत्र की ओर बढ़ता है।

प्र. 10 : प्रकोप (Outbreak), महामारी (Epidemic) और सर्वव्यापी महामारी (Pandemic) शब्दों में क्या अंतर है ?

उत्तर : इस मामले में जब किसी बीमारी के प्रसार का पैमाना छोटा होता है और मामले की संख्या आमतौर पर छोटी होती है और इस रोग का जो क्षेत्र है, वह भी सीमित होता है, तो इसे प्रकोप (Outbreak) कहा जाता है। उदाहरण के लिए एक परिवार में या एक विद्यालय में दस-बीस बच्चों को फ्लू हो जाना। दूसरा शब्द महामारी (Epidemic), यह शब्द थोड़ा बड़ा है। प्रकोप से जब बीमारी और अधिक भयावह हो जाती है, तो वह महामारी का रूप ले लेती है। यह बहुत बड़े भौगोलिक क्षेत्र को कवर कर लेती है, जब चीन में वुहान के बाहर कोरोना वायरस या कोविड-19 के मामले सामने आने लगे तो पहले ये वायरल प्रकोप के रूप में महामारी (Epidemic) माना गया था, लेकिन जैसे ही इसका क्षेत्र बढ़ा, तो इसे वैश्विक महामारी यानी सर्वव्यापी महामारी (Pandemic) के रूप अंतरराष्ट्रीय स्तर पर घोषित किया गया। WHO द्वारा कोरोना वायरस को सर्वव्यापी महामारी (Pandemic) घोषित किया गया है और यह विश्वव्यापी स्तर पर फैल चुकी है।

प्र. 11 : विश्व में प्रथम पुरुष व महिला का नाम भारतीय अध्यात्म में किसे बताया गया है ?

उत्तर : भारतीय अध्यात्म में मनु को प्रथम पुरुष एवं शत्रुपा को प्रथम महिला के रूप में जाना जाता है।

प्र. 12 : ध्रुव के माता-पिता का नाम क्या था ?

उत्तर : मनु व शत्रुपा के पुत्र उत्तानपाद ध्रुव के पिता व सुनीति ध्रुव की माता थी।

6

भगवद्गीता : समग्र मनोविज्ञान

6.1 परिचय (श्रीमद्भगवद्गीता)

श्रीमद्भगवद्गीता की पृष्ठभूमि महाभारत का युद्ध है। जिस प्रकार एक सामान्य मनुष्य अपने जीवन की समस्याओं में उलझकर कर्तव्यविमुख हो जाता है और जीवन की समस्याओं से लड़ने के बजाय उससे भागने का मन बना लेता है, उसी प्रकार अर्जुन, जो महाभारत के महानायक थे, अपने सामने आनेवाली समस्याओं से भयभीत होकर जीवन और क्षत्रिय धर्म से निराश हो गए थे। अर्जुन की तरह ही हम सभी कभी-कभी अनिश्चय की स्थिति में या तो हताश हो जाते हैं या फिर अपनी समस्याओं से विचलित होकर भागने की सोचने लगते हैं।

आर्यभट्ट के अनुसार महाभारत युद्ध ईसा पूर्व 3137 में हुआ, इसके 35 वर्ष पश्चात् भगवान् कृष्ण ने देह छोड़ दी थी, तब से ही कलियुग का आरंभ माना जाता है। उनकी मृत्यु एक बहेलिए का तीर लगने से हुई थी, तब उनकी उम्र 119 वर्ष

थी। इस प्रकार श्री आर्यभट्ट की गणनानुसार गीता का ज्ञान 5157 वर्ष पूर्व श्रीकृष्ण ने अर्जुन को दिया था।

हरियाणा के कुरुक्षेत्र में जब यह ज्ञान दिया गया, तब एकादशी तिथि थी। संभवत: उस दिन रविवार था। उन्होंने यह ज्ञान लगभग 45 मिनट तक दिया था। गीता में श्रीकृष्ण ने 574, अर्जुन ने 85, संजय ने 40 और धृतराष्ट्र ने 1 श्लोक कहा है।

श्रीकृष्ण ने गीता का ज्ञान अर्जुन को इसलिए दिया, क्योंकि वह कर्तव्य पथ से भटककर संन्यासी और वैरागी जैसा आचरण करके युद्ध छोड़ने को आतुर हो गया था। वह भी ऐसे समय, जबकि सेना मैदान में डटी थी। ऐसे में श्रीकृष्ण ने उसे उसका कर्तव्य निभाने के लिए यह ज्ञान दिया। गीता को अर्जुन के अलावा संजय ने सुना और उन्होंने धृतराष्ट्र को सुनाया।

श्रीमद्‌भगवद्‌गीता वर्तमान में धर्म से ज्यादा जीवन के प्रति अपने दार्शनिक दृष्टिकोण को लेकर भारत में ही नहीं, विदेशों में भी लोगों का ध्यान अपनी ओर आकर्षित कर रही है। निष्काम कर्म का गीता का संदेश प्रबंधन गुरुओं को भी लुभा रहा है। विश्व के सभी धर्मों की सबसे प्रसिद्ध पुस्तकों में यह शामिल है।

श्रीमद्‌भगवद्‌गीता योगेश्वर श्रीकृष्ण की वाणी है। इसके प्रत्येक श्लोक में ज्ञानरूपी प्रकाश है, जिससे प्रस्फुटित अंधकार नष्ट हो जाता है। ज्ञान-भक्ति-कर्म योग मार्गों की विस्तृत व्याख्या की गई है, इन मार्गों पर चलने से मनुष्य परमपद का अधिकारी बन जाता है।

गीता एकमात्र ऐसा ग्रंथ है, जिस पर दुनियाभर की भाषा में सबसे ज्यादा भाष्य, टीका, व्याख्या, टिप्पणी आदि लिखे गए हैं। आदि शंकराचार्य, रामानुज, रामानुजाचार्य, मध्वाचार्य, निंबार्क, भास्कर, वल्लभ, श्रीधर मधुसूदन सरस्वती, संत ज्ञानेश्वर, बाल गंगाधर तिलक, परमहंस योगानंद, महात्मा गांधी, सर्वपल्ली डॉ. राधाकृष्णनन्, रजनीश, स्वामी क्रियानंद, स्वामी रामसुख दास, स्वामी प्रभुपाद, श्रीराम शर्मा आचार्य आदि सैकड़ों विद्वानों ने गीता पर भाषण दिए हैं, लेकिन कहते हैं कि ओशो रजनीश ने जो गीता पर प्रवचन दिए हैं, वह दुनिया के सर्वश्रेष्ठ प्रवचन हैं।

आज से लगभग 5000 वर्ष पूर्व कुरुक्षेत्र में युद्ध के भयानक माहौल में भगवद्‌गीता श्रीकृष्ण द्वारा अर्जुन को कही जाती है। जीवन में जब सबसे ज्यादा तनाव, डर और भय होता है, उस समय जो ज्ञान प्राप्त होता है, वह एक विशिष्ट ज्ञान बन जाता है।

भगवद्गीता में कुरुक्षेत्र की भूमि पर श्रीकृष्ण द्वारा 700 श्लोक बोले गए। भगवान् श्रीकृष्ण, संजय, धृतराष्ट्र, अर्जुन द्वारा बोले गए 700 श्लोक बहुत ही विशिष्ट बन गए। इस विशिष्ट ज्ञान में जहाँ सत्, रज व तम गुणों की चर्चा की गई है, जिनसे मिलकर मन बनता है। इसके अलावा इसमें एक विशेष बात कर्म योग, ज्ञान योग व भक्ति योग के बारे में की गई है। वास्तव में ईश्वर को प्राप्त करने की विभिन्न विधियाँ हो सकती हैं। इन तीनों माध्यम से ही ईश्वर को प्राप्त किया जा सकता है। कर्म कब पूजा बन जाता है? कर्म को किस प्रकार किया जाता है? कर्म कितने प्रकार के होते हैं? मोह का कारण क्या है? इस प्रकार के विशिष्ट ज्ञान वास्तव में इनसान के लिए उपयोगी हैं। श्रीकृष्ण द्वारा अपने सखा अर्जुन को यह ज्ञान दिया जाता है।

भगवान् श्रीकृष्ण अध्यात्म को स्थापित करना चाहते थे। भगवान् श्रीकृष्ण युद्धभूमि में युद्ध के इस भयानक समय में मुसकराते हुए देखे गए। वास्तव में एक ज्ञानी व्यक्ति ही भय के वातावरण में सहज रह सकता है। भगवद्गीता के ये 700 श्लोक वास्तव में मनोविज्ञान की सर्वश्रेष्ठ पुस्तक बन गई। मैं निश्चित रूप से कह सकता हूँ कि मनोविज्ञान का शायद ही कोई ऐसा प्रश्न हो, जिसका जवाब इस पुस्तक में न मिल सके।

कभी-कभी यह समझ नहीं आता कि इतने सहज रूप से इस ज्ञान को विलुप्त क्यों कर दिया गया? हर घर में यह पुस्तक उपलब्ध है, लेकिन इसको समझा नहीं जाता। वास्तव में गीता एक ऐसी पुस्तक है, जो भारत में सबसे ज्यादा पढ़ी गई, लेकिन बहुत ही कम समझी गई। इसका कारण मुख्य रूप से यह है कि समय बदला, भाषाएँ बदली, व्यवस्थाएँ बदली और इन बदली हुई व्यवस्थाओं में भगवद्गीता को कहीं भुला दिया गया। इसके पीछे राजनीतिक कारण भी रहे और भाषायी कारण भी रहे। कोई भी ज्ञान तब प्रचारित होता है, जब वह भाषा के अनुकूल हो। जरूरत इस बात की थी कि भगवद्गीता के संदेश को आज के परिप्रेक्ष्य में बोला जाता। हमने कोशिश की है कि भगवद्गीता के वो प्रश्न, जो युवाओं के मन में उठते हैं, उन्हें सम्मिलित किया जाए, ताकि उन्हें जीवन में मार्गदर्शन मिल सके।

6.2 परिचय (अष्टावक्र गीता)

अष्टावक्र गीता एक प्राचीनतम गीता है। इसमें राजा जनक को एक युवा संन्यासी जिसका नाम अष्टावक्र है, जो परम ज्ञानी है, से ज्ञान प्राप्त होता है। राजा जनक की समस्या भी यही है कि उन्हें भी बहुत डर लगता है। वे रात को भलीभाँति

सो नहीं पाते। वे यह जानना चाहते हैं, उनके भय का कारण क्या है ? राजा जनक विदेही हैं, ज्ञानी हैं, लेकिन संपूर्ण ज्ञान प्राप्त नहीं है। इस वजह से वे भयभीत हैं, वे रात को बराबर नहीं सो पाते। अष्टावक्र उन्हें इसका कारण बताते हैं। अष्टावक्र कहते हैं कि राजा जनक! तुम्हारे भय का कारण यह है कि तुमने स्वयं को राजा जनक समझ लिया है। तुम न तो राजा जनक हो, न वो सपनों में जो तुम स्वयं को भिखारी के रूप में देखते हो, वो भी तुम नहीं हो। तुम तो एक आत्मा हो, तुम्हें कोई नुकसान नहीं पहुँचा सकता। कोई मार नहीं सकता। आत्मा को जलाया नहीं जा सकता, गलाया नहीं जा सकता, राजा जनक! तुम तो एक आत्मा हो, राजा जनक को अष्टावक्र से स्वयं का परिचय प्राप्त होता है और राजा जनक अष्टावक्र से तीन महत्त्वपूर्ण सवाल पूछते हैं—उसके आसपास अष्टावक्र गीता रची जाती है, राजा जनक पूछते हैं कि—1. ज्ञान क्या है ? 2. वैराग्य क्या है ? 3. मुक्ति कैसे मिलती है ?

वास्तव में जब इन तीन सवालों के जवाब हमें हमारे जीवन में मिल जाते हैं, तब मन परम शांति का अनुभव करता है तथा बाहरी परिस्थितियाँ हमें प्रभावित नहीं कर पाती हैं। इस अध्याय में हमने अष्टावक्र गीता के महत्त्वपूर्ण प्रश्नों को भी समावेशित किया है। आशा है, आपको यह अध्याय पसंद आएगा तथा भगवद्गीता के कुछ महत्त्वपूर्ण प्रश्न, जो आपके जीवन से संबंधित हैं, आपका मार्गदर्शन करेंगे। मैं आपसे पुनः आग्रह करता हूँ कि आप प्रत्येक प्रश्न को पढ़ें, उस पर थोड़ा विचार करें, फिर उसके उत्तर को देखें। इससे आपकी समझ व्यापक एवं गहरी होगी तथा आत्मविश्वास बढ़ेगा। आप ज्ञान को आत्मसात् कर पाएँगे।

6.3 भगवद्गीता

प्र. 1 : अर्जुन को ज्ञान किस कारण प्राप्त होता है ? हम जीवन में ज्ञान कब समझ पाते हैं या जान पाते हैं ?

उत्तर : अर्जुन को विषाद है, अर्जुन को दुःख है। हमारे जीवन में भी दुःख आता है, तभी ज्ञान आता है। वे सभी लोग कभी ज्ञानी नहीं बन पाएँगे, जिनके जीवन में विषाद न हो। अर्जुन के विषाद के कारण ही उसे अद्भुत ज्ञान की प्राप्ति हुई। अगर आपके जीवन में दुःख है, तो आपको ज्ञान को समझना आसान होगा।

प्र. 2 : स्थिरप्रज्ञ स्थिति क्या है ?

उत्तर : यह वह स्थिति है, जब कोई इनसान कामना से परे हो जाता है। ऐसे लोगों के सामने कोई समस्या आने पर वे न तो दुःखी होते हैं और न ही

किसी सुख में खुश होते हैं, क्योंकि उनकी स्थिरता का स्तर सदा एक समान रहता है।

प्र. 3 : हम कर्म करने में असफल क्यों हो जाते हैं?

उत्तर : किसी काम को करते समय हमारा मन विषय में फँस जाता है, जिस कारण राग और द्वेष पैदा होता है। राग, यानी लगाव और द्वेष, यानी ईर्ष्या और इन दोनों ही परिस्थितियों में निर्णय लेने की क्षमता कमजोर हो जाती है, जिसका सीधा असर हमारी सफलता पर पड़ता है।

प्र. 4 : राग व द्वेष किस कारण होते हैं? इनका जीवन पर क्या प्रभाव पड़ता है?

उत्तर : जब हमें किसी वस्तु, व्यक्ति या कार्य से राग हो जाता है तो उसमें भले ही कितने भी दोष हों, हमें वे दोष दिखाई नहीं देते हैं। इसके विपरीत जब हमें किसी वस्तु, व्यक्ति या कार्य से द्वेष हो जाता है, उसमें भले ही कितने भी गुण हों, हमें वे दिखाई ही नहीं देते हैं।

प्र. 5 : ईश्वर का स्वभाव कैसा है?

उत्तर : ईश्वर का स्वभाव एक बच्चे जैसा है, जिसे कभी भी अपने कर्म के फल से आसक्ति नहीं होती है।

प्र. 6 : योगी पुरुष कौन है? योगी पुरुष का स्वभाव कैसा होता है?

उत्तर : योगी वह है, जिसने अपने शरीर, इंद्रियों और मन को जीत लिया और जो भयमुक्त है, ऐसे लोगों को ही शांति प्राप्त होती है और उस शांति के वातावरण में ही वह निर्णय ले पाते हैं। योगी वह है, जो विषयों में आसक्त नहीं होता। अर्जुन पूछते हैं कि "मधुसूदन! ऐसा कैसे संभव है कि कोई व्यक्ति विषयों में आसक्त न हो", तब मधुसूदन श्रीकृष्ण

कहते हैं कि "जब किसी व्यक्ति को प्रसन्नता, आनंद और खुशी मिलने लगती है तो पदार्थ छूट जाते हैं और ऐसा इनसान विषयों में नहीं फँसता और योगी बनने से उसे आनंद की अनुभूति होती है।"

प्र. 7 : आनंद व सुख में क्या अंतर है ? इनसान आनंद को क्यों प्राप्त नहीं कर पाता ?

उत्तर : इनसान इच्छाओं के अनुरूप भौतिक वस्तुएँ व सेवाएँ प्राप्त करता है, जिससे उसे खुशी मिलती है, लेकिन आनंद नहीं मिलता। आनंद एक उच्च स्तर है, जो आत्मिक समझ से मिलता है, जब आपको उच्च स्तर प्राप्त होता है तो छोटे स्तर को अपने आप भूल जाते हैं, जो संसार से छूटेगा, उसे ही तो ईश्वर की प्राप्ति होती है। यह भी सत्य है कि सुख के बाद दुःख आते हैं और गीता हमें यही समझा रही है कि इस संसार में बार–बार आने का कारण सुख और इच्छाएँ ही तो हैं, क्योंकि सुख की प्राप्ति इच्छाओं के कारण ही है।

अगर हम योगी बनें तो हमें आनंद मिलेगा और यह आनंद ही हमें आगे ले जाएगा और हम सब भी तो यही चाह रहे हैं, लेकिन जब तक हम आनंद का अनुभव नहीं करेंगे, तब तक यह संसार हमसे छूटेगा नहीं।

प्र. 8 : मन पर नियंत्रण कैसे करें ? योगी कैसे बनें ? प्रशांत कैसे बनें ?

उत्तर : श्रीकृष्ण ने मन को नियंत्रित करने की दो विधियाँ बताई हैं। श्रीकृष्ण कहते हैं कि हमारा मन चंचल है, जिसे नियंत्रित करने के लिए निरंतर अभ्यास करना होगा। कृष्ण कहते हैं कि मन पर विजय पाने के लिए किसी जंगल में जाने की जरूरत नहीं है, बल्कि इसके लिए जरूरी है कि जितनी वस्तु की आवश्यकता है, उतना ही उपभोग करें। ये जरूरी है कि जीवन में हर चीज में संतुलन हो। मन को नियंत्रित करने के लिए अभ्यास और वैराग्य चाहिए। वैराग्य का आशय वस्तुओं या रिश्तों को छोड़ना नहीं, बल्कि उनमें आसक्ति का त्याग करना है। इनके द्वारा ही हम मन को नियंत्रित कर सकते हैं। पूरी तरह से समर्पित होना, फल की इच्छा से ऊपर उठ जाना ही योगी बनना है। बिना फल की इच्छा किए कर्म करनेवाला व्यक्ति, वही सच्चा योगी है तथा जब हमारे मन और शरीर की स्थिति समतल होगी, तब हम योगी बनने लगेंगे। शांत हम तब बनेंगे, जब हमारे अंदर छुपी असीमित खुशियाँ हम अनुभव करने लगते हैं।

प्र. 9 : ज्ञान और विज्ञान क्या है ?

उत्तर : श्रीकृष्ण अर्जुन को कहते हैं कि मैं तुम्हें आज एक विशेष ज्ञान देने जा रहा हूँ। तुम जिस भी वस्तु को देख रहे हो, वे सब विज्ञान हैं, फिर चाहे वो ब्रह्मांड, दुनिया, सूर्य, चंद्रमा, प्रकृति ही क्यों न हो और ऐसी वस्तु जिसे तुम छू नहीं सकते, वह ज्ञान है। जिसे केवल अनुभव किया जा सकता है। स्वयं को भीतर से भलीभाँति जानना ज्ञान है। विज्ञान बाह्य पदार्थों को जानना है।

प्र. 10 : जड़ व चेतन क्या है ?

उत्तर : इस दुनिया में दो ही तरह के तत्त्व हैं—जड़ और चेतन। कृष्ण कहते हैं कि पूरा ब्रह्मांड मेरा शरीर है और मैं इसमें चेतन रूप में रहता हूँ। कृष्ण कहते हैं कि हजारों मनुष्य मुझे प्राप्त करने की कोशिश करते हैं, लेकिन कोई एक ही होता है, जो मुझे प्राप्त कर पाता है। इसे कुछ कठपुतली के खेल की तरह समझिए, जब कठपुतली का खेल दिखाया जाता है तो सब लोग कठपुतली को देखते हैं, लेकिन किसी का ध्यान उस कठपुतली को चलानेवाले की ओर नहीं जाता, क्योंकि वो ही तो परदे के पीछे रहता है, उसी प्रकार मनुष्य जड़ तत्त्व को ही देखता है, लेकिन चेतन तत्त्व को नहीं देखता, जड़ अर्थात् प्रकृति और चेतन, अर्थात् आत्मा जिसे हम ईश्वर कहते हैं। हर जड़ वस्तु के भीतर भी चेतन विद्यमान है।

प्र. 11 : त्रिगुण क्या है ? मनुष्य बंधन मुक्त कैसे रह सकता है ?

उत्तर : त्रिगुण की व्याख्या करते हुए कृष्णा कहते हैं। इससे तात्पर्य—सतोगुण, रजोगुण और तमोगुण से है। त्रिगुण पूरी प्रकृति में व्याप्त है। कृष्ण कहते हैं कि ये तीनों मुझसे ही उत्पन्न हुए हैं, लेकिन मैं इनमें नहीं रहता, क्योंकि मैं उनसे जुड़ता नहीं, मैं बंधनमुक्त हूँ। मुझे लगता है कि जब तक हम जड़ तत्त्व, यानी प्रकृति से जुड़े रहेंगे, हम बंधनों में फँसे रहेंगे।

प्र. 12 : पुनर्जन्म व मोक्ष का कारण क्या है ?

उत्तर : कृष्ण कहते हैं कि मृत्यु के समय मुझे कोई व्यक्ति जिस भाव से भजता है, उसे उसी अनुरूप मोक्ष की प्राप्ति होती है या मैं उसे पुनर्जन्म देता हूँ।

प्र. 13 : कोई व्यक्ति श्रद्धा से भरा हो, योग भी कर रहा हो, लेकिन मृत्यु के समय तक वह योगी नहीं बन पाता तो उसका क्या होता है ?

उत्तर : श्रीकृष्ण के अनुसार कोई व्यक्ति श्रद्धा से भरा हो, योग भी कर रहा हो, तो ऐसे व्यक्ति को पुनर्जन्म प्राप्त होगा और वो उच्च योनि में पैदा होगा और उसका परिवार उसे योगी बनने में मदद करेगा।

प्र. 14 : श्रद्धावान कौन बन सकता है? श्रीकृष्ण अर्जुन को ही ज्ञान के लिए क्यों चुनते हैं?

उत्तर : अर्जुन को ही कृष्ण ज्ञान के लिए इसलिए चुनते हैं, क्योंकि अर्जुन में एक विशेष गुण था और वह गुण है कि वह किसी से द्वेष नहीं करता। वह किसी में दोष नहीं देखता। जो द्वेष नहीं करेगा एवं जो किसी में दोष नहीं देखेगा, वह व्यक्ति श्रद्धावान हो जाएगा। वह सकारात्मक हो जाएगा।

प्र. 15 : विद्या और श्रद्धा का जीवन में क्या परिणाम होता है?

उत्तर : विद्या और श्रद्धा देखने में तो दोनों ही एक-से प्रतीत होते हैं, परंतु विद्या अलग है एवं श्रद्धा अलग है और इसे समझना बहुत ही आवश्यक है। श्रीकृष्ण अर्जुन से कहते हैं कि हे अर्जुन! तुम इंद्रियों द्वारा मुझे नहीं समझ सकते? तुम इंद्रियों द्वारा केवल प्रकृति को समझ सकते हो, लेकिन हे अर्जुन! यदि तुम मुझे समझना चाहते हो तो तुम्हें विद्या प्राप्त करनी होगी और विद्या के लिए तुम्हारे अंदर श्रद्धा होना जरूरी है। विद्या एवं श्रद्धा दोनों ही दो प्रकार की होती हैं। श्रद्धा का परिणाम आस्तिकता व अश्रद्धा का परिणाम नास्तिकता है। इसे निम्न चित्र द्वारा समझा जा सकता है—

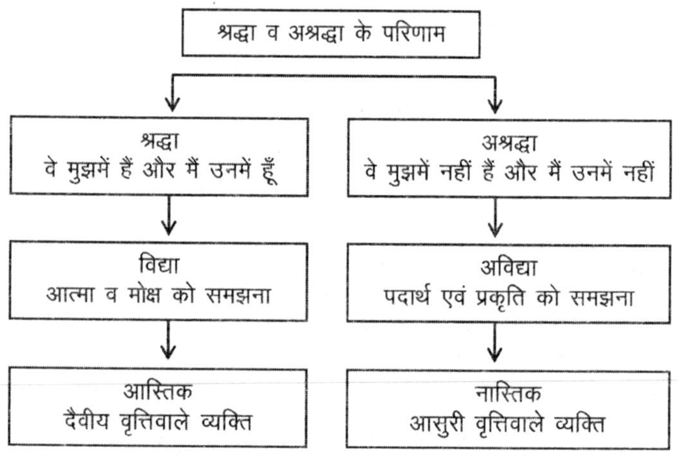

प्र. 16 : कर्मफल के प्रति अनासक्त होंगे तो इनका सबसे श्रेष्ठ परिणाम क्या होगा ?

उत्तर : कर्मफल में अनासक्त नहीं हुए तो ईश्वर समझ नहीं आएगा। अनासक्ति किसमें हो, कर्मफल में एवं आसक्ति ईश्वर में हो, अगर हम अनासक्त भाव से कर्मफल त्यागेंगे तो ईश्वर में आसक्ति स्वतः ही उत्पन्न होगी।

प्र. 17 : ज्ञान, भावना, ऊर्जा व कर्म में क्या संबंध है ?

उत्तर : हमारे अंदर व्याप्त ज्ञान एक भाव उत्पन्न करता है और यह भाव ऊर्जा को जन्म देता है और ऊर्जा से ही हम कर्मवान होते हैं।

प्र. 18 : दुःख का कारण क्या है ?

उत्तर : दुःख का कारण अज्ञान व आसक्ति है, जैसे-जैसे ज्ञान व अनासक्त भाव आ जाएगा, दुःख स्वतः ही दूर होने लगेगा, अगर आप अपने ज्ञान के स्तर को बढ़ाएँगे तो दुःख दूर होने लगेंगे। अर्जुन यही बात श्रीकृष्ण से कह रहे हैं कि हे कृष्ण! हे माधव! आप जैसे-जैसे मुझे ज्ञान प्रदान कर रहे हैं, मेरा दुःख-विषाद दूर होता जा रहा है और मुझे अच्छा अनुभव हो रहा है।

प्र. 19 : हमारा शरीर ही धर्मक्षेत्र व कुरुक्षेत्र है। कैसे ?

उत्तर : धर्मक्षेत्र व कुरुक्षेत्र हमारा शरीर है, जब इसमें सद्गुण बढ़ने लगते हैं, ज्ञान बढ़ने लगता है, तब यह धर्मक्षेत्र बन जाता है एवं इसके विपरीत जब इसमें अहंकार बढ़ता है, क्रोध बढ़ता है, ईर्ष्या बढ़ती है तो यही क्षेत्र, अर्थात् हमारा शरीर कुरुक्षेत्र बन जाता है।

प्र. 20 : त्रिगुण व त्रिदोष में क्या संबंध है ?

उत्तर : आयुर्वेद तीन दोषों (त्रिदोष = वात, पित्त, कफ) पर आधारित है। इनके असंतुलन को त्रिदोष कहा जाता है, अगर देखा जाए तो यह त्रिदोष व त्रिगुण का आपस में संबंध है। आयुर्वेद में बताया गया है कि वात, पित्त व कफ का सीधा संबंध सत्, रज व तम से है। सत्, रज व तम मानस भाव को उत्पन्न करते हैं तथा मन से हमारा शरीर जुड़ा रहता है। मानसिक विकार का प्रभाव शारीरिक दोषों पर पड़ता है।

प्र. 21 : जागरूकता का संबंध त्रिगुण से कैसे है ?

उत्तर : इन्हीं त्रिगुणों के कारण व्यक्ति बंधन में बँधता है, तो एक स्वाभाविक सा सवाल उठता है कि पहचानें कैसे कि किस व्यक्ति में कौन सा गुण अधिक है ? सबसे पहली बात है कि यदि किसी व्यक्ति में चैतन्यता

बढ़े, उसका विवेक बढ़े एवं उसकी जागरूकता का स्तर बढ़ रहा हो तो समझ लीजिए कि उस व्यक्ति में सतोगुण की वृद्धि हो रही है, परंतु यदि कोई व्यक्ति लोभ या अशांति के कारण दु:ख पा रहा है, उसकी विषय के प्रति बहुत ही आसक्ति बढ़ गई है, वो हर समय विषय का ही चिंतन करता है तो समझ लीजिए, उसमें रजोगुण की वृद्धि हो रही है, लेकिन कुछ ये दोनों ही नहीं करते, वे आलस्य में हैं, वे हर समय प्रमाद में रहते हैं तो समझ लीजिए, ऐसे व्यक्ति तमोगुण से ग्रसित हैं। उनका तमोगुण बढ़ रहा है, जब हमें व्यक्तियों की पहचान हो जाती है, तब हम उनसे काम लेना भी सीख जाते हैं।

प्र. 22 : गुणातीत व्यक्ति कौन हैं? उनका स्वभाव कैसा होता है?

उत्तर : जो व्यक्ति संसार का चिंतन छोड़कर निरंतर मुझे भजते हैं और इस कारण वे धीरे-धीरे ब्रह्ममय हो जाते हैं और वे गुणातीत हो जाते हैं। कितनी विशिष्ट बात है, यह गुणातीत बनने के लिए बंधनमुक्त होना होगा। जो गुणातीत व्यक्ति हैं वह इन तीनों गुणों में (सत्, रज, तम) प्रवृत्त होने के बावजूद न तो उन्हें अच्छा समझता है और न बुरा समझता है। वह इन गुणों के साथ नहीं जुड़ता तथा बंधन में नहीं बँधता। गुणातीत व्यक्ति में आत्मभाव रहता है, वह अभिमान से परे होता है। वह ज्ञानी हो जाता है। सुख व दु:ख को समान स्वीकार करता है, प्रिय-अप्रिय दोनों को समान समझता है। समभाव रखता है।

प्र. 23 : जीवात्मा क्या है? मनुष्य का स्वभाव बदलना मुश्किल क्यों है?

उत्तर : श्रीकृष्ण कहते हैं कि जीवनपर्यंत व्यक्ति द्वारा किए गए कार्य संस्कार के रूप में आत्मा पर अंकित हो जाते हैं। इसे जीवात्मा कहते हैं और यही जीवात्मा उन संस्कारों को लेकर दूसरे जन्म में प्रवेश करती है। यही कारण है कि इनसान का स्वभाव बदलना बहुत मुश्किल है।

प्र. 24 : श्रीकृष्ण के अनुसार कर्म करते समय संशय हो तो क्या करना चाहिए?

उत्तर : श्रीकृष्ण कहते हैं, कर्म में संशय की स्थिति में शास्त्र को पढ़ना चाहिए। शास्त्र की बात माननी चाहिए और शास्त्र सम्मत व्यवहार करना चाहिए।

प्र. 25 : यज्ञ, तप और दान के प्रकार कारण सहित बताइए।

उत्तर : यज्ञ, तप और दान के भी तीन प्रकार बताए गए हैं। कर्तव्य, भाव से किया गया तप, दान और यज्ञ सात्त्विक कहलाता है। कुछ पाने

की इच्छा के साथ किया गया यज्ञ और दान राजसिक है और किसी का तिरस्कार या नुकसान पहुँचाने के लिए किया गया यज्ञ और दान तामसिक कहलाता है।

प्र. 26 : श्रीकृष्ण भगवद्गीता का ज्ञान अर्जुन से किसे नहीं देने को कहते हैं? क्या अर्जुन का अंत में मोह नष्ट होता है?

उत्तर : भगवान् कृष्ण कहते हैं कि अर्जुन! मैंने जो तुम्हें गोपनीय ज्ञान दिया है, इसे किसी से मत कहना। ऐसे व्यक्ति से तो बिल्कुल भी मत कहना, जो भक्त न हो, जो इसे सुनना न चाहता हो। एक और बात, जो व्यक्ति मेरी इन बातों को सुनेगा, वो मुझे मिल जाएगा और पापों से मुक्त हो जाएगा। अंत में श्रीकृष्ण मुसकराते हैं और अर्जुन की तरफ देखकर उससे पूछते हैं कि क्या अब तुम्हारा संशय दूर हुआ और क्या तुम्हारा मोह समाप्त हो गया? तब अर्जुन झुककर कृष्ण को प्रणाम करते हुए कहते हैं, मेरा न केवल मोह समाप्त हुआ, बल्कि मेरी बुद्धि भी लौट आई है।

प्र. 27 : संजय का व्यक्तित्व कैसा है? अंत में संजय अपना मत क्या समझाते हैं?

उत्तर : संजय तो बालक के समान अबोध हैं, निर्मल हैं और तब संजय अपना मत देते हुए कहते हैं, जहाँ योगेश्वर श्रीकृष्ण हैं, गांडीवधारी अर्जुन है, वहीं श्री है, वहीं विजय है, वहीं विभूति है और अचल नीति है। यहाँ श्री से आशय शुभ से है, विजय से आशय जीत से है, विभूति से आशय श्रेष्ठता से है, अचल नीति से आशय जहाँ नीति श्रेष्ठ व स्थिर होती है।

प्र. 28 : कर्म, अकर्म व विकर्म में क्या भेद है?

उत्तर : कर्म वे कार्य हैं, जो फल की इच्छा के आधार पर शास्त्रसम्मत है। इसके परिणाम से कर्म बंधन बन जाते हैं। विकर्म वे कार्य हैं, जिसमें फल की इच्छा है व शास्त्रसम्मत नहीं हैं। इसके परिणाम से स्वयं व दूसरों को नुकसान होते हैं, जब बिना कामनाओं से या अनासक्त भाव

से कर्म किए जाएँ तो उन्हें अकर्म कहते हैं। इसके परिणाम से कर्म बंधन बनते ही नहीं हैं। अकर्म ही सर्वश्रेष्ठ है।

प्र. 29 : कर्म, विकर्म व अकर्म किस पर केंद्रित हैं?

उत्तर :

- कर्म मन पर केंद्रित है। कर्म में कामनाएँ हैं।
- विकर्म मन व शरीर दोनों पर केंद्रित है। विकर्म में अधिक कामनाएँ हैं।
- अकर्म आत्मकेंद्रित है। अकर्म में कामनाएँ नष्ट हो जाती हैं।

प्र. 30 : अनासक्त कर्म व निष्काम कर्म में क्या भेद है?

उत्तर : निष्काम कर्म पहला चरण है व इसके परिणामस्वरूप अनासक्ति आती है, जब बिना फल की इच्छा से कर्म को धर्म समझकर किया जाता है तो इसके परिणामस्वरूप, जो भाव आता है, उसे अनासक्त भाव कहते हैं।

प्र. 31 : आशा व उद्‌देश्य का अनासक्ति व निष्कामता के संबंध में क्या भेद है?

उत्तर : कर्म करते समय आशा व उद्‌देश्य तो है, परंतु फल की इच्छा न हो तो वह निष्काम भाव को लेकर आते हैं, परंतु अनासक्ति में आशा व उद्‌देश्य भी नहीं रहता। इन दोनों का अभाव होता है।

प्र. 32 : लक्ष्य, कर्म व फल में क्या संबंध है?

उत्तर : लक्ष्य के पश्चात् कर्म तथा कर्म के पश्चात् फल प्राप्त होता है। लक्ष्य तथा कर्म हमारे हाथ में हैं, परंतु परिणाम हमारे हाथ में नहीं हैं।

प्र. 33 : कृष्ण ने अर्जुन का ध्यान कहाँ से हटाकर कहाँ लगाया?

उत्तर : कृष्ण ने अर्जुन का ध्यान जीतने व हारने के परिणाम से हटाकर कर्म करने पर यानी युद्ध पर लगवाया।

प्र. 34 : मन बिखरता ही है, इसे कौन समेटता है?

उत्तर : मन को श्रीमद्‌भगवद्‌गीता पूर्ण रूप से समेटती है।

प्र. 35 : 'कर्म ही पूजा है' यह असत्य है, किस परिस्थिति में यह सत्य हो सकता है?

उत्तर : अगर कर्म में भगवान् आ जाएँ तो कर्म ही पूजा बन जाता है, अर्थात् कर्म बंधन में बाँधता है, परंतु यही कर्म ईश्वर को समर्पित कर दिया जाता है। यह समझकर किया जाता है कि ईश्वर ही इस कर्म का कर्ता है, ऐसी दशा में ऐसे किए गए कर्म पूजा बन जाते हैं।

प्र. 36 : अर्जुन सांख्य योग सुनकर भी संतुष्ट क्यों नहीं हो पाया?

उत्तर : अर्जुन सांख्य योग सुनकर भी संतुष्ट इसलिए नहीं हो पाया, क्योंकि अर्जुन का स्वभाव क्षत्रिय है, उसका स्वभाव अंतर्मुखी नहीं है। इस प्रकार हम कह सकते हैं कि अर्जुन ज्ञान प्राप्त करनेवाला व्यक्ति नहीं है। कृष्ण का कहना है कि वास्तव में अगर तुम ज्ञान मार्गवाले व्यक्ति होते तो धनुष छोड़कर चले जाते, इस तरह का प्रश्न मुझसे पूछते ही नहीं; अर्जुन की पूरी निष्ठा कर्म में है, ज्ञान में नहीं।

प्र. 37 : अर्जुन में कृष्ण का ज्ञान क्यों उतरने लगा?

उत्तर : अर्जुन में समर्पण के गुण के कारण कृष्ण उतरने लगे।

प्र. 38 : कर्म सिद्धांत के अनुसार संन्यासी कौन है?

उत्तर : कर्म का त्याग करने से संन्यासी नहीं, बल्कि कर्म फल का त्याग करनेवाला संन्यासी होता है।

प्र. 39 : कर्म के प्रकार बताइए?

उत्तर : कर्म के तीन प्रकार हैं—पहला, संचित कर्म, वह उसी तरह है, जिस तरह बैंक में हमारा जमा धन। जन्म से पूर्व किए गए कर्म, जो संचित हैं। दूसरे, कर्म क्रियामान कर्म। क्रियामान कर्म का मतलब है, जो जन्म लिये जाने के बाद किए जा रहे हैं। यह तीन तरह के होते हैं। शारीरिक, यह दूसरी श्रेणी के क्रियामान कर्म हैं, यह वे कर्म हैं, जो हम जन्म के बाद से कर रहे हैं। शरीर से किया गया कर्म भी कर्म है। मन से किया गया कर्म भी कर्म है, जो मन से सोचते हैं व योजना बनाते हैं, और कुछ बोलते हैं, वह भी कर्म है, क्योंकि उसकी वाइब्रेशन हमारे ऑरा का निर्माण करती है। शारीरिक, मानसिक व वाचिक यह सब क्रियामान कर्म हैं, जो हर समय भाग्य बना रहे हैं। तीसरा जो कर्म है, वह प्रारब्ध है, जो कि हमने कर्म किए हैं, उसका फल मिलना तय है और संचित व क्रियामान कर्म मिलकर प्रारब्ध कर्म बनते हैं और यह प्रारब्ध कर्म फल है, जो हम उपयोग कर रहे हैं।

प्र. 40 : मोह (Attachment) क्या है? शरणागति (Surrender to Guru) से मोह पर क्या असर होता है?

उत्तर : मोह का आशय है कि जो अपना है, उसे हम भूल गए हैं या यों कहें मोह, यानी भ्रम। जब हम शरणागति ले लेते हैं तो फिर हमारा मोह छूट जाता है।

प्र. 41 : ज्ञान योग में ज्ञान द्वारा मन शांत होता है; भक्ति योग से समर्पण द्वारा मन शांत होता है तो कर्म योग में किसके द्वारा मन शांत होता है?

उत्तर : कर्म योग में मन तब शांत हो जाता है, जब कर्म फल ईश्वर पर छोड़ दिया जाता है।

प्र. 42 : पितामह भीष्म को मृत्यु शय्या पर किस बात का अफसोस होता है?

उत्तर : पितामह भीष्म को मृत्यु शय्या पर दुर्योधन के पक्ष में किए गए बुरे कर्मों का अफसोस होता है।

प्र. 43 : कृष्ण राजनीतिक परिवर्तन क्या चाहते थे तथा राजा को कैसा देखना चाहते थे?

उत्तर : ऐसा वर्णन मिलता है कि श्रीकृष्ण ने 21 वर्ष के पश्चात् हमेशा यह प्रयास किया कि आध्यात्मिक व राजनीतिक व्यवस्थाओं को कैसे निश्चित किया जाए। कहा जाता है कि उन्होंने एक हजार से ज्यादा आश्रम बनवाए और आध्यात्मिकता को जीवन का हिस्सा बनाने की पुरजोर कोशिश की, क्योंकि श्रीकृष्ण का मानना था कि जो लोग दूसरों के जीवन को सँभालते हैं तो हर विचार और भावना लाखों लोगों की जिंदगी को प्रभावित करती है। इस प्रकार श्रीकृष्ण राजा को आध्यात्मिकता के साथ जुड़ा हुआ देखना चाहते थे, क्योंकि आध्यात्मिक व्यक्ति ही सर्वजन सुखाय सिद्धांत पर काम कर सकता है।

प्र. 44 : भाग्य को किसने लिखा?

उत्तर : भाग्य को मनुष्य के कर्मों ने लिखा है।

प्र. 45 : अच्छे कर्मों के बाद भी बुरा फल अकसर क्यों मिलता है?

उत्तर : अच्छे कर्मों के बाद भी बुरा फल क्रियामान, जो कर्म हैं, उन कर्मों के पीछे हमारी भावनाएँ और इंटेंशन अकसर बुरी होती है, इसके अतिरिक्त कुछ संचित कर्म भी होते हैं। क्रियामान कर्मों को सही तरीके से नहीं किया जाना व संचित कर्मों के कारण भी कई बार अच्छे कर्मों के बाद भी बुरा फल मिलता है।

प्र. 46 : अर्जुन पुनः युद्ध क्या जानकर करने लगा और उत्साहित हो गया?

उत्तर : अर्जुन पुनः युद्ध धर्म की समझ आने से करने लगा, क्योंकि अब वह युद्ध स्वयं के लिए नहीं कर रहा था, बल्कि समाज के लिए कर रहा था। अर्जुन अब स्वार्थ से ऊपर उठ गया था, व्यक्तिगत हित से ऊपर उठ गया था, इसलिए वह उत्साहित हो गया था। इसका मतलब यह भी निकलता है कि जब हम व्यक्तिगत हित से ऊपर उठ जाते हैं तो हमारी जागरूकता का स्तर भी ऊँचा हो जाता है।

प्र. 47 : कर्म का क्या सिद्धांत है?

उत्तर : कर्म का सिद्धांत यह है कि हम पूर्व में किए गए कर्मों एवं वर्तमान में किए गए कर्मों का फल निश्चित रूप से भोगते हैं।

प्र. 48 : श्रीकृष्ण द्वारा छह से 21 वर्ष की आयु वर्ग में कर्म को किस प्रकार विभाजित किया गया?

उत्तर : श्रीकृष्ण को 6 से 8 वर्ष की उम्र में माखन चोर कृष्ण के नाम से जाना गया, जिसमें श्रीकृष्ण ने मासूमियत का जीवन बिताया। 8 से 16 वर्ष की उम्र में गोपीकृष्ण कहलाए, जिसमें प्रेम-समर्पण को श्रीकृष्ण ने जीवन में भी कर दिखाया। 16 से 21 वर्ष की उम्र में गुरु संदीपन के मार्गदर्शन में ब्रह्मचर्य की अद्भुत साधना की। इसके बाद आध्यात्मिक व राजनीतिक जीवन की ओर अग्रसर हुए। ऐसा वर्णन मिलता है कि श्रीकृष्ण ने लगभग 1000 आश्रम स्थापित किए, क्योंकि कृष्ण का मानना था कि राजनीतिक प्रक्रिया को आध्यात्मिक प्रक्रिया से जोड़ना जरूरी है, क्योंकि राजनीतिक व्यक्ति जनता से जुड़ा होता है और वह अपने पद का दुरुपयोग कर सकता है।

प्र. 49 : यह कहना गलत है कि मैं शरीर हूँ तो क्या कहना उचित होगा?

उत्तर : मैं शरीर नहीं हूँ, बल्कि शरीर मेरा है, यह कहना ठीक होगा।

प्र. 50 : महाभारत का मूल कारण क्या रहा है?

उत्तर : महाभारत का मूल कारण वाणी का दुरुपयोग व अहंकार रहा है।

प्र. 51 : फेमिनिस्ट, यानी नारीवादी, महाभारत में किसे कह सकते हैं?

उत्तर : फेमिनिस्ट, यानी नारीवादी, महाभारत में श्रीकृष्ण व अर्जुन को कह सकते हैं, क्योंकि महाभारत युग स्त्री प्रधान नहीं था। कृष्ण व अर्जुन के समक्ष बहुत से ऐसे अवसर आए, जब उन्होंने नारीवादी सोच को प्रदर्शित कर नारी सम्मान की रक्षा की।

प्र. 52 : मथुरा, गोकुल, वृंदावन और द्वारिका से कृष्ण का क्या संबंध रहा है?

उत्तर : मथुरा में श्रीकृष्ण ने जन्म लिया, वृंदावन में कृष्ण रहे, गोकुल में गायों को चराया और गुजरात में द्वारिका नगरी को बसाया।

प्र. 53 : आसक्ति का मिटना व निष्काम कर्म में क्या भेद है?

उत्तर : निष्काम कर्म पहला चरण है, इसके फलस्वरूप अनासक्ति आती है।

प्र. 54 : खाली स्थान भरें— उद्देश्य+आशा+सतत कर्म...........
उद्देश्य नहीं+आशा नहीं+सतत कर्म...........

उत्तर : निष्कामता, अनासक्ति।

प्र. 55 : मित्रता का इतिहास में सर्वश्रेष्ठ उदाहरण कौन सा है?

उत्तर : मित्रता का इतिहास में सर्वश्रेष्ठ उदाहरण श्रीकृष्ण एवं सुदामा का है, साथ ही श्रीकृष्ण एवं अर्जुन भी हैं।

प्र. 56 : आधा राज्य वापस लौटाकर द्रोणाचार्य ने द्रुपद से क्या कहा?

उत्तर : आधा राज्य लौटाकर द्रोणाचार्य द्रुपद से बोले कि अब तुम भी राजा और मैं भी राजा।

प्र. 57 : द्रौपदी के बचपन का नाम क्या था व उसका वर्ण कैसा था?

उत्तर : द्रौपदी के बचपन का नाम कृष्णा था एवं उसका वर्ण श्याम वर्ण था।

प्र. 58 : द्रौपदी ने स्वयंवर में कर्ण को अस्वीकार किया, इसकी व्याख्या करें।

उत्तर : भगवान् श्रीकृष्ण द्रौपदी के मन की इच्छा को समझते थे तथा स्वयंवर में श्रीकृष्ण के संकेत से ही द्रौपदी ने सूत पुत्र कर्ण को स्वयंवर में अस्वीकार किया।

प्र. 59 : बाह्यमुखी व्यक्ति कौन हैं और उनका कौन सा रास्ता है?

उत्तर : हम सबकी रुचि भिन्न-भिन्न है। हम सभी अपना मनपसंद कार्य चुनते हैं। इसी प्रकार हम सभी अपनी रुचि अनुसार ही कर्म को चुनते हैं। बाह्यमुखी व्यक्ति वे हैं, जो कर्म के मार्ग पर चलते हैं, उनकी निष्ठा पूर्णत: कर्म को ही समर्पित होती है।

प्र. 60 : "कर्म से बचने के लिए ज्ञान मार्ग चुन रहा है, परंतु यह तेरा रास्ता नहीं है।" यह किसने किससे एवं क्यों कहा?

उत्तर : यह शब्द श्रीकृष्ण ने अर्जुन से कहे, क्योंकि दो प्रकार के व्यक्ति होते हैं—ज्ञान मार्ग पर चलनेवाले एवं कर्म मार्ग पर चलनेवाले। श्रीकृष्ण का मानना है कि अर्जुन वास्तव में ज्ञान मार्ग पर चलनेवाला होता तो वह यह प्रश्न ही नहीं करता एवं तुरंत युद्ध छोड़कर चला जाता। वास्तव में अर्जुन बहुत सहज है एवं सहजता से कृष्ण के सम्मुख अपने प्रश्नों को रख रहा है।

प्र. 61 : भारत देश में गीता है, वहाँ समस्या क्यों है?

उत्तर : वास्तव में भारत देश में गीता सबसे अधिक पढ़ी गई, लेकिन सबसे कम समझी गई।

प्र. 62 : "तू युद्ध से नहीं भाग रहा" यह शब्द किसने किससे व क्यों कहे?

उत्तर : यहाँ 'तू' शब्द अर्जुन को संबोधित है, यह शब्द श्रीकृष्ण ने अर्जुन से कहे, क्योंकि अर्जुन युद्ध से नहीं भाग रहा था, वरन् वह स्वयं से भाग रहा था।

प्र. 63 : कर्म के मूल में विचार है तो विचार के मूल में क्या है और सुख-दुःख के मूल में क्या है?

उत्तर : कर्म के मूल में विचार है तो विचार के मूल में संस्कार है। संस्कार के मूल में सत्संग है और सुख-दुःख के मूल में कर्म है।

प्र. 64 : आप और मैं कर्मफल के समय सावधान होते हैं, परंतु वास्तव में हमें कब सावधान होना चाहिए?

उत्तर : आप और मैं कर्मफल के समय सावधान होते हैं, परंतु वास्तव में हमें फल के समय सावधान न होकर कर्म करते समय सावधान होना चाहिए।

प्र. 65 : कर्म कब बंधन में लाता है और कब मुक्ति दिलाता है?

उत्तर : जब कर्म खुद के लिए किया जाता है, तब वह बंधन लेकर आता है, अगर कर्म अपने लिए किया गया है तो या तो वह पाप होगा या पुण्य होगा, लेकिन अगर वह पुण्य है तो भी बंधन में लाएगा और अगर पाप है तो भी वह बंधन में लाएगा, लेकिन यही कर्म जब सेवा में बदल जाए या ईश्वर को समर्पित कर दिया जाए तो यह कर्म जो भी है, वह मुक्ति दिला देता है। यह कर्म ही सेवा बन जाता है। एक और विशेष बात यह

है कि पुण्यकर्म तो सोने की जंजीर के समान हैं, क्योंकि वह जब बँध जाते हैं तो इनसान को पता ही नहीं चलता कि वह कहाँ गलत है और हमेशा ही बंधन में बँधा रहता है, लेकिन पापकर्म जरूर अहसास दिलाते हैं और उसकी वजह से इनसान को पता चलता है कि वह कोई गलती कर रहा है। इसलिए पुण्य कर्म तो बड़ी गहरी जंजीर है, जो बहुत गहरे बंधन में बाँध देती हैं।

प्र. 66 : गीता क्या सिखाती है?

उत्तर : गीता जीवन को श्रेष्ठतम (Life Optimization) कैसे बनाएँ, यह सिखाती है।

प्र. 67 : ज्ञान का होना उत्तम है, अज्ञान का होना मध्यम है, तो क्या हानिकारक है?

उत्तर : ज्ञान का भ्रम होना बड़ा हानिकारक है। इसके कारण इनसान स्वयं को ही नहीं, दूसरों को भी हानि पहुँचाता है।

प्र. 68 : श्रीकृष्ण नहीं चाहते, अर्जुन युद्ध करें, वो फिर क्या चाहते थे?

उत्तर : श्रीकृष्ण वास्तव में यह चाहते थे कि अर्जुन अपना नियत कर्म करें।

प्र. 69 : युद्ध को जीवन में उत्सव कब बनाया जा सकता है?

उत्तर : अगर जीवन में निष्कामभाव हो तो युद्ध को भी उत्सव बनाया जा सकता है।

प्र. 70 : गीता पढ़ें तो क्या सोचकर पढ़ें?

उत्तर : गीता पढ़ें तो यह सोचकर पढ़ें कि चलो, श्रीकृष्ण का सत्संग करें।

प्र. 71 : हमें कर्म नहीं बाँधता, तो कौन बाँधता है?

उत्तर : हमें कर्म नहीं बाँधता, कर्म फल की आसक्ति बाँधती है।

प्र. 72 : कर्म करते समय लक्ष्य को फल न बनाएँ तो क्या होगा?

उत्तर : कर्म करते समय अगर लक्ष्य फल को न बनाएँ तो हम कर्म बंधनों से मुक्त हो जाएँगे।

प्र. 73 : सात्त्विक, राजसिक व तामसिक कर्म कौन से होते हैं?

उत्तर : सात्त्विक कर्म ही कर्म है, जिसमें कर्त्तापन का अभाव हो, फल को चाहने का अभाव हो, वह पूर्ण ज्ञान के साथ किया गया हो एवं राग व द्वेष का अभाव हो। फल की इच्छा से, परिश्रमयुक्त अहंकार की भावना से किए गए कर्म राजसिक कर्म कहलाते हैं। अज्ञान से परिणाम न सोचकर किए गए कर्म तामसिक कर्म कहलाते हैं।

प्र. 74 : जल तत्त्व की पंचतंत्रात्मा क्या है व यह किस ज्ञानेंद्रिय से जुड़ी हुई है ?

उत्तर : जल तत्त्व की पंचतंत्रात्मा रस है, इससे संबंधित ज्ञानेंद्रिय मुख है।

प्र. 75 : पृथ्वी तत्त्व की पंचतंत्रात्मा क्या है एवं यह किस ज्ञानेंद्रिय से संबंधित है ?

उत्तर : पृथ्वी तत्त्व की पंचतंत्रात्मा गंध है तथा इसकी ज्ञानेंद्रिय नाक है।

प्र. 76 : श्रीकृष्ण ने गीता के लिए युद्ध का मैदान ही क्यों चुना ?

उत्तर : क्योंकि युद्ध के मैदान में ही जागरूकता का स्तर सर्वाधिक होता है और उसी दशा के अंदर चैतन्य आत्मा को महसूस किया जाना आसान होता है।

प्र. 77 : कर्म में क्या शामिल है ?

उत्तर : कर्म एक व्यापक शब्द है। इसमें शारीरिक, मानसिक एवं भावनात्मक रूप से किए गए समस्त कार्य शामिल हैं। इसमें हमारे संकल्प भी शामिल होते हैं।

6.5 अष्टावक्र गीता

प्र. 1 : अष्टावक्र की माँ व पिता का क्या नाम था ?

उत्तर : अष्टावक्र की माँ का नाम सुजाता था व पिता का नाम कहोड़ ऋषि था।

प्र. 2 : अष्टावक्र ने शास्त्रार्थ में किसको हराया था ?

उत्तर : अष्टावक्र ने शास्त्रार्थ में बंदी को हराया था।

प्र. 3 : अष्टावक्र गीता कौन सा अद्भुत ज्ञान प्रदान करती है ?

उत्तर : अष्टावक्र गीता मनुष्य को उसके अंदर व्याप्त सर्वश्रेष्ठ ईश्वर तत्त्व का अहसास कराती है। यह हमें बताती है कि हम ही ईश्वर हैं। इसमें मुख्यतः ज्ञान, मुक्ति व वैराग्य के बारे में बहुत सुंदर व्याख्या की गई है।

प्र. 4 : अष्टावक्र गीता के अनुसार ज्ञान क्या है ?

उत्तर : ज्ञान की सर्वोत्तम परिभाषा अष्टावक्र गीता में दी गई है। इसके अनुसार न तो तुम पंचमहाभूत हो, न ही पंचमहाभूतों के गुण। मनुष्य मात्र इन सबका साक्षी है। यदि वह यह समझ ले तो यही आत्मज्ञान कहलाता है। आत्मज्ञान को ही वास्तव में ज्ञान कहा गया है।

प्र. 5 : अष्टावक्र गीता के अनुसार वैराग्य क्या है ?

उत्तर : वैराग्य के लिए किसी वस्तु विशेष या रिश्तों को छोड़ने की जरूरत

नहीं होती, बल्कि इन सभी चीजों से गुलामी की भावना को हटाना होता है। यदि हम ऐसा करते हैं तो यही वैराग्य होता है या यूँ कहें कि इन वस्तुओं को विष के समान समझना ही वैराग्य है।

प्र. 6 : अष्टावक्र गीता के अनुसार मुक्ति क्या है?

उत्तर : वेद एवं पुराणों के अनुसार मनुष्य के जीवन का अंतिम उद्देश्य मुक्ति (Liberation) को प्राप्त करना है। मुक्ति तभी प्राप्त होती है, जब हमें वैराग्य एवं ज्ञान की समझ आती है। विषयों के प्रति आसक्ति का त्याग करना ही ज्ञान है, जब ये दोनों चीजें समझ आती हैं, तभी हम मुक्ति को प्राप्त कर पाते हैं।

प्र. 7 : कौन से पाँच गुण यदि संसार की ओर जाएँ तो मायाचारी बनाते हैं और यदि स्वयं की तरफ लौटें तो आत्मज्ञान कराते हैं तथा इनका पंचमहाभूतों से क्या संबंध है?

उत्तर : जब हमारे पंचमहाभूत पृथ्वी, अग्नि, जल, वायु, आकाश, यह संसार की तरफ जाते हैं तो मनुष्य को मायाचारी बना देते हैं और यदि यह स्वयं की तरफ जाते हैं तो परमात्मा से मिलन की ओर प्रेरित करते हैं। हमारा शरीर इन्हीं पंचमहाभूतों से मिलकर बना है।

प्र. 8 : न तो तुम पंचमहाभूत हो एवं न ही इनसे उत्पन्न जीव हो, तो तुम क्या हो?

उत्तर : न तो हम पंचमहाभूत हैं और न ही इन पंचमहाभूतों से उत्पन्न शरीर। हम केवल साक्षी हैं।

प्र. 9 : जो उपस्थित तो होती है, पर प्रमाणित नहीं होती, वह क्या है?

उत्तर : जो उपस्थित तो होती है, पर प्रमाणित नहीं होती, वह आत्मा होती है।

प्र. 10 : 'तुम दृश्य नहीं दृष्टा बनो' इसे समझाइए।

उत्तर : 'यदि आप अपने शत्रु को देखें तो उसके अंदर की भावनाओं को देखें।' इस बात को देखनेवाला ही दृष्टा है।

प्र. 11 : दुःख आने का क्या कारण है? अहंकार कर्त्ता भाव क्या है?

उत्तर : अष्टावक्र गीता के अनुसार दुःख आने का कारण अहंकार है और यह समझना कि 'मैं कर्त्ता हूँ', ऐसा मान लेना ही अहंकार कहलाता है। यह कर्त्ता भाव है और इस अहंकार व कर्त्ता भाव के कारण ही दुःख की अनुभूति होती है, अगर हम दुःख से मुक्त होना चाहते हैं तथा सुखी होना चाहते हैं तो हमें यह मानना चाहिए कि 'मैं कर्त्ता नहीं हूँ'।

प्र. 12 : अष्टावक्र गीता में कुल कितने अध्याय व कितने श्लोक हैं?

उत्तर : अष्टावक्र गीता में 20 अध्याय हैं; कुल 298 श्लोक हैं।

प्र. 13 : निम्नलिखित कथन किसने किससे कहा—

"राजन! मंदिर के टेढ़े होने से आकाश क्या टेढ़ा होता है?
राजन क्या घड़े के फूटने से आकाश फूटता है।
मेरा शरीर टेढ़ा है, मैं तो नहीं।"

उत्तर : ये वाक्य अष्टावक्र ने राजा जनक से कहे।

प्र. 14 : "सब हँस रहे हैं। ये तो समझा। बेटे, तुम क्यों हँस रहे हो।" किराने किससे व क्यों कहा?

उत्तर : यह वाक्य राजा जनक ने अष्टावक्र से कहा। इसके पश्चात् अष्टावक्र ने व्यंग्यपूर्वक कहा, "मैं इसलिए हँस रहा हूँ, राजन कि इन सब चमचों की सभा में सत्य का निर्णय होने जा रहा है।"

प्र. 15 : पंचमहाभूत जब बाहर की ओर जाते हैं तो किसका कारण बनते हैं? तथा यह पंचमहाभूत जब भीतर की ओर आने लगते हैं तो किसका कारण बनते हैं?

उत्तर : यह पंचमहाभूत जब संसार की तरफ जाते हैं तो भटकाव लेकर आते हैं एवं जब स्वयं के भीतर की तरफ आते हैं तो परम तत्त्व ईश्वर का अहसास करवाते हैं।

प्र. 16 : पृथ्वी का स्वभाव क्या है? इसमें व्याप्त गुण जब बाहर की ओर आते हैं तो क्या लाते हैं एवं भीतर की ओर आते हैं तो क्या गुण लाते हैं?

उत्तर : पृथ्वी का स्वभाव समानता है, जब इसमें व्याप्त गुण बाहर की ओर जाते हैं तो मोह लेकर आते हैं। दूसरी ओर ये भीतर की ओर आते हैं तो वह दया का गुण लेकर आते हैं।

प्र. 17 : जल का स्वभाव क्या है? इसमें व्याप्त गुण जब बाहर की ओर जाते हैं तो क्या प्रभाव लाते हैं एवं अंदर की ओर आते हैं तो क्या प्रभाव लाते हैं?

उत्तर : जल का स्वभाव सरलता है। इसके गुण जब बाहर की ओर जाते हैं तो कामनाओं को बढ़ाते हैं एवं भीतर की तरफ आते हैं तो सहजता एवं सरलता लेकर आते हैं।

प्र. 18 : अग्नि का स्वभाव क्या है? इसमें व्याप्त गुण जब बाहर की ओर जाते हैं तो क्या प्रभाव लाते हैं एवं अंदर की ओर आते हैं तो क्या प्रभाव लाते हैं?

उत्तर : अग्नि का स्वभाव जलाना है, इसके गुण बाहर आते हैं तो क्रोध लेकर आते हैं एवं भीतर की तरफ आते हैं तो क्षमा लेकर आते हैं।

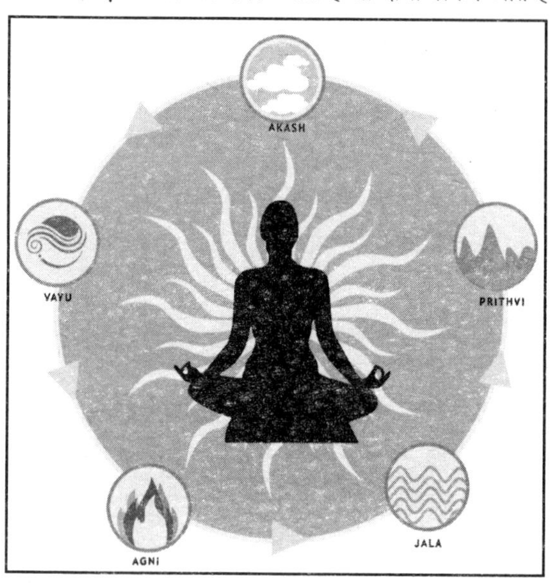

प्र. 19 : वायु का स्वभाव क्या है? इसमें व्याप्त गुण जब बाहर की ओर जाते हैं तो क्या प्रभाव लाते हैं एवं अंदर की तरफ आते हैं तो क्या प्रभाव लेकर आते हैं?

उत्तर : वायु का स्वभाव डोलना है। वायु जब बाहर की ओर जाती है तो लोभ की भावना लेकर आती है, परंतु जब भीतर की ओर आती है तो यह संतोष लेकर आती है।

प्र. 20 : आकाश का स्वभाव कैसा है? इसमें व्याप्त गुण जब बाहर की ओर जाते हैं तो क्या लेकर आते हैं और भीतर की ओर आते हैं तो क्या लेकर आते हैं?

उत्तर : आकाश का स्वभाव घेरना है, इसमें व्याप्त गुण जब बाहर की ओर जाते हैं तो अहंकार लेकर जाते हैं एवं भीतर की ओर आते हैं तो सत्य एवं कृतज्ञता लेकर आते हैं।

प्र. 21 : लोमेश मुनि के आश्रम क्यों चर्चित हैं?

उत्तर : लोमेश ऋषि परम तपस्वी तथा विद्वान् थे। इन्हें पुराणों में अमर माना गया है। इन्हें अपनी अमरता का वरदान शिवजी से प्राप्त था। लोमेश

मुनि ने राजा दशरथ को एवं पांडवों के ज्येष्ठ भ्राता युधिष्ठिर को भी उपदेश दिए थे। लोमेश ऋषि राम कथा के प्रखर वक्ता थे।

प्र. 22 : विषय कितने प्रकार के होते हैं?

उत्तर : अष्टावक्र गीता के अनुसार मुख्यतः विषय पाँच प्रकार के बताए गए हैं—काम, क्रोध, लोभ, मोह, अहंकार।

7

रामायण से सीखें जीवन का प्रबंधन

7.1 परिचय

वाल्मीकि रामायण संस्कृत साहित्य का एक आरंभिक व अनुपम महाकाव्य है, जो संस्कृत भाषा में रचित है। इसमें श्रीराम के चरित्र का उत्तम एवं वृहद विवरण काव्य रूप में है। महर्षि वाल्मीकि द्वारा रचित होने के कारण इसे वाल्मीकि रामायण कहा जाता है।

वाल्मीकि रामायण ऐतिहासिक घटना पर आधारित ग्रंथ है। इसमें हिंदू रघुवंश के राजा श्रीराम की कथा है। इस काव्य को आदिकाल की संज्ञा दी गई है तथा इसमें रचयिता महर्षि वाल्मीकि को आदि कवि भी कहा जाता है। रामायण के सात अध्याय हैं, जो कांड के नाम से जाने जाते हैं। प्रथम बालकांड, द्वितीय अयोध्या कांड, तृतीय अरण्य कांड, चतुर्थ किष्किंधा कांड, पंचम सुंदरकांड, षष्ठम लंका कांड, सप्तम उत्तरकांड। रामायण में जितने भी चरित्र हैं, वे सभी अपने–अपने धर्म का पालन करते

हैं। रामायण में श्रीराम को एक आदर्श चरित्र मानव के रूप में दिखाया गया है, जो संपूर्ण समाज को यह सिखाता है कि आदर्श जीवन को किस प्रकार जिया जाए, भले ही उसमें कितनी भी कठिनाइयाँ क्यों न आएँ।

रामायण महाकाव्य को साधारण जनमानस तक पहुँचाने का श्रेय गोस्वामी तुलसीदास द्वारा रचित रामचरितमानस को जाता है। गोस्वामी तुलसीदास ने 16वीं सदी में इसकी रचना की थी। जिसमें उन्होने संस्कृत रामायण का अनुवाद उस समय प्रचलित अवधी भाषा में किया, ताकि एक सामान्यजन भी उस महाकाव्य को पढ़ सके व श्रीराम के व्यक्तित्व में समाहित गुणों को अपने जीवन में उतार सके। रामायण में सभी रिश्तों के कर्तव्यों को समझाया गया है। इसमें आदर्श पिता, आदर्श पुत्र, आदर्श पत्नी, आदर्श भाई, आदर्श मित्र, आदर्श सेवक और आदर्श राजा को दिखाया गया है। इसमें 24,000 छंद और 500 सर्ग हैं। गोस्वामीजी ने इनकी तुलना मानसरोवर झील के पवित्र जल में स्नान करनेवाले चरणों से की है।" जो शरीर और आत्मा को एक बार में शुद्ध करता है। श्रीरामचरितमानस के नायक श्रीराम हैं। गोस्वामी तुलसीदास ने उन्हें एक मर्यादा पुरुषोत्तम के रूप में दरशाया है, जो कि अखिल ब्रह्मांड के स्वामी श्री हरि नारायण भगवान् के अवतार हैं।

आज के आधुनिक युग में पुनः रामायण के इस अद्‍भुत ज्ञान को फिर से वर्तमान परिप्रेक्ष्य में समझने की आवश्यकता है। इस अध्याय में रामायण में निहित जीवन प्रबंध को बहुत ही सुंदर तरीके से प्रस्तुत किया गया है। जिस प्रकार दही को मथकर मक्खन प्राप्त किया जाता है, उसी प्रकार लेखक ने रामायण में निहित शिक्षा को सार के रूप में समाहित किया है, साथ-ही-साथ इसे प्रश्नों के रूप में प्रकाशित करने का मुख्य उद्‍देश्य युवा वर्ग को वर्तमान परिस्थिति से उत्पन्न असंतोष से उठनेवाले प्रश्नों का सरल व संक्षिप्त उत्तर मर्यादा पुरुषोत्तम राम व उनके परिवार के माध्यम से देना है, ताकि आज की युवा पीढ़ी हमारी साहित्यिक धरोहर की महत्ता से परिचित हो सके व अपने जीवन का प्रबंधन कर सके।

इस पुस्तक को बहुत ही सरल भाषा में लिखा गया है व श्रीराम के जीवन से जुड़ी प्रत्येक घटना में समाहित शिक्षा को वर्तमान परिस्थितियों के अनुरूप बनाने का प्रयास किया गया है।

मेरा मानना है कि यह पुस्तक युवा वर्ग के मस्तिष्क में उत्पन्न हो रहे बहुत से प्रश्नों का जवाब दे सकेगी व उनके जीवन का मागदर्शन कर सकेगी। एक बात और महत्त्वपूर्ण है, वह यह कि मर्यादा पुरुषोत्तम राम की कथा के लिए इन अद्‍भुत प्रश्नों को पूरी श्रद्धा से व विश्वास के साथ पढ़ने से ही पाठकों को बेहतर परिणाम

प्राप्त होंगे। इस अध्याय में हमने सभी प्रश्नों के उत्तर दृष्टांत से देने का प्रयास किया है, ताकि हर प्रश्न को भलीभाँति समझा जा सके।

7.2 जीवन प्रबंधन के सूत्र

प्र. 1 : मर्यादित व्यवहार को राजा दशरथ के व्यवहार से समझाइए?

उत्तर : महर्षि वाल्मीकि बताते हैं कि पुत्र प्राप्ति के लिए कामेशती यज्ञ करवाना होगा, तब महारानी कैकयी कहती हैं कि गुरुदेव! फिर विलंब क्यों? तब महर्षि वसिष्ठ कहते हैं कि इस यज्ञ को कराने के लिए महर्षि शृंग मुनि को बुलाना पड़ेगा, तब माता कैकयी कहती हैं कि मैं आर्य सुमंत्र को कहती हूँ कि वह सेना तैयार करे, तब महर्षि वसिष्ठ कहते हैं—"एक योगी के पास आप कुछ माँगने जा रहे हो, पराक्रम या बल दिखाने नहीं। देवी, भिक्षा खाली झोले में ही डाली जाती है। एक महात्मा के पास अपना वैभव दिखाने जाओगे तो सोने-चाँदी की चमक व अहंकार ही लेकर आओगे।" तब राजा दशरथ कहते—"ऋषि के पास मैं राजा दशरथ नहीं, अपितु भिक्षु दशरथ बनकर जाऊँगा।" इससे हमें यह सीख मिलती है कि हमेशा मर्यादित व्यवहार किया जाना चाहिए।

प्र. 2 : भगवान् के राम रूप में अवतार लेने का क्या कारण रहा? आज हमारे यहाँ व्याप्त भ्रष्टाचार का क्या कारण व परिणाम है?

उत्तर : माँ लक्ष्मी भगवान् विष्णु को बता रही हैं कि प्रभु! आपकी सृष्टि का भार धारण करना मेरा धर्म है, जब धर्म की जगह अधर्म का राज होता है, तब अधर्म से अनाचार बढ़ता है, फिर अनाचार से भ्रष्टाचार बढ़ता है और भ्रष्टाचार से अत्याचार की ज्वाला भड़क उठती है। इस दृश्य में भगवान् विष्णु मन-ही-मन ठान लेते हैं कि जिन मानवों व वानरों को रावण जैसा पापी तुच्छ समझता है, वे उसी काल में अवतार के रूप में जन्म लेंगे। आज हमारे समाज की सबसे बड़ी समस्या भ्रष्टाचार ही तो है और भ्रष्टाचार के कारण ही अनाचार व अत्याचार बढ़ने लगे हैं। इन सबका मूल अधर्म ही तो है। हमें अपने जीवन में धर्म, यानी कर्तव्य का पालन करना चाहिए।

प्र. 3 : गुरुकुल शिक्षा प्रणाली में शिष्य के कर्तव्यों के बारे में राजा दशरथ ने क्या बतलाया था? वर्तमान शिक्षा प्रणाली में नैतिक मूल्य व संस्कारों का अभाव क्यों है?

उत्तर : राजा दशरथ अपने चारों पुत्रों को बता रहे होते हैं कि गुरु की हमेशा सेवा करना, उनका ध्यान रखना। तब उनसे श्रीराम पूछते हैं कि "पिताश्री! गुरु की सेवा कैसे करेंगे?" तब राजा दशरथ कहते हैं कि उनके सोने के बाद सोना, उनके जागने से पहले जागना। गुरु आश्रम की सफाई का पूर्ण तरह से ध्यान रखना। यज्ञ और हवन करने के लिए वन से समिधा लाना। अंत में राजा दशरथ कहते हैं कि गुरु और शिष्य के बीच विश्वास व प्रेम का संबंध होना चाहिए। आधुनिक शिक्षा प्रणाली अर्थ पर आधारित हो गई है। जबकि गुरु वसिष्ठ की शिक्षा में श्रद्धा व विश्वास का भाव था। इसी कारण वर्तमान शिक्षा प्रणाली में मूल्य व संस्कारों का अभाव हो गया है एवं पैसा कमाना ही शिक्षा का मुख्य उद्देश्य हो गया है।

प्र. 4 : गुरुकुल में बच्चों के सर्वांगीण विकास के लिए कड़े अनुशासन के साथ भावनाओं की मिठास भी क्यों आवश्यक रही? इस संबंध में गुरुमाता अरुंधति का क्या मत था?

उत्तर : गुरुमाता अरुंधति अयोध्या से आए हुए सभी राजकुमारों और गुरुकुल के अन्य विद्यार्थियों को लोरी सुनाकर सुलाती हैं। इस पर गुरु वसिष्ठ उन्हें कहते हैं, "ये ब्रह्मचारी हमारे शिष्य हैं इन पर अपने मोह का जाल न डाला जाए।" इस पर गुरुमाता अरुंधति कहती हैं, "मैं एक माँ का कर्तव्य व प्रेम निभा रही हूँ।" इस पर महर्षि वसिष्ठ कहते हैं कि "मैं इन्हें वीर पुरुष बनाना चाहता हूँ, जो आगे जाकर इस पूरी धरती की रक्षा कर सकें," वह यह भी कहते हैं, "मैं इन्हें कर्मठ बनाना चाहता हूँ।" इस पर गुरु माता कहती हैं, "इन्हें कर्मठ बनाइए, परंतु पत्थर नहीं, भावना की कोमलता भी रहने दीजिए।" इस पर गुरुदेव अपनी सहमति देकर कहते हैं कि "मैं इन्हें कर्तव्य की कठोरता सिखाऊँगा और आप भावनाओं की कोमलता।" इससे हमें यह सीख मिलती है कि बच्चों के समग्र विकास के लिए पिता के कड़े अनुशासन व माँ की भावनाओं की कोमलता दोनों ही आवश्यक होते हैं।

प्र. 5 : मनुष्य का शरीर सर्वोत्तम क्यों है? मनुष्य के शरीर को मुक्ति का द्वार क्यों कहा गया है?

उत्तर : आश्रम में गुरुदेव वसिष्ठ राम, लक्ष्मण, भरत, शत्रुघ्न एवं गुरुकुल में अन्य शिष्यों से कहते हैं, "प्रकृति में बहुत से शरीर होते हैं जानवरों

के, पक्षियों के एवं जलचर के, परंतु संसार में सबसे दुर्लभ व उत्तम शरीर मनुष्य का होता है। वे मनुष्य के शरीर को सर्वोत्तम इसलिए मानते हैं, क्योंकि इसके अंदर वह आध्यात्मिक शक्ति है, जो किसी दूसरे शरीर में नहीं। वह यह भी बताते हैं कि आध्यात्मिक शक्ति और मानसिक शक्ति का भंडार हर मनुष्य के शरीर में होता है। प्रकृति उसमें भेदभाव नहीं करती। इसी कारण हर मानव शरीर को मुक्ति का द्वार कहा जाता है। इससे हमें यह सीख मिलती है कि हर मनुष्य का जीवन अनमोल है। ईश्वर ने सिर्फ इनसान को ही यह क्षमता दी है कि वह स्वयं ईश्वर को जान सकता है। मनुष्य चेतना के सर्वोच्च स्तर पर होता है। मनुष्य ही प्रयत्न करके आध्यात्मिक शक्ति द्वारा मुक्ति को प्राप्त कर सकता है।

प्र. 6 : गुरु वसिष्ठ ने अपने सभी शिष्यों को मनुष्य के शरीर में कितने व कौन से चक्र बताए हैं? इन चक्रों को कैसे जागृत किया जाता है तथा इन चक्रों का रोग से क्या संबंध है?

उत्तर : गुरु वसिष्ठ गुरुकुल में सभी शिष्यों को समझाते हैं कि शरीर के मुख्य केंद्रों में निरंतर शक्ति का स्पंदन होता रहता है और जब तक उसे जगाकर अपने काबू में न किया जाए, तब तक उसका कोई लाभ नहीं होता। वे यह भी समझाते हैं कि हर मानव शरीर में शक्ति के सात केंद्र होते हैं, जिसे योगाभ्यास द्वारा जागृत किया जा सकता है। सबसे पहला चक्र 'मूलाधार चक्र' है। जिस रूप में यह शक्ति निवास करती है, उसे 'कुंडलिनी' भी कहते हैं। गुरु और उत्तम साहित्य से इस शक्ति को जगाकर दूसरे केंद्र तक पहुँचाया जाता है, जिसे 'स्वाधिष्ठान चक्र' कहते हैं, फिर स्वाधिष्ठान चक्र को भेदकर यह शक्ति जब आगे बढ़ती है, तब वह तीसरे केंद्र पर पहुँचती है, जिसे 'मणिपुर चक्र' कहते हैं। इस चक्र को भेदकर यह शक्ति चौथे केंद्र पर पहुँचती है, जिसे 'अनाहत चक्र' कहते हैं। यहाँ से विशुद्ध चक्र और फिर यह शक्ति आज्ञा चक्र को जागृत करती है। आज्ञा चक्र श्वेत वर्ण का होता है, जिसका बीज मंत्र है 'ॐ'। जब यह शक्ति जागृत होती है, तब सब केंद्रों में ऊर्जा और तेज का वेग होता है। कुंडलिनी जब आगे बढ़ती है तो साधक को चेतना के अलग-अलग प्रश्नों व आयामों का अनुभव होता है, जब वह छठे चक्र का भेदन करके सहस्र तक पहुँचती है तो योगी पूर्ण समाधि में

लीन हो जाता है। वहाँ पहुँचकर अलौकिक आनंद की अनुभूति होती है, जहाँ मानव की चेतना आदि और अंत की सीमाओं को पार कर जाती है। इस दृश्य से हमें मानव शरीर के सात ऊर्जा केंद्रों के बारे में जानने को मिलता है। मनुष्य जीवन का वास्तव में सही परिचय ऊर्जा ही है। यह ऊर्जा हर मनुष्य के पास उपलब्ध होती है, परंतु जानकारी व ज्ञान के अभाव में मनुष्य की यह शक्तियाँ उसके शरीर में सुप्त अवस्था में रहती हैं।

अगर वास्तव में हमें मनुष्य जीवन में चेतना के सर्वोत्तम स्तर को पाना है तो हमें हमारे शरीर में इन केंद्रों को जागृत करना होगा। एक विशेष बात यह है कि हर ऊर्जा केंद्र शरीर के एक विशेष ऑर्गन से जुड़ा होता है, जब किसी विशिष्ट ऑर्गन पर ऊर्जा का प्रभाव कम हो जाता है तो उस ऑर्गन से संबंधित रोग हमारे शरीर में होने लगते हैं। कहने का आशय यह है कि रोग से संबंधित ऑर्गन का पता करके अगर हम संबंधित चक्र केंद्र को जागृत कर ऊर्जा के स्तर को बढ़ाना सीख लेते हैं तो वह ऑर्गन स्वस्थ होने लगता है और बीमारी से हम ठीक होने लगते हैं, क्योंकि सबकुछ ऊर्जा ही तो है।

प्र. 7 : निष्काम कर्म क्या है तथा इसके क्या परिणाम हैं? समझाइए।

उत्तर : जब राम व लक्ष्मण मारीच व सुबाहु जैसे राक्षसों का अंत करके गुरु विश्वामित्र के पास आते हैं, तब गुरु विश्वामित्र उनसे कहते हैं—"दशरथ नंदन! तुमने हमारे सिद्ध आश्रम को निर्भय कर दिया है। तपस्वी मुनीजनों की ओर से हम तुम्हारा अभिनंदन करते हैं।" इस पर श्रीराम कहते हैं, "हमें गुरुजनों का अभिनंदन नहीं अपितु आशीर्वाद चाहिए।" इससे हमें यह सीख मिलती है कि हमें निष्काम कर्म करना चाहिए, जब हम दूसरों की मदद के लिए कोई काम करते हैं, जिसमें खुद का कोई स्वार्थ नहीं होता तो वही कर्म निष्काम कर्म बन जाता है। ऐसे कर्म के परिणाम से ही मनुष्य को जीवन में आशीष प्राप्त होता है।

प्र. 8 : पवित्र गंगा पूजनीय क्यों है? नदियों के प्रति आदर भाव क्यों रखना चाहिए?

उत्तर : जब गुरु विश्वामित्र राम और लक्ष्मण के साथ गंगा तट पर पहुँचते हैं, तब वह उनसे पुष्पों द्वारा गंगा को पूजन के लिए कहते हैं। पुष्पों द्वारा गंगा की पूजा करने के बाद गुरु विश्वामित्र उन्हें गंगा के धरती पर आने

की कथा सुनाते हैं। कथा सुनाने के बाद वह कहते हैं—"आनेवाले युगों में देवी-देवताओं के प्रति आस्था कम हो जाएगी, परंतु गंगा का गौरव कभी कम नहीं होगा। यह जिस भू-भाग में बहेगी, वह सदैव हरा-भरा रहेगा। गंगा का पवित्र जल जीवन से मृत्यु तक मानव के लिए उपयोगी रहेगा। अनंतकाल तक लोग इसे गंगा मैया कहकर माता से भी महान् मानकर इसकी पूजा करेंगे एवं संसार की सभी नदियों में गंगा सदैव अग्रणी रहेगी।" इससे हमें यह सीख मिलती है कि हमें नदियों के प्रति आदर भाव रखना चाहिए। ऐसा भी कहते हैं कि—'जल ही जीवन है'। हमारे शरीर में लगभग 70 प्रतिशत भाग जल ही होता है, फिर गंगा नदी तो गंगोत्री से आरंभ होकर पूरे हिम पर्वत की महान् तपोभूमि से जड़ी-बूटियों आदि के गुण भी अपने साथ लेकर आती है। जल हमारे साथ वैसा ही व्यवहार करता है, जैसा व्यवहार हम उसके साथ करते हैं। जल की अपनी याददाश्त होती है, फिर गंगाजल हो तो कहना ही क्या?

प्र. 9 : क्रोध के समय संयम रखने से क्या लाभ है? विनम्रता से किस प्रकार क्रोधी को भी जीता जा सकता है?

उत्तर : जब प्रभु श्रीराम सीताजी के स्वयंवर में शिव धनुष को उठाकर तोड़ देते हैं, तब परशुरामजी अत्यंत क्रोध के भाव में वहाँ पहुँचते हैं, उन्हें अत्यंत क्रोध में देखकर सभा में बैठे हुए सारे राजा और राजकुमार घबरा जाते हैं। सभी उन्हें अपना परिचय देकर उनको प्रणाम करते हैं, तब महाराज जनक उन्हें प्रणाम व गुरु विश्वामित्र उनका अभिनंदन करते हैं। गुरु विश्वामित्र श्रीराम व लक्ष्मण को बुलाकर उनकी चरण वंदना करने को कहते हैं, फिर भगवान् परशुराम उनका परिचय देने को कहते हैं, तब श्रीराम बड़ी विनम्रता से कहते हैं, "आप तो स्वयं भगवान् हैं और भगवान् को अपने हर भक्त की पहचान होती है।" इससे हमें यह सीखने को मिलता है कि अगर कोई भी भावावेश में आकर अपना क्रोध प्रकट करे तो हमें शांति से काम लेना चाहिए। अपने विनम्र व्यवहार से ऐसी परिस्थिति को सहज बना लेना चाहिए।

प्र. 10 : बोलने से पहले विचार करना क्यों आवश्यक है? भगवान् परशुराम के प्रसंग से इसे समझाइए।

उत्तर : जब भगवान् परशुराम क्रोध में आकर कहते हैं—"कौन है वो शिवद्रोही,

मैं शिवद्रोही को मृत्युदंड दूँगा। यहाँ मौजूद सभी में से एक के भी प्राण नहीं बचेंगे।"

तब लक्ष्मण उनसे कहते हैं—"एक धनुष टूट जाने पर इतना क्रोध क्यों कर रहे हो, हमने तो बचपन में ऐसे कई धनुषों को तोड़ दिया था।" इस पर परशुरामजी कहते हैं कि विश्वभर में सम्मानित इस शिव धनुष से शंकर ने तीव्राई का वध किया था। यह धनुष ऐसा-वैसा धनुष नहीं है।"

परशुराम विश्वामित्र से कहते हैं—"इसे हमारे क्रोध और पराक्रम की शक्ति बताओ।"

इसपर लक्ष्मण उनका विरोध करते हैं और बाण चलाने के लिए तैयार हो जाते हैं, परंतु श्रीराम उन्हें रोक देते हैं, तब गुरु विश्वामित्र परशुराम से कहते हैं—"बच्चों के दोष पर बड़े क्रोध नहीं करते।"

तब महाराज जनक कहते हैं—"आपको क्रोध शोभा नहीं देता, भगवन्! यदि बालक कोई चपलता दिखाता है, गुरु, माता, पिता उसका आनंद लेते हैं, द्वेष नहीं करते।" इससे हमें यह सीख मिलती है कि शक्ति के मद में आवेशित भाव से बुरे शब्द नहीं बोलने चाहिए। ऐसा करने से बाद में पछताना पड़ता है। हर परिस्थिति में बोलने से पहले विचार अवश्य कर लेना चाहिए। मुँह से निकले शब्द बाणों से भी अधिक गहरा प्रभाव छोड़ते हैं।

प्र. 11 : राजा को महत्त्वपूर्ण निर्णय किस प्रकार लेने चाहिए? प्रजातंत्र प्रणाली में राज्य के निर्णय किस प्रकार होने चाहिए? इस संबंध में गुरु वसिष्ठ का क्या मत था?

उत्तर : महाराज दशरथ गुरु वसिष्ठ के पास राम को राज्य सौंपने के बारे में सलाह लेने आते हैं। वे कहते हैं—"राम अब हर प्रकार से योग्य हो गए हैं। सेवक, मंत्रीगण, नगर निवासी, यहाँ तक कि शत्रु भी उनका आदर करते हैं। वह प्रजा के भी प्रिय हैं। इसलिए मैं राज्य का भार उन्हें सौंपना चाहता हूँ।"

इस पर गुरु वसिष्ठ कहते हैं, "आपकी बात से मुझे अपार आनंद प्राप्त हुआ, आपका प्रस्ताव अति उत्तम व उचित है।" आगे वे कहते हैं कि आपको एक राज्यसभा का आयोजन करना चाहिए, उसमें उपप्रदेशों के सामंत, राजाओं, समस्त मंत्रियों, अधिकारियों, प्रजा के

प्रमुख लोगों को बुलाकर उनकी स्वीकृति चाहिए, ताकि सर्वसम्मति से राम को राजा घोषित किया जा सके। इससे हमें यह सीख मिलती है कि एक कुशल राजा को सर्वसम्मति से राजकाज करना चाहिए। ऐसा करने से राज्य में रहनेवाले अधिकतम लोगों को सुख व शांति प्रदान की जा सकती है। हमारा देश प्रजातंत्र (Democracy) पर आधारित है। इस व्यवस्था में कार्यपालिका के रूप में कार्य करनेवाले अधिकारियों, व्यवस्थापिका के रूप में मंत्रीगण व न्यायपालिका के रूप में कार्य करनेवाले न्यायाधीश के प्रत्येक कार्य में तथा निर्णय में जनमानस व जनहित का ध्यान रखना चाहिए।

प्र. 12 : श्रीराम राजा बनने के लिए क्यों मना कर देते हैं? गुरु वसिष्ठ चार पुरुषार्थ के बारे में क्या बतलाते हैं?

उत्तर : महाराज दशरथ राम के राज्याभिषेक के लिए राज्यसभा का आयोजन कराते हैं। वहाँ पर उपस्थित सभी जन उनकी बात पर अपनी स्वीकृति देते हैं। वे श्रीराम के गुण को देखकर उन्हें अयोध्या के राजा बनने की अपनी सहमति देते हैं। इस पर महाराज दशरथ राम को सभा में बुलाने का आदेश देते हैं। राम के आने पर वह उन्हें इस बात से अवगत कराते हैं, परंतु श्रीराम राजा बनने के लिए मना कर देते हैं। वह अपने पिता के होते हुए राज्य पद ग्रहण कर लेना अनुचित समझते हैं। इस पर महाराज दशरथ कहते हैं—"तुम अपने पिता के मोह में अपने पिता का हित भूल गए हो।"

वे कहते हैं—"पुत्र पिता का मित्र भी होता है।"

इस पर श्रीराम कहते हैं, "मैं सदैव आपके कल्याण की कामना करता हूँ।"

इस पर गुरु वसिष्ठ कहते हैं—"इस संसार में चार पुरुषार्थ होते हैं—धर्म, अर्थ, काम व मोक्ष। वीर पुरुष अपने धर्म, अर्थ और काम जैसे पुरुषार्थ पूरा करने के पश्चात्, मोक्ष प्राप्ति के लिए प्रयास करते हैं। यह तभी संभव होता है, जब वे राजा की जिम्मेदारी अपने ज्येष्ठ पुत्र को दें। इससे हमें यह सीख मिलती है कि हर मानव को शास्त्र में बताए अनुसार धर्म का आचरण करते हुए अर्थ उपार्जन करना चाहिए। ऐसे अर्थ द्वारा अपनी कामनाओं की पूर्ति के पश्चात् अपने गृहस्थ आश्रम के बाद मोक्ष प्राप्ति के लिए साधना करनी चाहिए। इसी से मुक्ति संभव होती है।"

प्र. 13 : क्रोध करने से मनुष्य को क्या हानि होती है ? अहंकार का क्रोध से क्या संबंध है ? अहंकारी व्यक्ति की शक्ति किस कारण क्षीण हो जाती है ? भगवान् परशुराम के उदाहरण से इसे समझाइए।

उत्तर : परशुरामजी ने अपने तपोबल से कई पुण्य लोक अर्जित कर लिये थे। अपनी सिद्धियों के कारण मन की गति से कहीं भी आ-जा सकते थे। इसलिए अंशावतार होते हुए भी उनमें बहुत अहंकार था। इस पर वे बताते हैं कि अहंकार बहुत सी बुराइयों की जड़ है।

अहंकार से उसे सामनेवाले की महत्ता नहीं दिखती। वह बताते हैं कि एक अहंकारी पुरुष की शक्ति क्षीण करना वही है, जो लक्ष्मण ने अपनाया। उन्होंने अपनी बातों से परशुरामजी को बहुत क्रोधित कर दिया। इससे हमें यह सीख मिलती है कि क्रोध के क्षणों में हमारी शक्ति क्षीण हो जाती है। इसलिए अगर वास्तव में हमें विजय प्राप्त करनी है तो हमें क्रोध की शक्ति से दूर तथा श्रीराम की भाँति धैर्य शक्ति का उपयोग करना चाहिए।

प्र. 14 : सच्चे सुख की अनुभूति किस प्रकार होती है ? वास्तव में उत्सव कैसे मनाया जा सकता है ?

उत्तर : जब महारानी कौशल्या को पता चलता है कि जनकपुरी से राम और सीता के विवाह का संदेश आया है, तब वह आर्य सुमंत्र से कहती हैं कि ब्राह्मण के लिए सहस्र गौ, भंडार गृह से अन्न, वस्त्र प्रजाजन में बँटवा दीजिए। वह कहती हैं कि राम की बारात जाने से पहले ब्राह्मणों और याचकों को इतना दान दीजिए कि उन्हें कुछ माँगने की आवश्यकता न पड़े। जिस राजा के राज में प्रजा का एक भी प्राणी दुःखी रह जाए, तो उन्हें अपना कोई उत्सव मनाने का अधिकार नहीं होता। इस दृश्य से हमें यह सीख मिलती है कि वास्तव में उत्सव तभी भलीभाँति मनाया जाता है, जब हम दूसरों के जीवन में खुशियाँ भर दें, क्योंकि यह एक प्राकृतिक नियम है। हर क्रिया की प्रतिक्रिया होती है तथा सुख देने से ही सुख की अनुभूति होती है।

प्र. 15 : राम और सीता के विवाह के समय महाराज दशरथ व महाराज जनक के मध्य क्या वार्त्तालाप हुआ ? इसमें दोनों के व्यक्तित्व का कौन सा गुण दृष्टिगोचर होता है ?

उत्तर : गुरु वसिष्ठ, महाराज दशरथ, भरत, शत्रुघ्न एवं अन्य मंत्री और ऋषि,

राम और सीता के विवाह के लिए जनकपुरी पहुँचते हैं। वहाँ गुरु वसिष्ठ महाराज जनक से कहते हैं कि परमेश्वर की इच्छा से आज अयोध्या और मिथिला दोनों बराबर के संबंधी हो गए हैं। इस पर महाराज जनक कहते हैं—"नहीं महर्षि, बराबरी का नहीं, आपका दास हूँ, मेरी और आपकी बराबरी कैसी?"

इस पर महाराज दशरथ उन्हें कहते हैं—"आपने ठीक कहा, आपकी और मेरी बराबरी कैसी? आज आप दाता हैं और मैं एक याचक, एक भिखारी, जो आपके द्वार पर कन्या का दान माँगने आया है।" वह कहते हैं—"देनेवाला दाता तो सदैव महान् होता है। दोनों ही राजा कितने प्रतापी हैं, फिर भी उनकी विनम्रता कितनी बड़ी है। यदि सभी लोग राजा दशरथ व राजा जनक की तरह विनम्र हो जाएँ तो हमारा देश वास्तव में कितना महान् बन जाए।"

प्र. 16 : महाराज दशरथ श्रीराम को कब व क्यों यह कहते हैं कि तुम्हारे जैसे आदर्श पुत्र को पाकर मेरा मस्तक गर्व से ऊँचा हो गया है?

उत्तर : जब श्रीराम अपने पिता महाराज दशरथ के पैर दबा रहे होते हैं, तब महाराज दशरथ उनसे कहते हैं कि तुमने जो कुछ किया, पिता की आज्ञा, गुरुजनों की सेवा, प्रजा-पालन, ऋषिजनों, मुनिजनों, तपस्वियों की सुरक्षा, उसी में तुम्हारी महानता है। वह कहते हैं कि तुम्हारे जैसे आदर्श पुत्र पाकर मेरा मस्तक गर्व से ऊँचा हो गया है। इस पर श्रीराम कहते हैं—"मैंने तो बस वह किया, जो आपका निर्देश था। हर पुत्र का धर्म है, पिता अपने मुँह से न भी कहे, फिर भी यदि पिता के मन की कोई इच्छा हो तो उसे प्राण देकर पूरा करे।"

इससे हमें यह सीख मिलती है कि हमें सच्चे मन से अपने पिता की सेवा करनी चाहिए तथा उनकी भावनाओं का आदर करना चाहिए।

प्र. 17 : अमर्यादित आचरण, व्यावहारिक व बोले गए शब्दों के कारण बाद में पछताना पड़ता है। मर्यादा पुरुषोत्तम राम के वनवास जाने के प्रसंग का वर्णन करते हुए इसे समझाइए।

उत्तर : जब श्रीराम अपने पिता के वचनों की पूर्ति के लिए वन जाने को तैयार हो जाते हैं, तब लक्ष्मण इसका विरोध करते हैं। वह माता कैकयी को माता बुलाने से इनकार कर देते हैं और अत्यंत क्रोध में आकर अनर्गल बातें करने लगते हैं। वह अपने पिता को भी स्त्री मोह के कारण दोषी

ठहराते हैं। इस पर श्रीराम उनसे नाराज हो जाते हैं और अपने पिता की पीड़ा का अहसास दिलाते हैं। वे बताते हैं कि उनके पिता इस समय धर्मसंकट में हैं। उनका संकट स्त्री मोह नहीं अपितु धर्म है। वह कहते हैं—"पुत्र होने के नाते मेरा एक ही कर्तव्य है कि मैं वही काम करूँ, जिसमें उनके सत्य, उनके धर्म, उनकी प्रतिज्ञा की क्षति न हो, बल्कि उनकी कीर्ति बढ़े।" वह कहते हैं कि पिता तो मनुष्य का प्राणदाता होता है। इससे हमें यह सीखने को मिलता है कि हमें सदैव मर्यादित आचरण करना चाहिए। साथ-ही-साथ हमें किसी भी संकट के कारण का ठीक से पता लगाना चाहिए। अमर्यादित आचरण एवं व्यवहार तथा अमर्यादित शब्दों के कारण बाद में पछताना पड़ता है। हमें मर्यादा पुरुषोत्तम श्रीराम की तरह पिता के सम्मान की रक्षा करनी चाहिए तथा धैर्य बनाए रखना चाहिए। अपने पिता का धर्मपालन में सहयोग करना चाहिए।

प्र. 18 : बड़े भाई के प्रति छोटे भाई के मन में किस प्रकार का भाव होना चाहिए? श्रीराम के साथ लक्ष्मण के वन जाने के प्रसंग का वर्णन करते हुए इसे समझाइए।

उत्तर : जब लक्ष्मण श्रीराम से उनके साथ वन जाने के लिए आग्रह करते हैं, तब माता सुमित्रा लक्ष्मण से कहती हैं कि तुम्हारे लिए जहाँ राम है, वही तुम्हारी अयोध्या है। वह कहती हैं कि तुम्हें एक सेवक की तरह राम और सीता की सेवा करनी होगी। रास्ते के कंकड़ साफ करने होंगे तथा रात को पहरा देना होगा, ताकि सीता महलों के सारे सुख भूल जाएँ। वह कहती हैं कि संसार में सेवक का धर्म सबसे कठिन धर्म होता है। इससे हमें यह प्रेरणा मिलती है कि लक्ष्मण की भाँति हमें भी अपने बड़े भाई के प्रति सेवक भाव रखना चाहिए। हमारे देश की सबसे विशिष्ट बात, जो भारत को महान् बनाती है, वह परिवार व्यवस्था है, जब छोटे भाई का अपने बड़े भाई के प्रति सेवा करने का भाव होता है तो परिवार व्यवस्था मजबूत बनती है। इसी कारण परिवार में रहनेवाले लोगों के बीच भावनात्मक संबंध बेहतर बनते हैं।

प्र. 19 : मनुष्य की श्रेष्ठता का आधार क्या होता है? निषाद राज के प्रभु श्रीराम के साथ गुरु भरद्वाज के आश्रम में जाने के प्रसंग का वर्णन करते हुए इसे समझाइए।

उत्तर : जब श्रीराम, लक्ष्मण, माता सीता व निषाद राज, गुरु भरद्वाज के आश्रम में जाते हैं, तब निषादराज प्रभु श्रीराम के बराबर का आसन ग्रहण कर लेने के लिए मना कर देते हैं। इस पर वह कहते हैं कि वह एक नीच जाति के हैं, छोटे आदमी हैं, तब गुरु भरद्वाज कहते हैं, "अपने आप को छोटा समझना ही तुम्हारा बड़प्पन है।" वह कहते हैं—"श्रीराम के मित्र होकर अपने आप को नीच कैसे कहते हो तुम? जो प्रभु का प्रिय हो, जो हरि का जन कहलाए, उसकी जाति सबसे ऊँची होती है।" इस दृश्य से हमें यह सीखने को मिलता है कि श्रेष्ठता का आधार कभी उच्च व निम्न जाति नहीं होती। वास्तव में वही श्रेष्ठ है, जो ईश्वर के निकट है। इसके अतिरिक्त हमें यह भी समझना चाहिए कि जो व्यक्ति स्वयं को कम समझता है, सरल रहता है, वही व्यक्ति सबसे अधिक सीखता है। हमें भी निषादराज की भाँति सरलता व भक्ति के गुण को अपनाना चाहिए।

प्र. 20 : दो व्यक्तियों के मध्य सच्चे प्रेम का पता कैसे चलता है? भरत व शत्रुघ्न को उनके मामा हिदाजीत ननिहाल में इस बारे में क्या समझाते हैं?

उत्तर : जब भरत, शत्रुघ्न के साथ अपने ननिहाल होते हैं, तब वह शत्रुघ्न से कहते हैं कि अब और यहाँ मन नहीं लग रहा, अयोध्या वापस जाने का मन होता है और राम भैया की भी याद आती है, तब उनके नानाजी व मामाजी वहाँ आते हैं। वह उनकी उदासी का कारण पूछते हैं। इस पर शत्रुघ्न कहते हैं कि इन दिनों भरत भैया को सबसे अधिक याद राम भैया की आती है, तब उनके मामा हिदाजीत कहते हैं कि अवश्य राम ने भी तुम्हें याद किया होगा। वह कहते हैं कि आत्मतरंग दोनों ओर से हृदय के तारों को झंकृत करती है। इससे हमें यह सीख मिलती है कि जब दो व्यक्ति के मध्य सच्चा प्रेम होता है तो इसके परिणाम से उनके हृदय में स्पंदन उत्पन्न होने लगता है। इस स्पंदन के कारण उन्हें एक-दूसरे की याद आने लगती है।

प्र. 21 : "अकेले आ गए, मेरा राम कहाँ है? मेरी सीता कहाँ है?" ये शब्द किसने किससे कहे? इस अवसर पर महर्षि वसिष्ठ द्वारा सुख व दुःख के संदर्भ में क्या शिक्षा दी जाती है? श्रीकृष्ण भगवद्गीता में इस प्रकार की स्थिति के संदर्भ में क्या शिक्षा देते हैं?

उत्तर : आर्य सुमंत्र वन से अकेले लौटने के बाद महर्षि वसिष्ठ के साथ महाराज दशरथ के सामने उपस्थित होते हैं। महाराज दशरथ उनसे

कहते हैं—"अकेले आ गए, मेरा राम कहाँ हैं? मेरी सीता कहाँ है?" तब आर्य सुमंत्र उनसे क्षमा माँगते हैं और अपने आप को प्राणदंड देने के लिए कहते हैं। इस पर महाराज ऐसा करने से मना करते हैं और उनसे वह उस स्थान पर पहुँचाने का आदेश देते हैं, जहाँ राम को छोड़ा था। वे कहते हैं कि राम जैसे आज्ञाकारी पुत्र के बिछुड़ने पर भी मेरे प्राण नहीं गए। इस पर महर्षि वसिष्ठ कहते हैं कि जीवन-मरण, हानि-लाभ, प्रियजनों का मिलना और बिछड़ना यह सब काल और कर्म के अधीन है। जिस प्रकार दिन और रात्रि का आना कोई टाल नहीं सकता, उसी प्रकार अपने-अपने समय पर सुख और दु:ख का आना अटल है। इसीलिए धीर-वीर दु:ख सहकर भी शोक नहीं करते। इससे हमें यह सीखने को मिलता है कि जिस प्रकार हमारे जीवन में भी सुख और उसके बाद दु:ख और फिर से सुख आते ही हैं, तब सुख और दु:ख को सहर्ष ही स्वीकार कर लेना चाहिए। भगवद्गीता में भगवान् श्रीकृष्ण भी यह कहते हैं कि जो व्यक्ति सुख आने पर हर्ष के मारे नहीं उछलता है तथा दु:ख के समय विचलित नहीं होता, उसी व्यक्ति को स्थिरप्रज्ञ कहते हैं। वास्तव में स्थिरप्रज्ञ बनने के लिए हमें कामनाओं से दूर होना होता है।

प्र. 22 : "कठिन समय में ही तो धैर्य की परीक्षा होती है।" यह उपदेश महर्षि वसिष्ठ महाराज दशरथ को कब व क्यों देते हैं? भगवद्गीता में भगवान् श्रीकृष्ण अर्जुन को निराशा व दु:ख से बचने के लिए इसी तरह की कौन सी शिक्षा प्रदान करते हैं?

उत्तर : जब महाराज दशरथ श्रीराम के वियोग से अत्यंत दु:खी होकर महर्षि वसिष्ठ से कहते हैं कि कभी-कभी दु:ख सहन करने की सीमा को लाँघ जाते हैं, तब महर्षि वसिष्ठ कहते हैं कि राम के लिए आपकी यह मनोदशा मोह के कारण है अन्यथा यह वो समय है, जब आपको राम पर गर्व होना चाहिए। वचन झूठा न करने के लिए इतिहास में रघुवंश की कीर्ति पर कलंक न आने के लिए श्रीराम इतना बड़ा साम्राज्य छोड़कर हँसते-हँसते वन की ओर चले गए, उन्होंने इतना-सा भी शोक नहीं किया। लक्ष्मण और सीता को देखो, सबने अपना-अपना धर्म निभाया। वे कहते हैं कि कठिन समय में ही तो धैर्य की परीक्षा होती है। इससे हमें यह सीखने को मिलता है कि मोह का कारण संबंध

है। कोई भी वस्तु या रिश्ता हमें दुःख नहीं पहुँचाता। वास्तव में वस्तु व रिश्तों से हम अपना जितना घनिष्ठ संबंध बना लेते हैं, उसी कारण हमें उस वस्तु व संबंध के खोने के कारण दुःख की अनुभूति होती है। भगवद्गीता में भी जब अर्जुन कुरुक्षेत्र में युद्ध करने से पूर्व युद्ध के मैदान में अपने सगे-संबंधी को देखते हैं तो युद्ध के परिणाम से उन्हें खोने का डर अनुभव होता है तथा इसी कारण वह दुःखी होकर युद्ध नहीं करने का फैसला कर रथ के पीछेवाले हिस्से में जाकर बैठ जाते हैं और दूसरी ओर वे कृष्ण से यह भी पूछते हैं—"मैं जीतूँगा या हारूँगा?" वास्तव में कर्मफल की चाहत भी मनुष्य को आगे जाकर अकर्मण्य बना देती है।

प्र. 23 : विपरीत परिस्थितियों में परिवार के किन गुणों की परीक्षा होती है? महर्षि भरद्वाज आश्रम में निषादराज से इस संबंध में क्या कहते हैं?

उत्तर : भरत, शत्रुघ्न, माताएँ, अयोध्या की सेना व प्रजा श्रीराम को पुनः अयोध्या लाने के लिए चित्रकूट की ओर प्रस्थान करते हैं। भरत को जब निषादराज द्वारा श्रीराम की वन में पीड़ा का पता चलता है, तब वे भी श्रीराम की तरह बिना पादुकाओं के चलने का निर्णय लेते हैं। वहाँ जाने से पहले वे महर्षि भरद्वाज के आश्रम पहुँचते हैं और उनसे कहते हैं कि अयोध्या के राजवंश में ऐसी विपत्ति पहले कभी नहीं आई, तब महर्षि भरद्वाज कहते हैं—"विपत्ति के समय ही किसी जाति या वंश की सभ्यता व संस्कृति की परीक्षा होती है।" इससे हमें यह सीख मिलती है कि हर समय एक जैसा नहीं रहता। समय व परिस्थिति हर समय बदलती रहती है, जब किसी परिवार में अच्छे समय के बाद बुरा समय आता है, तब ही उसे परिवार की सभ्यता व संस्कार पता चलता है।

प्र. 24 : "अब शस्त्र उठाने का समय आ गया है।" यह वाक्य चित्रकूट आश्रम में कौन किससे कहते हैं?

उत्तर : जब लक्ष्मण को पता चलता है कि भरत अयोध्या की सेना के साथ चित्रकूट में आगमन कर चुके हैं, तब लक्ष्मण अत्यंत क्रोध में आ जाते हैं। वह श्रीराम से कहते हैं, "अब शस्त्र उठाने का समय आ गया है।" वह श्रीराम को भरत के चित्रकूट आने की सूचना देते हैं और उनको सेना के साथ देखकर उनसे युद्ध के लिए तैयारी की बात करते हैं।

यह सुनकर श्रीराम लक्ष्मण से कहते हैं, "जो लोग उचित या अनुचित का भलीभाँति विचार किए बिना किसी काम को जल्दबाजी में करते हैं, वह लोग बाद में पछताते हैं।" इससे हमें यह सीख मिलती है कि भावावेश में आकर हमें कोई कार्य नहीं करना चाहिए। हर कार्य को करने से पहले भलीभाँति विचार कर लेना चाहिए। भावावेश में आकर बिना विचार कार्य कर लेने से बाद में पछताना ही पड़ता है।

प्र. 25 : "मैं अपने मोह के कारण राम के धर्म पालन में बाधा उत्पन्न नहीं करना चाहती।" यह वाक्य कौन किससे व किस कारण कहती है?

उत्तर : भरत श्रीराम, सीता माँ व लक्ष्मण को चित्रकूट से पुनः अयोध्या लाने की तैयारी कर रहे होते हैं, तब वह माता कौशल्या के पास जाते हैं और उनसे कहते हैं कि अगर आप भैया राम, भाभी सीता और लक्ष्मण को आज्ञा दे देंगी कि वे अयोध्या लौट आएँ तो वे आपकी आज्ञा का उल्लंघन नहीं करेंगे, तब माता कौशल्या उन्हें समझाती हैं कि मैं चाहूँ तो अभी कह दूँ, परंतु माँ स्वार्थी नहीं होती, अगर पुत्र राम अयोध्या चले आए तो मुझे सुख प्राप्त होगा, परंतु इसी से उनके धर्म व कर्तव्य की पालना नहीं हो पाएगी। वह यह भी समझाती हैं कि मैं अपने मोह के कारण राम के धर्म पालन में बाधा उत्पन्न नहीं करना चाहती। माँ का प्रेम कभी स्वार्थी नहीं होता। इससे हमें यह सीखने को मिलता है कि हमें हर समय धर्म का बोध होना चाहिए। हमें न तो स्वयं के धर्म व कर्तव्य के अनुरूप काम करना चाहिए, बल्कि अन्य व्यक्तियों के धर्म व कर्तव्य कार्यों में भी बाधा उत्पन्न नहीं करनी चाहिए।

प्र. 26 : "धर्म सबसे बड़ी शक्ति होती है। निःस्वार्थ प्रेम सभी धर्मों से ऊपर है। तुम श्रीराम से निःस्वार्थ प्रेम करते हो, इसलिए अभी भरत के प्रेम की जीत हुई।" ये शब्द कौन, किससे व किस समय कहते हैं?

उत्तर : राजा जनक राम की प्रशंसा करते हैं और अपनी सहमति रखते हैं, वे भरत से कहते हैं कि जिसमें श्रीराम को प्रसन्नता मिले, तुम वही कार्य करो और भरत को यह भी समझाते हैं कि धर्म सबसे बड़ी शक्ति होती है, जिस पर आज पूरा ब्रह्मांड टिका हुआ है। शास्त्र के अनुसार तीनों लोकों में धर्म से बड़ा कुछ नहीं होता। प्रेम एक ऐसी दिव्य शक्ति है, जिस पर किसी भी धर्म का बंधन नहीं होता। निःस्वार्थ प्रेम सभी धर्मों से ऊपर है। वे भरत को ये भी समझाते हैं कि तुम श्रीराम से निःस्वार्थ

प्रेम करते हो, इसलिए अभी भरत के प्रेम की जीत हुई। प्रेम निःस्वार्थ होता है और जब प्रेम निःस्वार्थ है, तब वह कुछ माँगता नहीं है। वे आगे कहते हैं, इसलिए तुम्हें भी श्रीराम की खुशी का ध्यान रखना होगा। इस दृश्य में प्रेम व धर्म की बहुत सुंदर व्याख्या मिलती है। रामायण में जहाँ भरत के प्रेम की जीत होती है, वहीं दूसरी ओर राम का धर्म के प्रति समर्पण भी जीत जाता है। वास्तव में सच्चे प्रेम में त्याग व समर्पण होता है और साथ-ही-साथ अपने प्रियवर की खुशी का भी पूरा-पूरा ध्यान रखा जाता है।

प्र. 27 : "जो लोग किसी साधु या मुनि के पास उनके तपोबल से कमाई हुई शक्ति के सहारे अपने दुःख मिटाने आते हैं, वह मनुष्य उस लज्जाई चोर की भाँति होता है, जो दूसरों की संपत्ति पर आँख रखता है। यदि मनुष्य स्वाभिमानी है तो वह अपने परिश्रम से कमाई करता है।" यह वाक्य किसने किससे और किस समय कहा ?

उत्तर : जब राम, सीता व लक्ष्मण महर्षि शरभंग के आश्रम पहुँच जाते हैं, वहाँ महर्षि शरभंग उन्हें प्राप्त दिव्य लोकों की सिद्धियाँ श्रीराम को देने की बात करते हैं, क्योंकि महर्षि शरभंग को कुछ ही क्षणों बाद भगवान् इंद्र अपने साथ हमेशा के लिए देवलोक ले जाने आनेवाले हैं। इसलिए महर्षि शरभंग चाहते हैं कि ये दिव्य सिद्धियाँ वे श्रीराम को दे दें, तब श्रीराम उन्हें कहते हैं "जो लोग किसी साधु या मुनि के पास उनके तपोबल से कमाई हुई शक्ति के सहारे अपने दुःख मिटाने आते हैं, वह मनुष्य उस लज्जाई चोर की भाँति होता है, जो दूसरों की संपत्ति पर आँख रखता है। यदि मनुष्य स्वाभिमानी है तो वह अपने परिश्रम से कमाई करता है।" इससे हमें यह सीख मिलती है कि बिना परिश्रम के अर्जित ज्ञान व धर्म मनुष्य के लिए श्रेयस्कर नहीं होता। हर एक मनुष्य को किसी अन्य के द्वारा पुरुषार्थ, धर्म, ज्ञान व सिद्धि प्राप्त नहीं करनी चाहिए और न ही इसकी इच्छा रखनी चाहिए।

प्र. 28 : अपने द्वारा किए जानेवाले कर्मों को परखने की क्या कसौटी है ? जीवन की सबसे बड़ी सीख व सत्य के संबंध में यक्ष महाराज युधिष्ठिर को क्या बतलाते हैं ?

उत्तर : अपने कर्म की अच्छाई और बुराई को हर घड़ी परखते रहना चाहिए। अपने कर्म को परखने के लिए मनुष्य के पास एक ही कसौटी है और

वह यह सोचे कि इसी समय मैं मर जाऊँ तो मेरा यह कर्म किस गिनती में आएगा? इसलिए कोई भूल हो जाए तो तत्काल सुधार लेना चाहिए। यह कभी न सोचें कि आज की भूल को कल सुधार लूँगा, क्योंकि कभी-कभी काल भी समय नहीं देता। इससे हमें यह सीखने को मिलता है कि जीवन की सबसे बड़ी सीख जीवन की क्षणभंगुरता है। कोई नहीं जानता कि कब किसको ईश्वर बुला ले। महाभारत में भी अज्ञातवास के समय यक्ष महाराज युधिष्ठिर से पूछते हैं कि जीवन का सबसे बड़ा सत्य क्या है? इसके जवाब में महाराज युधिष्ठिर कहते हैं कि जीवन की क्षणभंगुरता ही जीवन का सबसे बड़ा सत्य है, अगर आज के परिप्रेक्ष्य में बात करें तो एप्पल कंपनी के संस्थापक स्टीव जॉब्स का भी यही कहना था कि वे प्रतिदिन यही सोचते रहते थे कि अगर आज ही जीवन का आखिरी दिन हो तो मैं क्या करता? कोई भी मनुष्य बुरे कार्य इसी वजह से कर पाता है कि वह जीवन के इस महत्त्वपूर्ण सत्य को जानते हुए भी अज्ञानतावश नजरअंदाज कर देता है।

प्र. 29 : श्रीकृष्ण के अनुसार मनुष्य के लिए ज्ञान मार्ग श्रेष्ठ है या कर्म मार्ग? कारण सहित बताइए।

उत्तर : धर्म के मार्ग पर चलने के लिए ज्ञान का प्रकाश आवश्यक है, यदि ज्ञान का प्रकाश न हो तो अंधकारपूर्ण मार्ग पर धर्म एक अंधे की भाँति भटक सकता है। इस उपदेश में यह सीख मिलती है कि कर्म करते-करते ज्ञान प्राप्त करते रहना चाहिए और साथ-ही-साथ ज्ञान प्राप्त करते-करते कर्म करते रहना चाहिए। श्रीमद्भगवद्गीता में भी भगवान् श्रीकृष्ण ने ज्ञान मार्ग को श्रेष्ठ बतलाया है। साथ-ही-साथ भगवान् श्रीकृष्ण ने कर्म को सामान्य इनसान के लिए सुगम मार्ग बतलाया है। वास्तव में यह दोनों ही मार्ग एक-दूसरे के पूरक हैं।

प्र. 30 : जीवन का अंतिम लक्ष्य क्या है? आनंद को कौन पा सकता है? जब मनुष्य कामनाओं को छोड़ देता है तो इस स्थिति को भगवद्गीता में क्या कहा गया है?

उत्तर : जहाँ जीवन है, वहीं मृत्यु है। जहाँ मंगल है, वहीं अमंगल भी साथ खड़ा है। केवल सुख को पकड़ने जाओगे तो दु:ख की छाया अवश्य पाओगे। अत: जो सुख-दु:ख दोनों से अनासक्त होकर आत्मा में लीन हो जाता है, वही आनंद को पाता है, उसी को मुक्ति कहते हैं।

इस उपदेश में सुख और दु:ख के संदर्भ में बहुत सुंदर व्याख्या जानने को मिलती है। सुख-दु:ख, मंगल-अमंगल व जीवन-मृत्यु एक ही सिक्के के दो पहलू की भाँति हैं, जब भी आप इनमें से किसी एक को पा लेते हैं तो दूसरे पहलू की तैयारी उसी समय से चालू हो जाती है। श्रीमद्भगवद्गीता में भी भगवान् श्रीकृष्ण ने कामनाओं को छोड़ने की बात की है। कामनाओं को छोड़ने से मनुष्य न तो सुख में उछलने लगता है और न ही दु:ख के समय रोने लगता है। इस स्थिति को भगवद्गीता में स्थिरप्रज्ञ कहा गया है। हमें भी जीवन में कामनाओं के पीछे नहीं भागना चाहिए और ऐसा करने से हमें जीवन में हलका महसूस होता है और धीरे-धीरे मुक्ति (लिबरेशन) की ओर बढ़ने लगता है। वास्तव में मुक्ति जीवन का अंतिम उद्देश्य है।

प्र. 31 : एक ही विद्या का भिन्न-भिन्न प्राणियों पर भिन्न-भिन्न प्रभाव क्यों पड़ता है ?

उत्तर : जैसे वर्षा का जल पेड़-पौधों पर एक समान गिरता है, परंतु किसी के लाल फूल निकलते हैं और किसी के पीले। इसी प्रकार एक ही विद्या का भिन्न-भिन्न प्राणियों पर उनके संस्कार व भाव के अनुसार भिन्न-भिन्न प्रभाव पड़ता है। इस उपदेश से यह समझने को मिलता है कि हमारे अंत:करण में सबसे पहले मन द्वारा विचार उत्पन्न किए जाते हैं, इसके परिणाम से कर्म होता है, कर्म के परिणाम से हमें अनुभव होता है तथा इस अनुभव की छाप संस्कार के रूप में हमारे चित्त पर पड़ जाती है। इसी प्रकार हर मनुष्य का अंत:करण अलग-अलग प्रकार का होता है। हर मनुष्य ज्ञान की विवेचना अपने अंत:करण में व्याप्त संस्कारों के आधार पर करता है।

प्र. 32 : मनुष्य का अंत:करण किस प्रकार का होना चाहिए ? इसे उदाहरण द्वारा समझाइए।

उत्तर : पत्थर पर लिखे अक्षर कभी नहीं मिटते, परंतु पानी पर लिखा क्षण भर भी नहीं रहता। मन में क्रोध व शत्रुता को उतनी ही देर रखना चाहिए, जितना पानी पर लिखा रह सकता है। इस उपदेश से हमें यह सीख मिलती है कि हमारा अंत:करण बच्चों की भाँति निर्मल होना चाहिए, जिस प्रकार एक बच्चा किसी के प्रति दुर्भावना नहीं रखता, उसी प्रकार हर मनुष्य को सरल होना चाहिए।

प्र. 33 : हम मानवता की सेवा किस प्रकार से कर सकते हैं? कामनाओं के पूर्ण होने का क्या परिणाम होता है तथा पूर्ण नहीं होने का क्या परिणाम होता है?

उत्तर : आप धन के बदले कुछ और भी दे सकते हो, एक प्यार भरा शब्द या प्यार भरी मुसकान, उसका मोल तो धन से भी अधिक है। इस उपदेश से बहुत ही अनमोल शिक्षा मिलती है। आवश्यकता इस बात की नहीं है कि हम किसी की धन से मदद करें, अगर हम किसी व्यक्ति को मधुर शब्द व मधुर मुसकान भी दे देते हैं तो यह भी मानवता के प्रति एक बड़ी सेवा है। यह तभी संभव हो पाता है, जब हम कामनाओं पर विजय प्राप्त कर स्थिरप्रज्ञ बन जाते हैं। कामनाओं के पूर्ण होने से हमारे जीवन में लोभ बढ़ने लगता है तथा कामनाओं के पूरा न होने से जीवन में क्रोध उत्पन्न होने लगता है।

प्र. 34 : मनुष्य का वास्तविक स्वरूप क्या है? इस वास्तविक स्वरूप को मनुष्य क्यों भूल जाता है? हमारे जीवन का सबसे बड़ा प्रश्न क्या है?

उत्तर : हर प्राणी भगवान् का अवतार है, परंतु वह अपनी ही माया के जाल में फँसकर अपने आप को नहीं पहचानता। स्वयं को पहचानने से ही वह इस मायाजाल से मुक्त हो सकता है। इस उपदेश से हमें यह सीख मिलती है कि हमारे जीवन का सबसे बड़ा प्रश्न एक ही है और वह यह है कि 'मैं कौन हूँ?' जब इनसान स्वयं को जानने के रास्ते पर आगे बढ़ता है, तब वह अंत में समझ जाता है कि मैं एक आत्मा ही तो हूँ और ईश्वर के रूप में परमात्मा के जीवन का अंश मात्र ही तो हूँ। कभी-कभी हम यह सोचने को विवश हो जाते हैं कि आखिर क्यों मनुष्य जीवन के इस सबसे बड़े ज्ञान को जीवन भर नहीं जान पाता।

प्र. 35 : "क्या मैं मृत्यु के समय अपने भाई को दिए वचन को भूल जाऊँ!" यह शब्द किसने किससे व क्यों कहे थे?

उत्तर : हमने यह देखा कि रावण द्वारा सुग्रीव से मिलने के लिए दूत भेजा गया। दूत ने सुग्रीव को विभिन्न तरह के प्रलोभन दिए। दूत रावण द्वारा प्रस्तावित विभिन्न भौतिक सुखों का सुग्रीव को प्रलोभन देकर रावण की शरण में आने की बात कहता है। इस समय सुग्रीव द्वारा बहुत ही अच्छा जवाब दिया गया। सुग्रीव ने कहा, "क्या मैं मृत्यु के समय अपने भाई बाली को दिए गए वचन को भूल जाऊँ!" इसके अलावा सुग्रीव ने भौतिक सुख से अधिक महत्त्व धर्म को दिया। इस प्रकार सुग्रीव ने रावण के प्रलोभन को नकार दिया। आज के परिवेश में इससे हमें यह सीखने को मिलता है कि हमें भी बाहरी चकाचौंध व प्रलोभन में नहीं आना चाहिए, क्योंकि आत्मिक सुख ही सबसे बड़ा सुख है। आत्मिक सुख की प्राप्ति धर्म के रास्ते पर चलने से ही प्राप्त होती है।

प्र. 36 : "माँगना कायरों का काम होता है।" यह वाक्य किसने किससे व क्यों कहा? किसी कार्य को करने के लिए विनम्रता क्यों आवश्यक है?

उत्तर : राम व संपूर्ण वानर सेना दक्षिण में समुद्र तट के समीप पहुँच गई, विशाल सागर को सामने देखकर राम, लक्ष्मण व संपूर्ण वानर सेना सोच में पड़ जाती है। ऐसे समय विभीषण राम और लक्ष्मण को समुद्र से रास्ता माँगने की सलाह देते हैं। लक्ष्मण को यह सलाह पसंद तो आती है, परंतु लक्ष्मण सूर्यवंशी होने की बात कहकर यह बोलते हैं कि माँगना कायरों का काम होता है। इस पर राम अपनी असहमति व्यक्त करते हुए समुद्र देव से प्रार्थना करने की बात कहते हैं। इससे हमें यह सीख मिलती है कि कोई भी कार्य विनम्रता व आग्रह से किया जाना चाहिए। आवेश व अधिकार की भावना से किया गया कार्य सही नहीं होता। राम व संपूर्ण वानर सेना समुद्र देव से 3 दिन तक विनम्रता से आग्रह करती है।

प्र. 37 : श्रीराम समुद्र देव से क्यों क्रोधित होते हैं? समुद्र देव इसके पश्चात् क्या करते हैं? क्रोध करना कब उचित कहा जा सकता है?

उत्तर : राम द्वारा तीन दिवस तक निराहार रहकर समुद्र देव से प्रार्थना की जाती है। समुद्र देव द्वारा रास्ता नहीं दिए जाने पर राम क्रोधित होते हैं। राम क्रोधित होकर ब्रह्मास्त्र का संधान करते हैं। भयभीत होकर समुद्र देव प्रकट होते हैं तथा क्षमायाचना करते हैं। करुणामय भगवान् राम समुद्र देव को क्षमा कर देते हैं, क्योंकि समुद्र देव पंचतत्त्व की मर्यादाओं को बतलाते हैं तथा समुद्र देव जल के मूल स्वभाव के बारे में समझाते हैं। राम तुरंत पंचतत्त्व के रूप में जल की मर्यादा को समझ जाते हैं। इसके आगे जल देव वास्तुविद् नल-नील की क्षमताओं के बारे में राम को अवगत करवाते हैं। इससे हमें यह सीख मिलती है कि विनम्र आग्रह के पश्चात् भी अगर कोई न समझे तो क्रोध भी आवश्यक हो जाता है, लेकिन क्रोध भी नियंत्रित होना चाहिए। राम का अपने क्रोध पर पूर्ण नियंत्रण है।

प्र. 38 : रामसेतु निर्माण के समय राम किसकी आराधना करते हैं? माँ पार्वती जब शिवजी से रामेश्वरम् का अर्थ पूछती हैं तो शिवजी क्या जवाब देते हैं? इससे हमें क्या सीखने को मिलता है?

उत्तर : राम सेतु का निर्माण कार्य आरंभ हो चुका है। राम ने शिवलिंग की स्थापना की। राम शिवजी की आराधना करते हुए कहते हैं कि हे शिव!

आप मेरे स्वामी हैं और जिन्हें मेरी भक्ति करनी है या मुझसे कुछ भी चाहिए तो उन्हें पहले शिव की आराधना करनी होगी। राम-शिवजी को आराध्य मानते हैं। राम शिवजी को स्वामी मानते हैं। राम शिवभक्त हैं और दूसरी तरफ देखिए न, शिवजी राम की आराधना करते हैं। राम बड़ी विनम्रता से शिवजी से आग्रह करते हैं कि आप मेरा आपके लिए नया नाम स्वीकार करें रामेश्वरम् और वह बताते हैं कि इसका तात्पर्य है राम के जो ईश्वर हैं, वही रामेश्वरम् हैं। वहीं दूसरी ओर पार्वती, जब शिवजी से पूछती हैं तो शिवजी कहते हैं कि रामेश्वरम् का अर्थ है—राम जिसके ईश्वर हैं, अर्थात् शिवजी राम को ईश्वर मानते हैं और राम शिव को ईश्वर

मानते हैं, इसे कहते हैं सम्मान। इससे हमें यह सीख मिलती है कि हम कितने भी बड़े पद पर रहें, लेकिन दूसरों को सम्मान देने का अवसर कभी नहीं छोड़ना चाहिए। हम देखते हैं कि सामान्यतया सभी राम मंदिरों में शिवजी की स्थापना की जाती है, क्योंकि शिव भक्ति प्रदान करते हैं।

प्र. 39 : रावण अशोक वाटिका में सीता के साथ क्यों छल करता है? रावण सीता को क्या प्रलोभन देता है? इससे हमें क्या सीख मिलती है?

उत्तर : रावण अशोक वाटिका में सीता के पास पहुँचता है। रावण सीता से छल करता है और सीता के समक्ष एक ढका हुआ थाल प्रस्तुत करता है। इस थाल को जब सीता के सम्मुख खोला जाता है तो राम का कटा हुआ सिर इसमें होता है। यह देखकर सीता स्तब्ध रह जाती हैं, पर सीता विचलित नहीं होतीं, ऐसी विषम परिस्थिति में भी सीता कहती हैं कि शरीर तो एक साधन है और राम के साथ उनका संबंध सदियों पुराना है, जो अनंतकाल तक बना रहेगा। सीता प्रेम की पराकाष्ठा को समझाती हैं, लेकिन अहंकार और मोह-माया से भ्रमित रावण प्रलोभन देता है और कहता है कि मरनेवाला मर गया, किंतु जो जीवित है, उसका हाथ थाम लेना चाहिए। इससे हमें यह सीख मिलती है कि हमें अवसरवादी नहीं होना चाहिए, हमें जीवन में निश्चित सिद्धांतों पर चलना चाहिए और शरीर को एक साधन मात्र समझना चाहिए। जब हम शरीर को एक साधन मान लेते हैं, तब हम निर्भय हो जाते हैं, क्योंकि हमारा वास्तविक रूप तो आत्मा ही है।

प्र. 40 : राम लंका पहुँचने के पश्चात् सर्वप्रथम क्या करते हैं? संप्रेषण कब प्रभावशाली हो जाता है?

उत्तर : राम लंका पहुँचने के पश्चात् धरती माँ को प्रणाम करते हैं और उधर अशोक वाटिका में बैठी सीता को इसकी अनुभूति होती है। सीता भी धरती को प्रणाम करती हैं। इस प्रकार हम देखते हैं कि प्रभावशाली संप्रेषण के लिए भावनात्मक रूप से जुड़ना बहुत अधिक महत्त्वपूर्ण होता है, जब हम भावनात्मक रूप से एक-दूसरे को महसूस करते हैं तो हम प्रभावशाली संप्रेषण करते हैं। इस प्रकार इससे हमें यह सीखने को मिलता है कि प्रभावशाली संप्रेषण के लिए शब्दों व साधनों के इस्तेमाल से भी महत्त्वपूर्ण है कि बोलनेवाला व सुननेवाला मन व भावना से एक हो जाए।

प्र. 41 : सूक व शरण गुप्तचर बनकर राम की सेना में आते हैं तो उन्हें कौन पहचान लेता है तथा इन दोनों के साथ राम कैसा व्यवहार करते हैं?

उत्तर : सूक व शरण गुप्तचर बनकर लंका में डेरा डाली हुई राम की सेना का भेद लेने के लिए आते हैं। कुछ ही समय बाद विभीषण उनकी पहचान कर लेते हैं और उन्हें बंदी बनाकर राम के सम्मुख लाया जाता है। राम उन दोनों गुप्तचरों के साथ बड़े ही सहज दिखाई देते हैं और दूसरी तरफ लक्ष्मण व विभीषण गुप्तचरों को मृत्युदंड देने के पक्ष में बोलते हैं, लेकिन यहाँ राम का कहना है कि गुप्तचर वही कर रहे हैं, जो उन्हें कहा गया है, इस नाते उन्हें मृत्युदंड नहीं देकर, उन्हें मुक्त किया जाना चाहिए। इससे हमें यह सीख मिलती है कि हमें पारस्परिक संबंधों में निपुण होना चाहिए। हमें सामनेवाले व्यक्ति की मजबूरी को समझना चाहिए। सही निर्णय लेने के लिए मानवता को आधार बनाया जाना चाहिए। गुप्तचर की मृत्यु से कोई हल नहीं निकलता, क्योंकि गुप्तचर ने वही किया है, जो उसके स्वामी ने उसे कहा है। अगर हम हमारे व्यावहारिक जीवन में भी पारस्परिक संबंध, यानी इंटरपर्सनल रिलेशनशिप को इतना महत्त्व दें तो हमारे जीवन में भी शांति, सुख व संतोष आ सकता है।

प्र. 42 : जब सुग्रीव को यह पता चलता है कि रावण उनके शिविर का निरीक्षण कर रहा है तो उनकी क्या प्रतिक्रिया होती है? इस प्रसंग से हमें क्या सीख मिलती है?

उत्तर : रावण अपने किले पर खड़े होकर राम की सेना का निरीक्षण करता है और वहीं दूसरी ओर राम अपने शिविर से रावण की लंका एवं किले का निरीक्षण करते हैं। ऐसे में जब सुग्रीव को यह पता चलता है कि रावण उनके शिविर का निरीक्षण कर रहा है तो वे बड़े क्रोधित होते हैं और उसी क्षण रावण के पास पहुँचकर उससे युद्ध करने लग जाते हैं। सुग्रीव व रावण काफी देर तक युद्ध करते हैं और सुग्रीव को मुँह की खाकर वापस राम के पास आना होता है। राम मुसकराते हुए सुग्रीव को अति उत्साह से बचने का संदेश भी देते हैं। इससे हमें यह सीख मिलती है कि हमें अति उत्साह के साथ जल्दबाजी नहीं करनी चाहिए। इससे कार्य बिगड़ जाता है। इस समय राम सेनापति हैं और राम की बिना आज्ञा लिये जाना अनुशासन के खिलाफ है, जब हम एक टीम के

साथ होते हैं तो हमें पूरी टीम को महत्त्व देना चाहिए। इस प्रकार अति उत्साह अकसर हमें मुसीबत में डाल देता है।

प्र. 43 : "राम से बैर न करें। सीता को राम को सौंप देवें।" यह वाक्य कौन किसे व क्यों कहता है? रावण किस-किसकी सलाह को किस कारण अस्वीकार कर देता है? इस प्रसंग से हमें क्या सीख मिलती है?

उत्तर : मंदोदरी अपने अनुभव के आधार पर हुए अपशकुन के कारण रावण को समझाती है कि राम से बैर न करें। सीता को राम को सौंप देवें। युद्ध न करे, किंतु रावण अपने ही कुतर्कों द्वारा मंदोदरी की सलाह को अस्वीकार कर देता है। मंदोदरी पत्नी होने के नाते पति के जीवन को लेकर चिंतित है। इस दृश्य से हमें यह सीख मिलती है कि अति आत्मविश्वास के कारण अकसर हम अपने आसपास के लोगों को, अपने शुभचिंतकों की बातों को नकार देते हैं। इसी तरह रावण अपने नाना सुमालीजी की सलाह को भी अस्वीकार कर देता है। विभीषण की सलाह को भी अस्वीकार कर देता है। इस प्रकार हमें यह पता चलता है कि रावण अति आत्मविश्वास से भरा है और अपना स्वयं का विनाश करने के लिए तत्पर है। माया का परदा रावण की आँखों को ढक देता है। अधर्म की राह पर चलनेवाला रावण भले-बुरे के भाव को नहीं समझ पाता है। इससे हमें यह सीख मिलती है कि विश्वास होना चाहिए, आत्मविश्वास होना चाहिए, परंतु अति आत्मविश्वास अकसर हमें अहंकारी बना देता है तथा हम स्वयं अपना नुकसान कर बैठते हैं। हमें सदैव अपने से बड़े, शुभचिंतकों व अनुभवी व्यक्तियों की बातों को महत्त्व देना चाहिए। यहाँ यह भी देखने को मिलता है कि रावण जहाँ अपने से अधिक अनुभवी व्यक्तियों की राय को अस्वीकार करता जा रहा है, वहीं राम अपने से कम उम्र के सेनानायक को तथा उनके पुत्र की बातों को स्वीकार भी करते जा रहे हैं।

प्र. 44 : राम अंगद को शांति दूत बनाकर रावण के समक्ष क्यों भेजते हैं?

उत्तर : राम लंका में अपनी सजी हुई सेना का निरीक्षण कर रहे हैं। राम मन-ही-मन कुछ सोच भी रहे हैं और राम आशंकित भी हैं कि युद्ध के परिणाम से कितना विनाश होगा। ऐसी अवस्था में, कुछ समय बाद ही राम सबको चौंकाने वाली राय भी रखते हैं। यहाँ राम का कहना है कि

हमें शांति का प्रयास रावण के समक्ष प्रस्तुत करना चाहिए। राम अंगद को शांति दूत बनाकर रावण के समक्ष भेजने का निर्णय लेते हैं।

इससे हमें यह सीख मिलती है कि जहाँ तक संभव हो सके, विवाद व युद्ध से बचना चाहिए, क्योंकि इससे जनहानि होती है। युद्ध के कारण आम जन को हानि होती है तथा सेना में नियुक्त व्यक्तियों को भी अपने जीवन को खोना पड़ता है। जहाँ तक संभव हो सके, इस तरह के नरसंहार, अशांतिरूपी नकारात्मक वातावरण से बचने का प्रयास भी करना चाहिए।

प्र. 45 : प्रभावशाली व्यक्तित्व के निर्माण में संप्रेषण के महत्त्व को रावण व अंगद के संवाद प्रसंग से समझाइए।

उत्तर : इसमें अंगद रावण के दरबार में प्रस्तुत होते हैं। रावण अंगद का उपहास करता है। रावण अंगद को बैठने के लिए आसन भी नहीं देता। अंगद ऐसी विशिष्ट-विषम परिस्थिति में भी अपने स्वामी के सम्मान को कम नहीं होने देते। अपने संवाद कौशल से रावण को शांति दूत के साथ कैसा व्यवहार करना चाहिए, यह समझाते हैं। अपने स्वामी राम की अच्छी वकालत भी करते हैं। इतना उपहास होने के बाद भी अंगद प्रभावशाली तरीके से अपनी पूँछ को बढ़ाकर अपना आसन ख़ुद बनाते हैं और रावण के समान उसी के समक्ष, उच्चतम आसन पर बैठ जाते हैं। इससे हमें यह सीख मिलती है कि शत्रु हमें कितना भी कमजोर क्यों न समझे, हमें अपने संवाद कौशल से प्रभावशाली संप्रेषण के माध्यम से अपनी बात को बखूबी रखना आना चाहिए। सम्मान पाने के लिए संवाद कौशल का इस्तेमाल किया जाना चाहिए। इस प्रकार रावण, अंगद के संवाद कौशल को देखकर मन-ही-मन डर जाता है। इससे हमें यह सीख मिलती है कि एक प्रभावशाली व्यक्तित्व के लिए प्रत्येक व्यक्ति में संवाद कौशल, यानी कम्युनिकेशन स्किल होना, अर्थात् वाक् कला में निपुण होना चाहिए, ताकि हम विषम से भी विषम परिस्थितियों में भी अपने वाक् चातुर्य से अपने व अपने स्वामी के सम्मान को बनाए रख सकते हैं।

प्र. 46 : "रावण! तुम त्रिलोक विजेता हो, पर राम त्रिलोक रचयिता हैं।" यह वाक्य कौन किससे व कब कहता है? ईश्वर को सर्वोपरि समझने से क्या होता है?

उत्तर : रावण के ससुर मय दानव रावण को समझाते हैं। वे कहते हैं कि शिव, ब्रह्मा व समस्त देवतागण राम के पक्ष में हैं। यह बात सुनकर रावण स्वयं को त्रिलोक विजेता बतलाता है। इस पर वे कहते हैं कि रावण! तुम त्रिलोक विजेता हो, पर राम त्रिलोक रचयिता हैं। रावण इस बात का उपहास करता है। आज संधि प्रस्ताव की आखिरी रात है। इस प्रकार अपने ससुर के काफी समझाने के बाद भी रावण संधि प्रस्ताव की सलाह को ठुकरा देता है। इससे हमें यह सीखने को मिलता है कि इस संसार में बहुत सी सफलताएँ मिल जाने के पश्चात् भी इस संसार के रचयिता को ही सर्वोपरि समझना चाहिए, जब ईश्वर को सर्वोपरि समझते हैं तो हम अहंकार के भाव से बच जाते हैं तथा विनम्रता के भाव में रहने लगते हैं।

प्र. 47 : "सती नारी का मन बहुत ही कोमल होता है, परंतु सत्य धर्म के पालन में वह हिमालय के समान अविचल हो जाती है।" यह वाक्य किसने किससे व क्यों कहे ? स्वाभिमान कब व किस कारण से अहंकार बन जाता है ?

उत्तर : मंदोदरी रावण को संधि की आखिरी रात समझाती है। मंदोदरी कहती है कि सती नारी का मन बहुत ही कोमल होता है, परंतु सत्य धर्म के पालन में वह हिमालय के समान अविचल हो जाती है। नारी का हृदय बड़े-से-बड़े प्रलोभन से भी विचलित नहीं होता और इस प्रकार मंदोदरी रावण से विनती करती है कि वह अनावश्यक युद्ध में लंका को न झोंके। वह यह भी कहती है कि नाथ! अगर तुम चाहो तो दानवों की मृत्यु को आज की रात सही निर्णय लेकर जीवन की ओर मोड़ सकते हो। रावण मंदोदरी का उपहास करता है और अपनी क्षमताओं का बखान करता है। रावण का कहना है कि नवग्रह के सभी देव उनकी सेवा में खड़े रहते हैं। वह जिसे राम कह रही है, वह तुच्छ वनवासी है, अंत में सभी प्रयास करने के बाद मंदोदरी रावण को अहंकाररूपी पट्टी को आँखों से हटाने को कहती है। रावण कहता है कि यह मेरा अहंकार नहीं, बल्कि यह मेरा स्वाभिमान है। इस प्रकार हम यह देखते हैं कि स्वाभिमान धीरे-धीरे कब अहंकार बन जाता है, इनसान को पता ही नहीं चलता, जब किसी में स्वाभिमान हो तो हमें यह समझ लेना चाहिए कि अब वह अहंकार बन गया है।

प्र. 48 : "मैंने तुम्हें जन्म दिया है और मैं तुम्हारा शुभ चाहती हूँ।" यह वाक्य कौन किससे कहता है? इस प्रसंग की व्याख्या करें।

उत्तर : आज संधि प्रस्ताव की आखिरी रात है। रावण की माँ कैकसी रावण को समझाने के लिए आती है। कैकसी कहती है—"तुम्हारे दोनों भाई खर, दूषण और बहुत से राक्षस युद्ध में मारे जा चुके हैं। तुमने नाना की बातों को न मानकर भी अच्छा नहीं किया।" और कैकसी आगे कहती है—"रावण बेटे! मैंने तुम्हें जन्म दिया है और मैं तुम्हारा शुभ चाहती हूँ।"

रावण कहता है—"मैं नादान नहीं हूँ, आपने मुझे जन्म जरूर दिया, परंतु मैंने अपना भूत और भविष्य स्वयं तय किया है।"

कैकसी रावण को समझाती है—"दानव अधर्म के साथ हैं व देवता धर्म के साथ हैं और अंत में विजय धर्म के साथ रहनेवालों की ही होती है।" इतना समझाने के बाद कैकसी हठधर्मी रावण को युद्ध न करने की सलाह देती है। इससे हमें यह सीख मिलती है कि अंत में देर से ही भले, पर जीत सत्य की ही होती है, अतः धर्म के रास्ते पर सदैव चलते रहना चाहिए।

प्र. 49 : "हमने हनुमानजी के मुख से पहले ही आपकी दुविधा सुन ली है। हम आपको पूर्ण विश्वास दिलाते हैं कि हम अपने वानरों की सहायता से आपकी भार्या सीता माता को ढूँढ़ लेंगे, परंतु उससे पहले हम आपसे अपेक्षा भी रखते हैं।" यह वाक्य किसने किससे व क्यों कहे? प्रत्युत्तर में राम क्या कहते हैं? व्यापार या राजनीति का मित्रता से क्या भेद है?

उत्तर : श्रीराम व लक्ष्मणजी हनुमानजी की सहायता से ऋष्यमूक पर्वत लाँघकर सुग्रीव से मित्रता का हाथ माँगने आते हैं, तब जामवंत कहते हैं—"हमने हनुमानजी के मुख से पहले ही आपकी दुविधा सुन ली है। हम आपको पूर्ण विश्वास दिलाते हैं कि हम अपने वानरों की सहायता से आपकी भार्या सीता माता को ढूँढ़ लेंगे, परंतु उससे पहले हम आपसे अपेक्षा भी रखते हैं कि आप हमारे महाराज सुग्रीव को उनके बड़े भाई 'बाली' से बचाएँगे, क्योंकि उन्होंने हमारे महाराज की स्त्री व उनका राज्य दोनों ही छीन लिये हैं।" यह कथन सुनकर श्रीराम इनकार कर देते हैं और कहते हैं—"क्षमा करें! मैं उनकी इस तरह सहायता नहीं कर सकता। ऐसा तो कोई छोटा व्यापारी ही बोल सकता है कि पहले आप मेरी

सहायता करें और फिर मैं आपकी। हम महाराज सुग्रीव से राजनीतिक संबंध नहीं रख सकते, क्योंकि राजनीति स्वार्थ से भरी हुई है।"

इस पर जामवंत क्षमायाचना करते हैं तथा कहते हैं, "हमें फिर वह रास्ता बताइए, जिससे हम वानर मनुष्यों से संबंध बना सकें ?"

इस पर श्रीराम कहते हैं, "वह एक ही रास्ता है, जो योनियों, जातियों, लोगों, धर्मों और समस्त ऊँच-नीच को लाँघकर एक प्राणी का दूसरे प्राणी के साथ अटूट संबंध स्थापित कराता है और वह नाता 'मित्रता' का है। महाराज! मैं आपसे वह नाता जोड़ना चाहता हूँ, जिसमें कोई शर्त नहीं होगी, कोई लेन-देन नहीं होगा, न ही कोई विनती, जो स्वार्थ की सीमा से परे होगा और जिसमें सिर्फ एक ही वस्तु का आदान-प्रदान होगा, जो है 'प्रेम'।" इस दृश्य से हमें पता चलता है कि जब किसी संबंध में लेना व देना शामिल हो जाता है तो उसे 'व्यापार' या 'राजनीति' कहते हैं। वास्तव में सच्ची मित्रता का आधार निश्चल प्रेम होना चाहिए। निश्चल प्रेम की परिभाषा मूल रूप से अपने प्रियजन को देने की भावना पर आधारित होती है। हमारे जीवन में सामान्यत: बहुत से दोस्त बने और फिर दोस्ती टूट गई। क्यों हुआ होगा ऐसा ? वास्तव में यह सभी रिश्ते स्वार्थ की भावना से बनाए गए थे और इनमें अपेक्षा का भाव रहा होगा। हमारे प्रतिदिन के जीवन में भी वो ही रिश्ते टिकाऊ रह पाते हैं, जो देने की भावना या यूँ कहें कि प्रेम पर आधारित होते हैं।

प्र. 50 : "हाँ! आप दोनों के आने से मेरे मन में वापस आशा का संचालन हुआ है।" यह वाक्य कौन किसे और किस संदर्भ में कहता है ? आशा, योजना, कर्म व कर्मफल में त्याग के द्वारा किसी भी कार्य को सफलतापूर्ण किया जाना किस प्रकार संभव है ?

उत्तर : सुग्रीव श्रीराम व लक्ष्मण से भेंट कर रहे होते हैं। वे कहते हैं, "बाली मुझे मारने के लिए किसी-न-किसी को भेजता रहता है, जब आप यहाँ आए तो हमें लगा कि बाली ने ही आपको भेजा है। इसलिए हमने हनुमान को दूसरा रूप धारण कर भेजा था।" इस पर लक्ष्मण कहते हैं, "यह अवस्था तो बड़ी विषम है, क्योंकि जब कोई पुरुष हिम्मत हारकर इस प्रकार निरुत्साहित हो जाता है, तब उसके जीवन में हर घड़ी एक भय, एक आशंका के स्वर गूँजते रहते हैं कि उसमें कभी

पौरुष, साहस और पुरुषार्थ का भाव उदय नहीं हो सकता। ऐसा पुरुष कभी विजयी नहीं हो सकता। जो विजयी होने का सपना ही नहीं देखे, वह युद्ध कैसे जीतेगा ? शास्त्र भी यह ही कहते हैं कि शोक और संकट में अर्थात् प्रजातंत्रकारी भय के उपस्थित होने पर जो अपनी बुद्धि से दुःख निवारण का उपाय सोचता है, धैर्य धारण करता है, वह मनुष्य ही दुःख पर विजय पाता है।"

इस पर सुग्रीव कहते हैं, "हाँ! आप दोनों के आने से मेरे मन में वापस आशा का संचालन हुआ है।"

इस पर श्रीराम अपनी सहमति प्रस्तुत करते हैं तथा कहते हैं, "आशा को कभी छोड़ना नहीं चाहिए। जो आशा करता है, वह सदैव जीतता है।" इस दृश्य से हमें यह सीख मिलती है कि किसी भी कार्य की सफलता के लिए प्रायः चार बातों की आवश्यकता होती हैं और वह हैं—आशा, योजना, कर्म तथा कर्मफल का त्याग। इस प्रकार हम देखते हैं कि इन चारों चरणों में सबसे पहली आवश्यकता 'आशावान' होने की ही है, जब हम निराश होकर कार्य करने लगते हैं तो हमारे मन में भय व्याप्त हो जाता है और इसी कारण हमें अपने मित्रों में भी शत्रु दिखने लगते हैं। आइए, जरा सोचें कि सुग्रीव, बाली के साथ युद्ध में क्यों हार जाते हैं तथा सुग्रीव की शक्ति बाली के सामने आधी क्यों हो जाती है ? हम इसे आसानी से समझ सकते हैं कि सुग्रीव की सोच निराशावादी है, जबकि बाली की सोच आशा से भरी है। व्यावहारिक जीवन में भी निराशावादी सोचवाले व्यक्ति की शक्ति बहुत कम हो जाती है, जो कि असफलता का मुख्य कारण बनती है। निराशावादी व्यक्ति मन-ही-मन भयग्रस्त रहता है। भगवान् श्रीराम व लक्ष्मण सकारात्मकता से ओत-प्रोत हैं, उनका संग पाकर सुग्रीव में भी सकारात्मक ऊर्जा जाग गई है और वह आशावान हो गया है। इसलिए हमें भी अगर अपने जीवन में आशा के दिव्य गुण को धारण करना हो तो हमें सकारात्मक व्यक्तियों का संग करना होगा तथा नकारात्मक व्यक्तियों से दूरी बनानी होगी।

प्र. 51 : "प्रभु! अपने भाई को मारने के बाद राजा बनना मेरी आत्मा स्वीकार नहीं करती। मन तो करता है कि यह राज्य छोड़कर संन्यासी बन जाऊँ।" यह वाक्य कौन किस समय कहता है ? श्मशान वैराग्य क्या

है ? राजा का वैरागी होना क्यों आवश्यक है ? इतिहास के किसी प्रसंग से इसे समझाइए।

उत्तर : सुग्रीव अपने भाई बाली की मृत्यु की वजह से दुःखी है। यह स्थिति देखकर हनुमानजी कहते हैं—"श्रीराम, महाराज सुग्रीव इस समय अत्यंत शोक अवस्था में हैं, आप इन्हें सांत्वना दीजिए।" इस पर श्रीराम कहते हैं—"मित्र! यहाँ क्या कर रहे हो?" इस पर सुग्रीव कहते हैं—"प्रभु! अपने भाई को मारने के बाद राजा बनना मेरी आत्मा स्वीकार नहीं करती। मन तो करता है कि यह राज्य छोड़कर संन्यासी बन जाऊँ।" इस पर श्रीराम कहते हैं—"जो तुम अभी कह रहे हो, वह इस समय बोलना सर्वथा उचित है। मित्र! इस समय तुम जिस अवस्था में हो, उसे श्मशान वैराग्य कहते हैं, जब किसी का प्रिय परिजन या मित्र मृत्यु को प्राप्त होता है, उस समय हर किसी में यह वैराग्य की भावना उत्पन्न होती है, परंतु यह अनंतकाल तक नहीं रहती, थोड़े ही दिनों में वह फिर इस दुनिया के मोह-माया में फँस जाता है। इसलिए बुद्धिमान अपने वैराग्य के कारण अपने कर्तव्य नहीं भूलते। वही आदर्श राजा है, जो मन से संन्यासी हो। जिसे राज्य का लोभ न हो, वही सच्चा राज कर सकता है।" इस दृश्य से हमें यह सीख मिलती है कि एक आदर्श राजा का सबसे दिव्य गुण वैरागी मन है। जो राजा मन से वैराग्य भाव रखता है, वही राजा जन कल्याण में रुचि रखता है अन्यथा राजा आसक्त (Attachment) होकर स्वकेंद्रित हो जाता है और उसके अधीनस्थ सारे कर्मचारी भ्रष्टाचारी हो जाते हैं। हम हमारे देश के इतिहास को जब देखते हैं तो सम्राट् अशोक कलिंग युद्ध में भयानक रक्तपात को देखकर वैरागी हो गए थे और इसी कारण कलिंग युद्ध उनके जीवन का अंतिम युद्ध बन गया था। इसके बाद सम्राट् अशोक एक आदर्श राजा के रूप में जनकल्याणकारी कार्यों में लिप्त हो गए थे। इसी प्रकार वर्तमान में हम देखते हैं कि हमारे देश के पूर्व प्रधानमंत्री लाल बहादुर शास्त्री एवं पूर्व राष्ट्रपति ए.पी.जे. अब्दुल कलाम दोनों ही मन में वैरागी भाव रखते थे और इसी कारण जन-जन के प्रिय नेता थे।

प्र. 52 : "अपने शरीर को स्वस्थ रखना और उसकी रक्षा करना प्राणी का पहला धर्म है। इसी धर्म के अनुसार जब प्राणी भूखा हो और उसके सामने खाने का पदार्थ हो तो उसे खा लेना न तो धर्म के विरुद्ध है और

न ही नीति के।" हनुमानजी ने राम के पक्ष में माहौल तैयार करने के लिए क्या-क्या किया? इस प्रसंग से कुशल प्रबंधन के संबंध में क्या सीख मिलती है?

उत्तर : हनुमानजी द्वारा रावण का पुत्र अक्षय कुमार मृत्यु को प्राप्त हो जाता है। हनुमानजी को पकड़ने के लिए रावण अपने पुत्र इंद्रजीत को भेजता है। इंद्रजीत द्वारा ब्रह्मास्त्र छोड़ा जाता है। ब्रह्मास्त्र का मान रखने के लिए हनुमानजी अपने आप को उसमें बाँध लेते हैं, जब इंद्रजीत हनुमानजी को रावण के पास लेकर आता है, तब रावण उनसे अपने सुंदर उपवन को उजाड़ने का कारण पूछता है और यह भी पूछता है कि उसने क्यों वहाँ की रक्षा करनेवाले राक्षसों को मारा? तब हनुमानजी लंकापति रावण को बतलाते हैं, "अपने शरीर को स्वस्थ रखना और उसकी रक्षा करना प्राणी का पहला धर्म है। इसी धर्म के अनुसार जब प्राणी भूखा हो और उसके सामने खाने का पदार्थ हो तो उसे खा लेना न तो धर्म के विरुद्ध है और न ही नीति के। मैंने उन्हीं सैनिकों को मारा, जिन्होंने मुझ पर प्रहार किया, उन्हें नहीं मारा, जो मुझे हानि नहीं पहुँचाना चाहते थे।" हनुमानजी न सिर्फ राम के परमभक्त हैं, बल्कि उनमें वाक् चातुर्य की क्षमता भी जबरदस्त है। हनुमानजी यह जानते हैं कि उन्हें श्रीराम के पक्ष में किस तरह का माहौल बनाना है। उन्होंने वो सब किया, जिससे रावण के सैनिकों में डर का माहौल बन जाए। रावण भी यह सोचने को मजबूर हो गया कि श्रीराम का एक सैनिक जब इतना चतुर व शक्तिशाली है तो श्रीराम की संपूर्ण सेना कैसी होगी? हर कुशल प्रबंधक को किसी भी कार्य को करने से पहले उस कार्य के अनुरूप माहौल बनाना चाहिए।

प्र. 53 : "सबकी अंतरात्मा गलत कर्म करने पर उसे अवश्य चेतावनी देती है, परंतु अपने अहंकार व जय-जयकार में वह आवाज सुनकर भी नजरअंदाज कर देता है।" यह वाक्य किसने किससे व क्यों कहा? अहंकार से किस प्रकार बचा जा सकता है? हम अपनी अंतरात्मा की आवाज किस प्रकार सुन सकते हैं?

उत्तर : मंदोदरी द्वारा लंकापति रावण को समझाया जा रहा है कि अगर आप कुछ बुरे या अनुचित कार्य करते हैं तो स्वयं भगवान् आपको बार-बार उस गलत कार्य न करने के लिए संकेत देते हैं। मंदोदरी रावण को

समझाती है कि उसकी अंतरात्मा उसे बार-बार संकेत दे रही है कि जो कार्य इस दौरान चल रहा है, वह गलत है। वह रावण को समझाती है कि सबकी अंतरात्मा गलत कर्म करने पर उसे अवश्य चेतावनी देती है, परंतु अपने अहंकार व जय-जयकार में वह आवाज सुनकर भी नजरअंदाज कर देता है। गलत कार्य करने से मन अशांत भी रहता है। हर मनुष्य के पास निर्णय लेने के लिए मन, बुद्धि व अंतरात्मा होती है। मन मनुष्य को विभिन्न विकल्प उपलब्ध कराता है। बुद्धि इन सभी विकल्पों पर फैसला करती है। इनसान का आत्मविश्वास धीरे-धीरे उसकी तरफ बढ़ने लगता है और यही आत्मविश्वास धीरे-धीरे अहंकार में बदल जाता है। मनुष्य ऐसा होने पर अपनी अंतरात्मा की आवाज को सुन ही नहीं पाता। हर मनुष्य को चाहिए कि वह सदैव के गुण से परिपूर्ण रहे, ताकि न सिर्फ अहंकार जैसे दुर्गुण से बच सके, बल्कि स्वयं की अंतरात्मा की आवाज को भी सुन सके।

प्र. 54 : "जो मंत्रीगण, सेनागण अपने निजी लाभ के लिए राजा की हाँ-में-हाँ मिलाएँ, उस राजा का विनाश दूर नहीं होता, आप मेरे ज्येष्ठ भ्राता हैं, कभी-कभी काम और क्रोध की उत्तेजना के आवेश में कुमति मनुष्य को गलत राह पर खींचकर ले आती है और अपनी भूल को उसी क्षण सुधार लेना ही बुद्धि का काम होता है।" यह वाक्य कौन किससे कहता है ? सही निर्णय कैसे लें ? गलत निर्णय होने का क्या कारण होता है ?

उत्तर : दूत के द्वारा रावण को पता चल जाता है कि श्रीराम, राजा सुग्रीव व वानर सेना लंका में स्थित नदी के उस पार पहुँच चुकी है, तब वह एक राज्यसभा आरंभ करता है, जब सारे मंत्री रावण के निर्णय की ओर अपनी सहमति रखते हैं, तब विभीषण कहते हैं, "जो मंत्रीगण, सेनागण अपने निजी लाभ के लिए राजा की हाँ-में-हाँ मिलाएँ, उस राजा का विनाश दूर नहीं होता, आप मेरे ज्येष्ठ भ्राता हैं, कभी-कभी काम और क्रोध की उत्तेजना के आवेश में कुमति मनुष्य को गलत राह पर खींचकर ले आती है और अपनी भूल को उसी क्षण सुधार लेना ही बुद्धि का काम होता है।" इससे हमें यह सीखने को मिलता है कि हमें सदैव स्वार्थी मित्रों, कर्मचारियों व सलाहकारों से बचना चाहिए, क्योंकि वह हमें खुश करने के लिए हमारे हर फैसले में हाँ-में-हाँ मिला देते हैं। इस कारण हमारे गलत निर्णय ठीक नहीं हो पाते। दूसरी ओर

हमें यह देखने को मिलता है कि श्रीराम अपना निर्णय लेने से पूर्व अपने आसपास के सभी महत्त्वपूर्ण व्यक्तियों से विचार-विमर्श करते हैं। ऐसा करने से निर्णय के परिणाम से होनेवाले लाभ व हानि का आकलन करना आसान हो जाता है। इसके अतिरिक्त हमें यह भी सीखने को मिलता है कि जब कभी कामनाओं व क्रोध के कारण गलत निर्णय हो जाएँ तो क्षमा माँगकर उन्हें सुधार लेना चाहिए। अगर अहंकार के कारण ऐसा नहीं करते तो हमें इन निर्णयों के परिणामस्वरूप भयंकर हानि उठानी पड़ती है।

प्र. 55 : "कोई भी प्राणी जाति से बड़ा नहीं होता, वह तो अपने कर्मों द्वारा अच्छा व बुरा सिद्ध होता है।" यह वाक्य किस समय, किसने, किससे कहे? पूर्वग्रह के आधार पर निर्णय लेना क्या उपयुक्त है?

उत्तर : नल-नील द्वारा महाराज सुग्रीव को पता चल जाता है कि आकाश मार्ग द्वारा विभीषण व अन्य लोग समुद्र तट पर खड़े हैं। महाराज सुग्रीव यह सूचना श्रीराम के पास लेकर जाते हैं और जब श्रीराम दूसरों की सलाह माँगते हैं, तब जामवंत कहते हैं, "छोटा भाई हो या गुप्तचर, है तो हमारा शत्रु ही। वह कभी भी हमारी हानि कर सकता है, आखिर है भी राक्षस जाति का।" तब हनुमानजी कहते हैं, "अगर वह राक्षस जाति का है, इसलिए दुष्ट होगा, यह मानना तो अन्याय है, कोई भी प्राणी जाति से बड़ा नहीं होता, वह तो अपने कर्मों द्वारा अच्छा व बुरा सिद्ध होता है।" इससे हमें यह सीख मिलती है कि पूर्वग्रह के आधार पर कोई निर्णय नहीं लिया जाना चाहिए। निर्णय लेने से पूर्व वास्तविकता को भलीभाँति जाँच-परख लेना चाहिए। साथ-ही-साथ यह भी समझ रखनी चाहिए कि किसी भी व्यक्ति की परख उसकी जाति के आधार पर नहीं की जानी चाहिए। व्यक्ति की परख उसके कर्म के आधार पर की जानी चाहिए।

प्र. 56 : "आप रावण की मित्रता का आदर करें, वह आपको इतना सुख देंगे कि आप सुख भोगते-भोगते थक जाओगे, परंतु वे सुख कभी कम नहीं होंगे।" यह कथन कौन, किसे व कब कहता है? इसके प्रत्युत्तर में महाराज सुग्रीव क्या कहते हैं?

उत्तर : रावण के गुप्तचर 'शुक' एक पक्षी का रूप धारण कर लंका के समुद्र तट पर लगे शिविर तक पहुँचते हैं और महाराज सुग्रीव के पास

पहुँचकर रावण से मित्रता का प्रस्ताव रखते हैं। 'शुक' कहते हैं, "आप रावण की मित्रता का आदर करें, वह आपको इतना सुख देंगे कि आप सुख भोगते-भोगते थक जाओगे, परंतु वे सुख कभी कम नहीं होंगे।" इस पर महाराज सुग्रीव कहते हैं, "प्राणी ही नाशवान है तो फिर भोग भी नाशवान ही होंगे। कोई भौतिक सुख ऐसा नहीं है, जो निरंतर हो, जिसका नाश न हो। इसलिए सुखों के मोह में आकर अपने कर्तव्यों से विमुख नहीं होना चाहिए।" इससे हमें यह सीखने को मिलता है कि मनुष्य का शरीर क्षणभंगुर व नाशवान है और इस शरीर के लिए किए जानेवाले साधन भी नाशवान स्वभाव के हैं। इसलिए यह बुद्धिमत्ता है कि मनुष्य अपने कर्तव्य के लिए सुख व साधनों के कारण कभी भी कोई समझौता न करे।

प्र. 57 : "हाँ भैया, हम समुद्र से ही मार्ग माँगते हैं, परंतु मैं माँगने का समर्थन नहीं करता, उठाइए धनुष-बाण!" यह कथन कौन, किस समय कहता है? इसके प्रत्युत्तर में श्रीराम क्या कहते हैं?

उत्तर : श्रीराम विभीषण से समुद्र को लाँघने के लिए सहायता माँगते हैं, तब विभीषण कहते हैं कि "क्यों न हम समुद्र से ही मार्ग माँगें?" तब लक्ष्मण भी कहते हैं, "हाँ भैया, हम समुद्र से ही मार्ग माँगते हैं, परंतु मैं माँगने का समर्थन नहीं करता, उठाइए धनुष-बाण!" इस पर श्रीराम कहते हैं, "दूसरे को अवसर दिए बिना ही, उसके विरुद्ध शस्त्र उठाना अहंकारजनित अत्याचार का सूचक है। सच्चे शक्तिशाली को अपनी विनम्रता कभी नहीं खोनी चाहिए।" इससे हमें यह सीखने को मिलता है कि मनुष्य को विनम्रता का आचरण नहीं खोना चाहिए। वास्तव में मनुष्य की विनम्रता को देखना हो तो यह देखें कि वह अपने से कमजोर व्यक्तियों के साथ कैसे पेश आता है।

प्र. 58 : सेनापति दुर्मुख की मृत्यु के पश्चात् युद्ध करने कौन आता है? राम व लक्ष्मण किस प्रकार उसका सामना करते हैं? एक सच्चे वीर का क्या गुण होता है?

उत्तर : सेनापति दुर्मुख की मृत्यु के पश्चात् रावण के भाई खर का पुत्र मकराक्ष आता है। अपने पिता खर की मृत्यु का बदला लेने के लिए युद्ध में जाने का प्रस्ताव रखता है। रावण इसके लिए अपनी सहमति दे देता है। युद्धभूमि में पहुँचकर मकराक्ष राम को युद्ध के लिए

ललकारता है। राम युद्धभूमि में स्वयं आते हैं तथा मकराक्ष का परिचय जानते हैं। अपने पिता की मृत्यु के कारण माता के संकल्प को पूरा करने के लिए की गई प्रतिज्ञा को वे बड़े सम्मान की नजर से देखते हैं। पुत्र के रूप में अपनी माँ से की गई प्रतिज्ञा का वे आदर करते हैं। लक्ष्मण मकराक्ष का उपहास करते हैं तथा यह कहते हैं कि यह तो कुछ ऐसे हुआ जैसे कोई चूहा शेर की गुफा के बाहर खड़ा होकर शेर को युद्ध के लिए ललकारे। इस पर राम कहते हैं कि वीरों का उपहास करना श्रेष्ठ वीरों का काम नहीं होता। इससे हमें यह सीख मिलती है कि दुश्मन की हर अच्छाई का भी सम्मान करना चाहिए। यही एक सच्चे वीर का गुण होता है। अच्छाई का सम्मान करने से स्वयं में भी अच्छाई बढ़ने लगती है।

प्र. 59 : रावण किसकी मृत्यु के पश्चात् युद्धभूमि में आता है। राम व रावण के युद्धभूमि में हुए वार्त्तालाप का वर्णन कीजिए? भक्त व ज्ञानी में क्या अंतर है?

उत्तर : रावण अपने भाई के बेटे मकराक्ष की युद्ध में मृत्यु के पश्चात् विचलित हो जाता है। रावण स्वयं युद्धभूमि में आता है। युद्धभूमि में आने के पश्चात् रावण राम से कहता है कि तुम मूर्ख वानरों को अपनी वाक्पटुता से बरगला सकते हो, क्योंकि वे अज्ञानी हैं। इस पर राम एक बहुत सुंदर जवाब देते हैं। राम कहते हैं, "भक्त व ज्ञानी में यही अंतर है। एक ओर भक्त जहाँ सच्चा और सरल होता है, भले ही वह अज्ञानी ही क्यों न हो, दूसरी ओर ज्ञानी अच्छा व बुरा हो सकता है। ज्ञानी दुराचारी भी हो सकता है।" इस समय राम रावण से यह भी कहते हैं कि युद्ध लड़ने के लिए सिर्फ पाशविक शक्तियों से ही काम नहीं चलता, बल्कि धार्मिक व आत्मिक शिक्षा की भी जरूरत होती है। इससे हमें यह समझ मिलती है कि ज्ञानी से भक्त बड़ा है, क्योंकि भक्त सरल होता है और उसे समझाना आसान होता है, जबकि ज्ञानी दुराचारी भी हो सकता है। गीता में भी भगवान् कृष्ण भक्ति मार्ग को सर्वश्रेष्ठ व सरल मार्ग बतलाते हैं, जहाँ ज्ञानी बुद्धि का इस्तेमाल करते हैं, वही भक्त अपने कोमल हृदय व सरल स्वभाव से ही ईश्वर को पा लेते हैं।

प्र. 60 : युद्धभूमि से जब निहत्था होकर रावण महल में लौटता है तो रावण के नाना उसे क्या समझाते हैं? इससे हमें क्या सीख मिलती है?

उत्तर : जब रावण हताश व निहत्था होकर वापस महल में लौटता है, निहत्थे व हताश रावण के सामने उनके नाना आते हैं। रावण के नाना रावण से कहते हैं कि मैं अब तुम्हें युद्ध न करने की सलाह नहीं दूँगा, अब मैं तुम्हें यह कहूँगा कि तुम्हें पूरी क्षमता के साथ युद्ध करना चाहिए। वह रावण को प्रेरित करते हैं और रावण से कहते हैं कि पहली हार अंतिम हार नहीं हुआ करती। हार और जीत के बीच में कई फासले होते हैं। इससे हमें यह सीखने को मिलता है कि एक बार निर्णय लिये जाने के पश्चात् उस पर स्थिर रहना चाहिए तथा निर्णय लेने के पश्चात् अगर प्रारंभिक अवस्था में हार भी मिले तो उसे अंतिम हार नहीं समझना चाहिए। लगातार प्रयास करते रहना चाहिए, क्योंकि बहुत बार प्रारंभिक हार होने के बावजूद भी अंत में विजय होती है। दूसरी ओर कई बार प्रारंभ में विजय होने के बाद भी अंत में हार हो जाती है।

प्र. 61 : जब कुंभकरण को नींद से जगाया जाता है, तब वह रावण से क्या कहता है? इससे हमें क्या प्रेरणा मिलती है?

उत्तर : कुंभकरण को युद्ध के लिए नींद से जगाया जाता है और कुंभकरण नींद से जागने के बाद रावण के समक्ष प्रस्तुत होता है। कुंभकरण रावण से कहता है कि आप नारायण के रूप में श्रीराम को नहीं समझ पाए, रावण क्रोधित होता है। वह कहता है कि शत्रु को श्री से संबोधित मत करो। कुंभकरण इसका जवाब देता है कि आँख बंद करने से सूर्य का प्रकाश कम नहीं हो जाता, उन्हें श्रीराम ही कहना होगा। इसके आगे कुंभकरण कहता है कि अर्थ व कर्म जब धर्म के विपरीत हों, वहाँ कर्म और अर्थ को त्याग देना चाहिए। वह आगे कहता है कि सुबह का समय धर्म का होता है, दोपहर का समय अर्थ का होता है और रात्रि का समय काम का होता है। इस प्रकार वह भलीभाँति रावण को यह समझाता है कि धर्म सर्वोपरि है। अर्थ एवं कामनाएँ धर्मसम्मत होनी चाहिए। इससे हमें यह प्रेरणा मिलती है कि सुबह का कार्य अच्छे विचारों का होना चाहिए, धार्मिक कार्यों का होना चाहिए, दोपहर में अर्थोपार्जन पर ध्यान दिया जाना चाहिए तथा उसके पश्चात् कामनाओं की पूर्ति पर ध्यान दिया जाना चाहिए। शास्त्रों में चार पुरुषार्थ बताए गए हैं—धर्म, अर्थ, काम एवं मोक्ष। इन चारों पुरुषार्थ में सबसे महत्त्वपूर्ण पुरुषार्थ है—धर्म। धर्म का अर्थ है सही व गलत का विवेक। जब अर्थ उपार्जन व कामनाएँ

धर्म के अधीन होती हैं, तब वह श्रेष्ठ होती हैं और इसी के द्वारा चौथे व अंतिम पुरुषार्थ के रूप में मोक्ष प्राप्त किया जा सकता है।

प्र. 62 : कुंभकरण से रावण क्यों क्रोधित हो जाता है ? वह कुंभकरण से क्या कहता है और कुंभकरण इसका क्या जवाब देता है ? इस वार्त्तालाप से हमें क्या सीख मिलती है ? राजा को किस प्रकार के मंत्रियों से दूर रहना चाहिए ?

उत्तर : कुंभकरण राम के साथ युद्ध में जाने से पूर्व जब रावण को शास्त्र सम्मत शिक्षा देता है तो रावण कुंभकरण से कहता है कि यह समय शास्त्र संबंधित बातें करने का नहीं है। इसके आगे रावण क्रोधित होकर कुंभकरण से कहता है कि अगर तुम युद्ध में भाग नहीं लेना चाहो तो तुम वापस जाकर सो जाओ, मैं स्वयं युद्ध कर लूँगा। इसके जवाब में कुंभकरण रावण से कहता है कि छोटे भाई के रहते हुए कभी बड़े भाई युद्ध में नहीं जाते। वह कहता है कि जो बातें मैंने कही हैं, वह छोटे भाई होने के कारण मेरा अधिकार भी था और मेरा कर्तव्य भी था। इसके आगे वह यह भी कहता है कि छोटा भाई मित्र भी है और सेवक भी है। अपने बड़े भाई के लिए तो मैं मरने को भी तैयार हूँ। कुंभकरण को आज रावण की यह स्थिति देखकर बड़ा दुःख भी हो रहा है और एक छोटे भाई होने के नाते ऐसी परिस्थिति में जो कर्तव्य है, उसका पालन करने की मर्यादा भी महसूस हो रही है, अंत में कुंभकरण कहता है कि जो मंत्री राजा की हाँ-में-हाँ मिलाते हैं, वे मंत्री कभी राजा का भला नहीं कर सकते। इससे हमें यह सीख मिलती है कि राजा को अपने दरबार में किए जानेवाले सभी कार्यों में सलाहकारों की मदद लेनी चाहिए तथा ऐसे मंत्रियों से हमेशा दूर रहना चाहिए, जो राजा की हाँ-में-हाँ मिलाते हैं और राजा को सही निर्णय नहीं लेने देते।

प्र. 63 : कुंभकरण के युद्धभूमि पर आने पर क्या होता है ? इस समय विभीषण व कुंभकरण में हुए वार्त्तालाप को बताइए। इससे हमें क्या सीखने को मिलता है ?

उत्तर : कुंभकरण युद्धभूमि पर आता है। कुंभकरण के विशाल शरीर को देखकर राम की सेना में हाहाकार मच जाता है। राम सभी से सलाह करते हैं तथा यह निश्चय किया जाता है कि विभीषण कुंभकरण के पास जाकर उसे समझाएँगे। युद्धभूमि में पहुँचकर विभीषण कुंभकरण

को प्रणाम करते हैं। कुंभकरण अपने भाई विभीषण से मिलकर प्रसन्न होता है, पर थोड़ी देर बाद वह विभीषण से रुष्ट होते हुए कहता है कि तुम अपने बड़े भाई का साथ न देकर राम की शरण में गए। चाहे जैसी भी स्थिति रही हो, तुम्हें रावण का ही साथ देना चाहिए था। धर्म की कोई निश्चित परिभाषा नहीं होती। धर्म की व्याख्या देशकाल और परिस्थिति के अनुसार बदलती रहती है। इसके उत्तर में विभीषण कहते हैं, सत्य सदा एक ही होता है, सत्य ही धर्म होता है, सत्य ही शाश्वत होता है। इस समय कुंभकरण कहता है, ऐसा समय आता है, जब आदमी धर्मसंकट में फँस जाता है और उस समय यह निश्चित करना बहुत ही कठिन हो जाता है कि प्राणी का क्या धर्म है और क्या कर्तव्य है। ऐसे अवसर पर प्राणी अपने संस्कारों के अनुसार ही अपने धर्म का निश्चय करता है। इस संवाद से हमें यह सीखने को मिलता है कि धर्म की परिभाषा बहुत ही गूढ़ है तथा वह कभी भी बदलती नहीं है अधर्म प्रारंभ से अंत तक अधर्म ही रहता है और धर्म प्रारंभ से अंत तक धर्म ही रहता है। रिश्तों से अधिक महत्त्व धर्म को दिया जाना चाहिए, क्योंकि अंत में विजय धर्म की ही होती है। शास्त्रों में बताए गए चारों पुरुषार्थ में धर्म का प्रतीक शेर को समझा गया है, उसे किसी की परिचय की आवश्यकता नहीं होती, धर्म के अधीन ही अर्थ व काम शोभायमान होते हैं।

प्र. 64 : "ज्ञानी को कभी भी मरनेवाले का शोक नहीं करना चाहिए।" इस कथन की व्याख्या कीजिए।

उत्तर : अपने बड़े भाई कुंभकरण की मृत्यु के पश्चात् विभीषण शोकमय हो जाते हैं। ऐसे समय श्रीराम विभीषण को समझाते हैं, ज्ञानी को कभी भी मरनेवाले का शोक नहीं करना चाहिए। आत्मा का अंत नहीं होता, शरीर का अंत होता है। आत्मा शरीर बदलती रहती है, इस जगत् में पदार्थ व जीव सबका अंत होता है। इस प्रकार इस दृश्य से हमें यह सीखने को मिलता है कि आत्मा अमर है तथा जिसने भी जन्म लिया है, उसकी मृत्यु निश्चित है, जब मनुष्य को शरीर की नश्वरता व आत्मा की अमरता एवं स्वयं के जीवन का यह अनमोल ज्ञान हो जाता है तो वह निर्भय हो जाता है। ऐसे व्यक्ति को जीवन में कभी शोक भी नहीं होता।

प्र. 65 : अतिकाय की क्षमताओं का वर्णन विभीषण किसके समक्ष करते हैं? वे लक्ष्मण की वीरता पर संदेह क्यों करते हैं? राम प्रत्युत्तर में जो कहते हैं, उससे हमें क्या सीखने को मिलता है?

उत्तर : विभीषण श्रीराम, सुग्रीव एवं जामवंत को महापराक्रमी अतिकाय की विशेष क्षमताओं के बारे में बताते हैं। वे कहते हैं कि अतिकाय कुंभकरण के समान अति शक्तिशाली है। राम को अपने अनुज भ्राता लक्ष्मण पर पूरा भरोसा है। दूसरी ओर विभीषण लक्ष्मण की क्षमता पर संदेह करते हैं। विभीषण कहते हैं कि लक्ष्मण के साथ किसी और को भी भेजा जाना चाहिए। इस पर राम अपनी असहमति प्रकट करते हैं। लक्ष्मण की वीरता के बारे में विभीषण को बतलाते हैं। लक्ष्मण की क्षमताओं पर उन्हें पूरा भरोसा है। इससे हमें यह सीख मिलती है कि अपने छोटे भाइयों व परिजनों की क्षमताओं पर पूर्ण विश्वास किया जाना चाहिए। ऐसा करने से वे जिम्मेदारीपूर्ण व्यवहार करते हैं तथा आत्मविश्वास से भरे रहते हैं।

प्र. 66 : "मानवता की सबसे बड़ी जीत तब होगी, जब सत्य व न्याय के लिए हमें युद्ध की आवश्यकता ही नहीं रहेगी।" यह कथन कौन, किस अवसर पर कहता है? वर्तमान परिप्रेक्ष्य में इससे क्या सीखने को मिलता है?

उत्तर : विभीषण और राम युद्ध में मारे गए सैनिकों को देखते हैं तो विभीषण बड़े विचलित होते हैं। युद्धभूमि श्मशान के रूप में बदल गई है। जगह-जगह शव पड़े हैं और ऐसे में राम कहते हैं, "मानवता की सबसे बड़ी जीत तब होगी, जब सत्य व न्याय के लिए हमें युद्ध की आवश्यकता ही नहीं रहेगी।" वर्तमान में हम यह देखते हैं कि हर समय युद्ध का खतरा बना रहता है। आर्थिक विकास की दौड़ में हर एक देश दूसरे देश को हराना चाहता है। इसी कारण आणविक व जैविक हथियारों से भयानक युद्ध की तैयारी विश्वभर में हर समय की जा रही है। इस प्रकार हम देखते हैं कि वास्तव में सच्ची जीत तब होगी, जब इनसान धर्म को भलीभाँति समझ जाएगा तथा धर्म के अधीन अर्थ-काम आ जाएँगे। आज हम देखते हैं कि हर व्यक्ति को सत्य व न्याय के लिए बड़ा संघर्ष करना पड़ रहा है।

प्र. 67 : मेघनाद अदृश्य होकर किस प्रकार युद्ध करता है? इसका क्या परिणाम होता है? इस समय सुग्रीव क्या शिक्षा देते हैं?

उत्तर : मेघनाद अदृश्य हो जाता है तथा आकाश मार्ग से तीर से नागपाश को राम-लक्ष्मण पर छोड़ता है। नागपाश में राम-लक्ष्मण बँधकर मूर्च्छित हो जाते हैं। इससे सेना में शोक की लहर छा जाती है। ऐसे समय विभीषण एवं जामवंत निराश हो जाते हैं और वे नागपाश का कोई उपचार न होने की बात कहते हैं। ऐसे समय में सुग्रीव कहते हैं कि कौन सा ऐसा रोग है, जिसका इलाज नहीं होता, कौन सा ऐसा अस्त्र है, जिसकी कोई काट नहीं होती। इससे हमें यह सीख मिलती है कि कठिन-से-कठिन परिस्थिति में भी निराश नहीं होना चाहिए। सुग्रीव की भाँति इस बात पर पूर्ण विश्वास रखना चाहिए कि हर समस्या का एक निश्चित समाधान होता ही है। निराश हो जाने की दशा में समस्या और गहरी हो जाती है।

प्र. 68 : "हे मेघनाद! तूने क्या किया? राम-लक्ष्मण से पहले तुझे मुझ पर शस्त्र चलाना चाहिए था, अब इतिहास मुझे विश्वासघाती ही समझेगा।" यह कथन कौन, किस समय कहता है? इस समय हनुमान किस प्रकार से दूरदर्शिता का परिचय देते हैं? इससे क्या सीखा जा सकता है?

उत्तर : लंका युद्ध के दौरान मेघनाद द्वारा छोड़े गए नागपाश से बँधे राम-लक्ष्मण युद्धभूमि में घायल अवस्था में मूर्च्छित पड़े हैं। विभीषण प्रलाप कर रहे हैं कि "हे मेघनाद! तूने क्या किया? राम-लक्ष्मण से पहले तुझे मुझ पर शस्त्र चलाना चाहिए था, अब इतिहास मुझे विश्वासघाती ही समझेगा।" इसी प्रकार निराशा की बात जामवंत भी करते हैं। ऐसी विकट परिस्थिति में सुग्रीव रावण से बदला लेने की बात भी करते हैं। दूसरी ओर दूरदर्शी हनुमान विष्णु वाहन गरुड़ के पास नारदजी को लेकर पहुँच जाते हैं एवं गरुड़जी को अपने मधुर भाष्य से राम-लक्ष्मण को नागपाश से मुक्त करने के लिए राजी कर लेते हैं। इससे हमें यह सीख मिलती है कि संकट के समय निराश नहीं होना चाहिए, बल्कि आशावान रहना चाहिए। संकट के समय दूरदर्शिता व सूझ-बूझ से काम लेना चाहिए। जो व्यक्ति संकट के समय दूरदर्शिता रखते हैं, वे ही अपनी टीम के पथ-प्रदर्शक बनते हैं।

प्र. 69 : गरुड़जी नागपाश के बंधन से जब राम व लक्ष्मण को मुक्त कर देते हैं तो संपूर्ण वानर सेना व अन्य लोगों पर क्या प्रभाव पड़ता है? सकारात्मक ऊर्जा किस प्रकार बनाए रखी जा सकती है?

उत्तर : गरुड़जी नागपाश के बंधन से राम-लक्ष्मण को मुक्त कर देते हैं। संपूर्ण सेना में फिर से खुशी की लहर छा जाती है। राम व लक्ष्मण के नागपाश में बँधे होने के कारण न सिर्फ राम की संपूर्ण सेना में दु:ख व निराशा छा जाती है, बल्कि अशोक वाटिका में बैठी त्रिजटा व सीता भी शोकमय हो जाते हैं। ऐसे में उत्साहित सुग्रीव व हनुमान श्रीराम से जयनाद घोष के लिए प्रार्थना करते हैं, जिससे अशोक वाटिका में बैठी सीता माता को भी संदेश मिल जाए। राम की अनुमति के बाद जयनाद घोष किया जाता है। युद्धभूमि में व्याप्त नकारात्मकता जयनाद के कारण सकारात्मक शक्ति में बदल जाती है। इससे हमें यह सीख मिलती है कि कठिन परिस्थितियों में भी अपनी टीम का मनोबल बढ़ाने के लिए उत्साह व उमंग की शक्ति का प्रयोग किया जाना चाहिए।

प्र. 70 : लक्ष्मण ब्रह्मास्त्र चलाने की राम से क्यों अनुमति चाहते हैं तथा राम क्या प्रत्युत्तर देते हैं? कौन सी विजय (सफलता) कल्याणकारी नहीं होती?

उत्तर : लक्ष्मण राम के पास आते हैं और यह कहते हैं कि मेघनाद अदृश्य होकर छल से युद्ध कर रहा है। वे श्रीराम से ब्रह्मास्त्र चलाने की अनुमति चाहते हैं। इस पर राम कहते हैं कि रण से भागे शत्रु, आपकी शरण में आए शत्रु एवं विक्षिप्त व्यक्ति पर ब्रह्मास्त्र चलाना धर्म के विरुद्ध है। अधर्म द्वारा प्राप्त की गई विजय कभी कल्याणकारी नहीं होती। इससे हमें यह सीखने को मिलता है कि निर्णय लेने का आधार धर्म होना चाहिए। धर्म के विरुद्ध जाकर अगर हमें जीत मिल भी जाए तो वह जीत हार ही सिद्ध होगी। वह जीत कभी कल्याणकारी नहीं होगी एवं ऐसी जीत के परिणाम से हमारा स्वयं का मन भी अशांत हो जाता है।

प्र. 71 : मेघनाद जब लक्ष्मण को घायल कर लंका आता है तो क्या कहता है? मनुष्य को किस प्रकार कर्म करना चाहिए?

उत्तर : लक्ष्मण को घायल कर जब मेघनाद वापस लंका आता है तो वह अपने ही मुँह से खुद की बड़ाई करता है। वह कहता है कि वह लंका से अयोध्या तक शवों का ढेर लगाकर उसके ऊपर से अयोध्या जाएगा। इस पर रावण के नाना माल्यवान यह कहते हैं कि वीर पुरुष कर्म करते हैं, फल पर ध्यान नहीं देते। इससे हमें यह सीख मिलती है कि हमें क्षणिक सफलता मिल जाने पर आवेग में आकर दूसरों का उपहास व

स्वयं की प्रशंसा नहीं करनी चाहिए। ऐसा करने से बाद में हमें शर्मिंदगी उठानी पड़ सकती है।

प्र. 72 : राम जब लक्ष्मण के मूर्च्छित होने पर शोकमय हो जाते हैं तो विभीषण व सुग्रीव क्या कहते हैं? इस समय का वर्णन कीजिए तथा बताइए कि मनुष्य के पराजित होने का मुख्य कारण क्या है?

उत्तर : राम लक्ष्मण के मूर्च्छित हो जाने पर शोकमग्न हो गए हैं। विभीषण उन्हें सहानुभूति दे रहे हैं कि जिसको जीवन मिला है, उसका मरण भी होता है। इस पर सुग्रीव कहते हैं कि निराशा की पराकाष्ठा का नाम हार है। न तो किसी का मरण हुआ है, न ही किसी की हार। इससे हमें यह सीख मिलती है कि एक निराशा का विचार दूसरी निराशा के विचार को जन्म देता है और इसी तरह यह निराशा का विचार आगे बढ़कर हमारे हारने का कारण बन जाता है। इसलिए हमें स्वयं को निराशा के विचार से मुक्त रखना चाहिए। जिन भी चीजों से हम आसक्त हो जाते हैं, वही चीजें आगे जाकर हमारे दु:ख व निराशा का कारण बन जाती हैं।

प्र. 73 : हनुमान दैवीय जड़ी-बूटियों को कैसे लंका लाते हैं? इस समय भरत क्या करते हैं? इस दृश्य से हमें क्या सीखने को मिलता है? मनुष्य के कौन से गुण उसे दिव्यता प्रदान करते हैं?

उत्तर : हनुमान दैवीय जड़ी-बूटियों से भरे सुमेरु पर्वत को वायुमार्ग से लंका लेकर जा रहे होते हैं। इस दौरान भरत अपने तीर से हनुमान को मूर्च्छित कर देते हैं। मूर्च्छित अवस्था में हनुमान अपने आराध्य श्रीराम का नाम ही ले रहे होते हैं। भरत को अपनी गलती का अहसास होता है तथा वह ईश्वर से प्रार्थना करते हैं कि यदि मैंने मन, वचन, कर्म से श्रीरामजी की भक्ति की है तो हनुमान होश में आ जाएँ। होश में आने के बाद जब हनुमान भरत को श्रीराम व लक्ष्मण की स्थिति के बारे में बताते हैं तब भरत भावुक हो जाते हैं। इस पर हनुमान कहते हैं कि वीर पुरुषों को धैर्य रखना चाहिए। इससे हम यह सीखने को मिलता है कि उच्च स्थिति या पद प्राप्त करने के बाद भी हमें सहज व सरल रहना चाहिए। बिना सामनेवाले को जाने, उसके संबंध में धारणा बनाकर निर्णय लेने से बाद में पछताना पड़ सकता है।

प्र. 74 : हनुमान हिमालय के बीच स्थित किस पर्वत पर पहुँचते हैं? व्यक्ति का कौन सा गुण दैवीय गुणों की श्रेणी में आता है?

उत्तर : जब हनुमान हिमालय के बीच स्थित दैवीय बूटियाँ धारण करनेवाले सुमेरु पर्वत पर पहुँचते हैं, वहाँ रक्षक के रूप में दैवीय शक्तियाँ उनका परिचय व आने का कारण पूछती हैं तो हनुमान विनम्रतापूर्वक अपना परिचय देते हैं तथा अपने आने का कारण बताते हैं। इसके पश्चात् उनसे प्रसन्न होकर वे उन्हें बूटियाँ ले जाने की आज्ञा देते हैं। इससे हमें यह सीख मिलती है कि सामर्थ्यवान होने के बावजूद हमें सदैव विनम्र रहना चाहिए।

प्र. 75 : मेघनाद विभीषण को विश्वासघात के बारे में क्या कहता है ? विभीषण क्या जवाब देते हैं ? इससे क्या सीखने को मिलता है ?

उत्तर : जब मेघनाद विभीषण से कहता है कि आपने अपने राज्य से विश्वासघात किया है। आपने आज शत्रु को कुलदेवी के गुप्त मंदिर का भेद बताकर देशद्रोह किया है। इस पर विभीषण मेघनाद से कहते हैं कि मैंने देशद्रोह नहीं किया है। जो राजा दूसरों का धन, पराई स्त्री पर हाथ डालता है, उस राजा का त्याग कर देना ही धर्मोचित माना जाता है। इससे हमें यह सीख मिलती है कि कर्मचारियों द्वारा निर्णय लेने का आधार मुख्यत: अपने मालिक का व्यक्तिगत हित ही होता है। इसी कारण अनजाने में ही सही, पर वे अपने ही मालिकों का नुकसान कर बैठते हैं।

प्र. 76 : श्री हनुमान सुमेरु पर्वत को लेकर कहाँ आते हैं और फिर क्या होता है ? कौन सी चिकित्सा पद्धति श्रेष्ठ है और क्यों ?

उत्तर : श्री हनुमान सुमेरु पर्वत को लेकर मूर्च्छित हुए लक्ष्मण के समक्ष पहुँच जाते हैं। वैद्य सुषेण प्रसन्न होते हैं। वे श्री हनुमान द्वारा लाए गए पर्वत की पूजा करते हैं तथा अचेतावस्था में पड़े श्री लक्ष्मणजी के स्वास्थ्य के लिए प्रार्थना करते हैं। इसके पश्चात् संजीवनी बूटी से दवा तैयार कर लक्ष्मणजी को पिलाते हैं। दवा के प्रभाव से लक्ष्मणजी तुरंत होश में आ जाते हैं। आयुर्वेद एक श्रेष्ठ चिकित्सा पद्धति है, जो पूर्णत: प्राकृतिक है। वर्तमान में हम सभी लोग पाश्चात्य चिकित्सा पद्धति पर आश्रित हो गए हैं। जिस कारण हमारी पाचन क्षमता तथा रोग प्रतिरोधक क्षमता कमजोर होने लगी है। सुषेण वैद्य की भाँति उपचार के दौरान भावनात्मक व ईश्वरीय शक्ति का प्रयोग भी चिकित्सकों को करना चाहिए।

प्र. 77 : इंद्रजीत रावण से क्या कहता है? रावण की क्या प्रतिक्रिया होती है? इस प्रसंग से क्या प्रेरणा मिलती है? पुत्र का धर्म क्या है?

उत्तर : इंद्रजीत रावण से कहता है कि राम-लक्ष्मण नर नहीं, अवतार हैं। वे देवताओं के भी देवता हैं, जब रावण यह सब सुनता है, तब उसे क्रोध आ जाता है, तब इंद्रजीत कहता है कि पिताश्री! मैं आपके अपमान नहीं, कल्याण के लिए आया हूँ। पुत्र का एक ही धर्म होता है पिता के चरणों की सेवा करना। जो अपने पिता को अकेले छोड़कर चला जाता है, उसे देवता क्या भगवान् भी स्थान नहीं देते। इससे हमें यह प्रेरणा मिलती है कि मुसीबत के समय पुत्र को पिता का साथ देना चाहिए। इंद्रजीत राम व लक्ष्मण को युद्ध के दौरान समझ गया था कि वे दोनों सामान्य नर नहीं हैं। यदि अब भी वह युद्ध करेगा तो उसकी मृत्यु निश्चित है। बावजूद इसके वह अपने पिता के कहने पर फिर से युद्धभूमि में जाता है। युद्धभूमि में वीरगति पाकर इतिहास में अमर हो जाता है।

प्र. 78 : व्यक्ति के विनाश का मुख्य कारण क्या है? रावण के संदर्भ में इसका विश्लेषण कीजिए।

उत्तर : रावण को उसका अहंकार मानने नहीं दे रहा कि उसके पुत्र इंद्रजीत की मृत्यु हो गई है। रावण कहता है कि मृत्यु तो मेरी दासी है, वो इंद्रजीत को कैसे मार सकती है, तब रावण के नानाजी कहते हैं कि इंद्रजीत को मृत्यु ने नहीं मारा, आपके अहंकार ने मारा है। आपने बल व पराक्रम से काल को तो बाँध दिया, परंतु काम व अहंकार को नहीं बाँध सके। आप काम व अहंकार के कारण पग-पग पर हार रहे हैं। इससे हमें यह सीख मिलती है कि मनुष्य का सबसे बड़ा शत्रु अहंकार है। काम, क्रोध, लोभ व मोह की तो दिशा बदलकर सदुपयोग किया जा सकता है, परंतु अहंकार का तो कोई भी उपयोग नहीं है। इस प्रकार अहंकार ही अन्य अवगुणों का मूल है व मनुष्य के विनाश का कारण है।

प्र. 79 : एक राजा का अहंकार को त्यागना कब उचित है? इस संबंध में सुमालीजी क्या कहते हैं?

उत्तर : रावण के नाना सुमालीजी रावण से कहते हैं कि अब भी तुम्हारे पास एक मौका है, लंका के सर्वनाश को रोकने का। सीता को राम के पास छोड़ आओ। तब रावण कहता है कि अब छोड़कर आऊँगा तो मेरे

मृत पुत्र पूछेंगे तो मैं क्या जवाब दूँगा? प्रजा तो मुझे कायर समझेगी, तब माल्यवंत कहते हैं कि कभी-कभी अपनी प्रजा के लिए अपना अहंकार त्याग देना अच्छी बात होती है, वरना इसका परिणाम सिर्फ तुम्हारा नहीं, पूरे राष्ट्र लंका का सर्वनाश हो सकता है। इससे हमें यह सीख मिलती है कि एक राजा का सबसे बड़ा उत्तरदायित्व प्रजा के प्रति होता है। अगर अपने अहंकार को छोड़ने से प्रजा की जान-माल की हानि बच जाती है तो ऐसी दशा में अहंकार का त्याग करना ही उचित होता है।

प्र. 80 : राम के सामने युद्धभूमि में स्वयं की प्रशंसा कौन करता है? राम प्रत्युत्तर में क्या कहते हैं? जब रावण विभीषण पर दिव्यशक्ति छोड़ता है तो क्या होता है? मित्रता का मुख्य आधार क्या है?

उत्तर : रावण अपनी प्रशंसा खुद ही कर रहा है। इस पर राम कहते हैं कि दुनिया में तीन प्रकार के प्राणी पाए जाते हैं। पहले वो, जो सिर्फ कहते हैं। दूसरे, जो कहते हैं और करते हैं एवं तीसरे, जो सिर्फ करते हैं। राम कहते हैं कि हे रावण! तुम सिर्फ बड़ी-बड़ी बातें करते हो। इसके बाद जब रावण ने विभीषण पर दिव्यशक्ति छोड़ी, तब राम ने उसे अपने ऊपर ले लिया। इस पर भावुक होकर विभीषणजी ने श्रीराम से कहा कि मैं तो तुच्छ प्राणी हूँ, राक्षस जाति का हूँ, तब रामजी ने कहा कि मित्रता जाति के आधार पर नहीं की जाती। इससे हमें यह सीख मिलती है कि हमें बड़बोले स्वभाव से बचना चाहिए तथा एक सच्चे मित्र को मुसीबत में अपने मित्र का बेहिचक साथ देना चाहिए। मित्रता का आधार जाति नहीं होती।

प्र. 81 : "जो होता है, अच्छे के लिए होता है।" यह कथन राम लक्ष्मण से कब कहते हैं? इससे हमें क्या सीखने को मिलता है?

उत्तर : जब लक्ष्मण श्रीराम से यह कहते हैं कि सबकुछ मेरी वजह से हो रहा है, अगर उस दिन मैं सीता माता को अकेला छोड़कर नहीं जाता तो ऐसा नहीं होता। इस पर श्रीराम कहते हैं कि जो होता है, अच्छे के लिए होता है, अगर ऐसा नहीं होता तो हम ऋषि-मुनियों को राक्षसों से भला कैसे मुक्त करा पाते तथा अधर्म का नाश नहीं हो पाता। इससे हमें यह सीख मिलती है कि कभी-कभी जीवन में मुसीबतें आती हैं। ऐसी दशा में हम दु:खी होकर ईश्वर को याद करने लगते हैं। समय व्यतीत होने

के बाद हमें यह पता चलता है कि उसी मुसीबत के कारण हमारे जीवन में उन्नति हुई थी। इसलिए हमेशा यह बात हमारे जेहन में रहनी चाहिए कि जो भी होता है, अच्छे के लिए होता है।

प्र. 82 : ब्रह्माजी क्यों इंद्र को अपना रथ श्रीराम को देने के लिए कहते हैं? इस दृश्य से आपको क्या प्रेरणा मिलती है? ईश्वर कब आपकी सहायता करते हैं?

उत्तर : इंद्र देवता अन्य सभी देवताओं से राम व रावण के युद्ध के बारे में बात कर रहे हैं। इंद्र कहते हैं कि यह युद्ध बराबरी का नहीं हो रहा। इसे बराबर का करने के लिए श्रीराम को भी रथ देना पड़ेगा, तब ब्रह्माजी इंद्र को अपना रथ श्रीराम को देने की आज्ञा देते हैं। इससे साफ दिखता है कि श्रीराम धर्म के साथ थे तो देवता भी उनकी सहायता कर रहे थे। इससे हमें यह सीख मिलती है कि प्रत्येक व्यक्ति को अपने धर्म का पालन करना चाहिए। ऐसा करने से प्रकृति व ईश्वर उस कार्य को पूर्ण करने में मदद करते हैं।

प्र. 83 : मंदोदरी रावण के समक्ष क्या सुझाव रखती है, जिससे दोनों पक्षों की हार न हो? प्रत्युत्तर में रावण क्या कहता है? इस दृश्य का वर्णन कर इससे मिलनेवाली सीख को बताइए। अत्याचार और वीरता में क्या भेद है?

उत्तर : मंदोदरी रावण से कहती है कि मेरे पास एक विचार है, जिससे दोनों की हार नहीं होगी और वह है 'संधि'। इसके जवाब में रावण कहता है कि कभी-कभी लगता है कि तुम रावण की पत्नी कहलाने योग्य नहीं हो। तुम्हारे अंदर वीरता की एक झलक तक नहीं दिखती, तब मंदोदरी कहती है कि 'वीरता' शब्द ओढ़ लेने से आदर नहीं मिल जाता है। यदि प्राणी धर्म के लिए लड़ता है तो वह दोनों ही दशा में वीर कहलाता है, चाहे वह जीत जाए या मर जाए, परंतु जब अधर्म के लिए लड़ता है, तब वह जीतने के बावजूद भी अत्याचारी ही कहलाता है और यदि वह हार जाए तो लोग कहते हैं कि उसे उसके कर्मों का दंड मिल गया। इससे हमें यह सीख मिलती है कि अत्याचार व वीरता में भेद होता है। अत्याचार के परिणाम से अपयश मिलता है, चाहे उसे कितनी ही वीरता से क्यों न लड़ा जाए।

प्र. 84 : जब श्रीराम के बाणों से रावण की मृत्यु होती है तो रावण के मुख से क्या निकलता है? ईश्वर को याद करने से क्या होता है?

उत्तर : जब श्रीराम के बाणों द्वारा रावण की मृत्यु होती है, उस समय रावण के मुख से 'श्रीराम' निकलता है। जो रावण हर किसी को राम के नाम के आगे श्री लगाने से रोकता रहा, वही रावण आज अपने अंतिम समय में श्रीराम का उच्चारण करते हुए प्रभु की शरण में चला जाता है। इससे हमें यह प्रेरणा मिलती है कि हम संसार में चाहे कितने भी साधन जुटा लें व सफलताएँ प्राप्त कर लें, परंतु हमें ईश्वर को कभी नहीं भूलना चाहिए। ईश्वर का सदैव स्मरण करते रहने से हम न सिर्फ अहंकार से बच जाते हैं, अपितु हमारे जीवन में विनम्रता का गुण भी विकसित हो जाता है, अत: जीवन में विनम्रता को सतत बनाए रखना चाहिए। विनम्रता के गुण से हम अहंकाररूपी दोष से स्वत: ही दूर हो जाते हैं।

प्र. 85 : रावण की मृत्यु किसकी सलाह के कारण होती है? रावण की मृत्यु के बाद राम जीत का श्रेय किसे देते हैं? एक लीडर जीत का श्रेय किसको देता है?

उत्तर : श्रीराम व रावण में घमासान युद्ध होता है और अंत में श्रीराम विभीषण की सलाह से रावण को मार गिराते हैं। लक्ष्मण श्रीराम को बधाई देते हुए कहते हैं कि रावण पर आपकी जीत हुई। इस पर श्रीराम कहते हैं, "जीत मेरी नहीं, यह तो आप सबकी हुई है। यह लड़ाई हम सबने मिलकर जीती है।" इससे हमें यह सीख मिलती है कि एक अच्छे लीडर को जीत का श्रेय संपूर्ण टीम को देना चाहिए।

प्र. 86 : श्मशान वैराग्य क्या है? श्रीराम विभीषण को इस बारे में कब उपदेश देते हैं? इससे हमें क्या सीख मिलती है?

उत्तर : रावण की मृत्यु पर विभीषण भावुक हो जाते हैं। विभीषण कहते हैं कि अब मुझे लंका का राजा बनने की बिल्कुल इच्छा नहीं है। इस पर श्रीराम उन्हें कहते हैं कि हर मनुष्य की मृत्यु होती ही है। मृत्यु के समय परिजनों को जो शोक होता है, वह कुछ समय का होता है, जो कि धीरे-धीरे समय के साथ कम होता जाता है। ऐसी स्थिति को श्मशान वैराग्य कहा जाता है। इसके आगे वे रावण की पार्थिव देह का अंतिम संस्कार करने के लिए कहते हैं। इससे हमें यह सीख मिलती है कि प्राणी मात्र को शरीर की नश्वरता व आत्मा की अमरता को समझना चाहिए।

प्र. 87 : रावण की मृत्यु के पश्चात् उसके परिवार की क्या प्रतिक्रिया होती है? श्रीराम लंका की जमीन व संपत्ति का क्या करते हैं? इससे हमें क्या सीखने को मिलता है?

उत्तर : रावण के मरने के बाद उसकी दोनों पत्नियाँ मंदोदरी व धन्यमालिनी शोकमय हो जाती हैं। इसी बीच रावण के नाना सुमालीजी आत्मसमर्पण करने आते हैं और श्रीराम से कहते हैं कि लंका अयोध्या की अधीनता स्वीकार करती है। आज से लंका की सारी जमीन व राजकोष पर सिर्फ श्रीराम का ही अधिकार होगा। इस पर श्रीराम कहते हैं कि किसी की जमीन को बलपूर्वक हथियाना धर्म व नीति के विरुद्ध है। इसके आगे वे कहते हैं कि मैंने तो पहले ही श्री विभीषण को लंका का राजा घोषित कर दिया था। इससे हमें यह सीख मिलती है कि बलपूर्वक किसी की जमीन व संपत्ति को हथियाना धर्म व नीति के विरुद्ध है।

प्र. 88 : "यह कार्य उचित नहीं है। सीता भाभी मेरी माता के समान हैं एवं मैं उनके पुत्र समान होने के नाते आपके विरुद्ध विद्रोह भी कर सकता हूँ।" यह कथन कौन किससे और क्यों कहते हैं? इस दृश्य से मिलनेवाली सीख को समझाइए। क्या प्राचीन परंपराओं की खिलाफत भी की जा सकती है?

उत्तर : जब श्रीराम लक्ष्मण को यह बताते हैं कि सीता को अग्नि द्वार से गुजरकर उनके पास आना होगा, तो लक्ष्मण को श्रीराम की यह बात पसंद नहीं आती, वे कहते हैं, "यह कार्य उचित नहीं है। सीता भाभी मेरी माता के समान हैं एवं मैं उनके पुत्र समान होने के नाते आपके विरुद्ध विद्रोह भी कर सकता हूँ।" श्रीराम लक्ष्मण को धैर्य से यह समझाते हैं कि उन्होंने सीताहरण से पहले अग्नि देव को सुरक्षा की दृष्टि से सीता को सौंप दिया था। तुम जिस सीता की बात कर रहे हो, वह सीता का प्रतिबिंब मात्र है, तब लक्ष्मण शांत होकर श्रीराम से क्षमा माँगते हैं। इस दृश्य से हमें यह सीखने को मिलता है कि रूढ़िवादी परंपराओं के निर्वहन के संबंध में स्वविवेक से भी निर्णय लेना चाहिए।

प्र. 89 : रावण वध के पश्चात् स्वर्ग से दशरथ व देवतागण किससे मिलने आते हैं? इस समय पुत्र के रूप में श्रीराम व दशरथजी के मध्य हुए वार्त्तालाप व उससे मिलनेवाली सीख का वर्णन कीजिए।

उत्तर : स्व. दशरथ व देवतागण स्वर्ग से अपने पुत्र श्रीराम, लक्ष्मण व माँ सीता से मिलने आते हैं। राजा दशरथ कहते हैं कि राम! तुम्हारे जैसा पुत्र पाकर मेरे जीवन का उद्धार हो गया है। मुझे देवताओं द्वारा पता चला कि तुम पुरुषोत्तम भगवान् हो! यदि यह सत्य है तो भी मुझे यह वर दो कि मैं तुम्हें पुत्र के रूप में ही प्यार कर सकूँ, तब दशरथजी एक बड़ी अच्छी बात बताते हैं, "पुत्र! तुम्हारे बिना न तो मुझे यह स्वर्ग अच्छा लगता है और न ही देवताओं का यह आदर-सत्कार अच्छा लगता है।" तब श्रीराम कहते हैं, "पिता का प्रेम एक ऐसा दिव्य प्रेम है, जो कि बड़े भाग्यवानों को ही मिलता है।" इससे हमें यह सीख मिलती है कि बच्चों को हमेशा अपने पिता का सम्मान करना चाहिए। ऐसा करने से पिता से उन्हें अलौकिक प्रेम व आशीर्वाद मिलता है।

प्र. 90 : "मेरे मन में आपके अंतिम दर्शन की इच्छा थी, जो पूर्ण हो गई।" यह कथन कौन किससे कहते हैं? दशरथ जब राम से वरदान माँगने को कहते हैं तो राम क्या वरदान माँगते हैं? प्रत्युत्तर में दशरथ से क्या कहते हैं? इससे हमें क्या सीखने को मिलता है?

उत्तर : जब दशरथ श्रीराम से इच्छानुसार वर माँगने को कहते हैं, तब वह कहते हैं, "मेरे मन में आपके अंतिम दर्शन की इच्छा थी, जो पूर्ण हो गई।" तब राजा दशरथ श्रीराम से कहते हैं कि पिता से माँगने में कभी संकोच नहीं करना चाहिए, तब श्रीराम कहते हैं कि आपने अंत समय पर मेरी माँ कैकेयी का त्याग कर दिया था। मेरी आपसे अंतिम इच्छा यही है कि आप अपना दिया हुआ वह श्राप वापस ले लीजिए। मेरी माता को श्रापमुक्त कर दीजिए। यदि मैं अपनी माता को श्रापमुक्त नहीं कर पाया तो मेरा जीवन व्यर्थ हो जाएगा, तब राजा दशरथ कहते हैं, "हे राम! तुम धर्म की सीमा हो और मर्यादा की पराकाष्ठा हो। मुझे कैकेयी व भरत पर अब क्रोध नहीं है।" इसके पश्चात् वो कैकेयी माता को श्रापमुक्त कर देते हैं। इससे हमें यह सीख मिलती है कि बच्चों को हर परिस्थिति में अपनी माँ का सम्मान करना चाहिए। गुरुकुल में गुरु वसिष्ठ द्वारा बाल्यकाल में उन्हें यह शिक्षा भलीभाँति दी गई थी कि 'मातृ देवो भवः, पितृ देवो भवः'। इस शिक्षा को राम ने जीवन में चरितार्थ किया।

प्र. 91 : "मैंने तो 14 वर्ष वन में बिताए, पिता की आज्ञा के कारण, परंतु तुमने मेरे भाई, अपनी भावना और भ्रातृत्व प्रेम के कारण राजधानी के बीच रहकर

भी संन्यासी की तरह बिताए।" यह कथन कौन, किसे व किस कारण कहता है ? इसके पश्चात् क्या होता है ? इससे क्या सीखने को मिलता है ?

उत्तर : श्रीराम वनवास से लौटकर भरत से मिलते हैं और वह भरत से कहते हैं, "तीनों लोक में अगर कोई धर्म का प्रमाण देगा तो वह मेरे भाई भरत का होगा।" वे यह भी कहते हैं, "मैंने तो 14 वर्ष वन में बिताए, पिता की आज्ञा के कारण, परंतु तुमने मेरे भाई, अपनी भावना और भ्रातृत्व प्रेम के कारण राजधानी के बीच रहकर भी संन्यासी की तरह बिताए।" इसके बाद जब लक्ष्मण अपनी माता सुमित्रा के चरण स्पर्श करने जाते हैं, तब रानी सुमित्रा कहती हैं कि यदि भरत धर्म का प्रमाण है तो लक्ष्मण, तुम युगों-युगों तक बड़े भाई के प्रेम व सेवा का प्रमाण रहोगे। इससे हमें यह सीख मिलती है कि परिवार में सभी भाइयों के बीच भ्रातृत्व प्रेम होना चाहिए तथा सभी को एक-दूसरे के गुणों का सम्मान करना चाहिए। सभी को यह समझना चाहिए कि प्रेम व भावनाएँ सर्वोपरि हैं।

प्र. 92 : राम की कथा की पृष्ठभूमि व इससे मिलनेवाली सीख को वर्तमान परिप्रेक्ष्य में बहुत ही संक्षिप्त में समझाइए ?

उत्तर : भगवान् शिव ने रामायण पार्वती को सुनाई। इस वार्त्तालाप में काकभुसुंडी ने पक्षियों की सभा में गरुड़ को यह कथा सुनाई। याज्ञवल्क्य ने गंगा के तट पर बैठकर भारद्वाज को सुनाई। रामायण में खास बात यह है कि राम का चरित्र एक आदर्श मानव रूप में दिखाया गया है। रामायण मानव को नैतिक उत्थान की राह दिखाती है और मानवता के शाश्वत मूल्यों की छाप छोड़ती है। रामायण देश की सीमा को पार कर सीधे आत्मा को छूती है। धर्म का अर्थ कर्तव्य होता है। इस कथा को बार-बार सुनाया व गाया जाता है। महर्षि वाल्मीकि के बाद यह कथा समय-समय पर अलग-अलग भाषाओं में लिखी गई। तुलसीदास द्वारा रचित रामचरितमानस को यहाँ विराम दिया गया, जबकि वाल्मीकिजी की रामायण में लव-कुश प्रसंग भी आते हैं। इससे हमें यह सीख मिलती है कि धर्म का अर्थ कर्तव्य है और अधिकारों का अर्थ अधर्म है। उसी तरह आज हमारी कानून व्यवस्था बहुत-कुछ मानव के अधिकारों पर टिकी है और इसी कारण अन्याय दिनोंदिन बढ़ते जा रहे हैं।

8

वेद, पुराण, उपनिषद् व ईश्वर को जानें

8.1 परिचय

कभी–न–कभी हम अपने जीवन में यह जानने की कोशिश अवश्य करते हैं कि ईश्वर कौन है ? ईश्वर कहाँ रहता है ? ईश्वर दिखता क्यों नहीं है ? ईश्वर करता क्या है ? इस अध्याय में हमने इन सभी महत्त्वपूर्ण प्रश्नों को सम्मिलित किया है, ईश्वर की सत्ता को समझने व समझाने का प्रयास किया है। ईश्वर को प्राप्त करने का जो सबसे बेहतरीन तरीका है, वो है भक्ति। भक्ति जीवन में तभी आती है, जब हम जीवन में सहज हो जाते हैं, जब हमारे जीवन में गुरु प्राप्त हो जाते हैं, हम सभी लोग जानते हैं कि गुरु का तात्पर्य अंधकार को मिटाकर ज्ञान का प्रकाश करने से है। हम सब लोग मंदिर भी जाते हैं, मंदिर जाने का आशय मन का बाहर की जगह अंदर लगना है, जब मन अंदर आ जाता है, तब हमें शांति की अनुभूति होती है। इस अध्याय में हम ईश्वर, भक्ति, वैराग्य, आत्मा, परमात्मा,

श्रद्धा, अध्यात्म से संबंधित महत्त्वपूर्ण प्रश्नों को समावेशित करेंगे। इस अध्याय को भलीभाँति समझने के लिए पूर्व के 6 अध्यायों को समझा जाना आवश्यक है, क्योंकि भक्ति व ईश्वर तो चरम अवस्था है। हम इस अवस्था पर तभी पहुँच पाते हैं, जब हम शरीर से पवित्र व मन से निर्मल हो जाते हैं, जब हमारी भावनाएँ शुद्ध हो जाती हैं।

हमने पहले जो अध्याय पढ़े हैं व आत्मसात् किए हैं; मुझे विश्वास है, निश्चित रूप से अब आपको अच्छा अनुभव हो रहा होगा। आप इस यात्रा के अंतिम पड़ाव पर हैं, क्योंकि ईश्वर ही जीवन का उद्देश्य है। हम एक चेतना हैं और हमें एक परम चेतना से मिलना है। हम सब लोगों के जीवन का उद्देश्य मुक्ति है। मुक्ति कैसे मिलती है ? वैराग्य क्या होता है ? इन महत्त्वपूर्ण प्रश्नों को हमने यथास्थान सम्मिलित किया है। हमारे जीवन में एक गुरु की बहुत अधिक महत्ता है, क्योंकि गुरु के आने से जीवन में अनुशासन आता है, जिसके परिणामस्वरूप जीवन में एकाग्रता बढ़ती है। इस कारण हमारे जीवन में विश्वास और आत्मविश्वास मजबूत होता है।

एक विशेष बात मैं यह कहना चाहूँगा कि अध्यात्म को समझना युवाओं के लिए अधिक उपयोगी है, क्योंकि जीवन एक बेहतरीन साधन है, जब तक जीवन जीने के नियम न पढ़ें, हम तब तक जीवन को भलीभाँति कैसे समझेंगे। इस पुस्तक में अध्यात्म, धर्म, जीवन को सम्मिलित किया गया है।

इस अध्याय में अध्यात्म से संबंधित व सामान्य ज्ञान से संबंधित प्रश्नों को सम्मिलित किया गया है। इस पुस्तक में पंचमहाभूत तथा रामायण से संबंधित प्रश्नों को सम्मिलित किया गया है।

आशा है कि आप जब इनको पूर्ण रूप से पढ़ लेंगे तो बहुत ही अच्छा अनुभव होगा, लेकिन यह तभी संभव है, जब आप प्रश्न को पढ़ेंगे, विचार करेंगे। तो आपको ये प्रश्न समझ ही नहीं, बल्कि आप इनको जान जाएँगे तथा धीरे-धीरे आप इन्हें जानना चाहेंगे। पूरा विश्वास है कि आप इन सभी अध्याय को पढ़ लेंगे तो आपकी समझ ईश्वर के प्रति पहले की तुलना में बेहतर बन चुकी होगी तथा उपयोगी होगी। पुस्तक के अंतिम अध्याय को आत्मसात् करें।

आपके मन में और भी कोई प्रश्न आते हैं तो मुझे प्रस्तावना में लिखे नंबर पर अवगत कराएँ। मैंने ये प्रश्न अपनी डायरी में विभिन्न अवसरों पर उत्पन्न प्रश्नों से ही लिखे हैं। मैं यह नहीं कहता कि ये संपूर्ण प्रश्न हैं। प्रश्नों की क्रम संख्या देखते हुए कह सकते हैं कि बेहतर समावेशन नहीं किया गया है, लेकिन निश्चित रूप से

आपकी समझ बेहतर बनी होगी। अपने बहुत सीमित ज्ञान से मैंने आपको ईश्वर तक की बात समझाने की कोशिश की है। इसी के साथ···

धन्यवाद!

8.2 वेद

प्र. 1 : वेद, उपनिषद् व पुराण की भाषा कौन सी है?

उत्तर : संस्कृत भाषा।

प्र. 2 : वेद, पुराण व उपनिषद् में क्या अंतर है?

उत्तर : वेद परमात्मा के मुख से निकले हुए वाक्य हैं। इसलिए वेद को श्रुति भी कहा जाता है।

वैदिक ज्ञान अत्यंत गूढ़ है, जिसे समझना आम आदमी के लिए बहुत कठिन है, इसलिए इन्हें सत्य घटनाओं तथा कल्पनाओं का मिश्रण कर इसे सरल तरीके से कथा के रूप में समझाया गया है, जिसे पुराण कहते हैं, पुराण संख्या में 18 हैं।

वेदों में निहित ज्ञान को प्रश्न एवं तर्क द्वारा, गुरु द्वारा शिष्य को निकट बैठाकर दिया गया ज्ञान उपनिषद् कहलाया।

प्र. 3 : वेद के कितने विभाग हैं? संक्षिप्त में इनका विवेचन करें।

उत्तर : वेद के चार विभाग हैं—ऋग्वेद, यजुर्वेद, सामवेद और अथर्ववेद।

ऋग-स्थिति, यजु-रूपांतरण, साम-गतिशील और अथर्व-जड़। ऋग को धर्म, यजु को मोक्ष, साम को काम, अथर्व को अर्थ भी कहा जाता है। इन्हीं के आधार पर धर्मशास्त्र, अर्थशास्त्र, कामशास्त्र और मोक्षशास्त्र की रचना हुई।

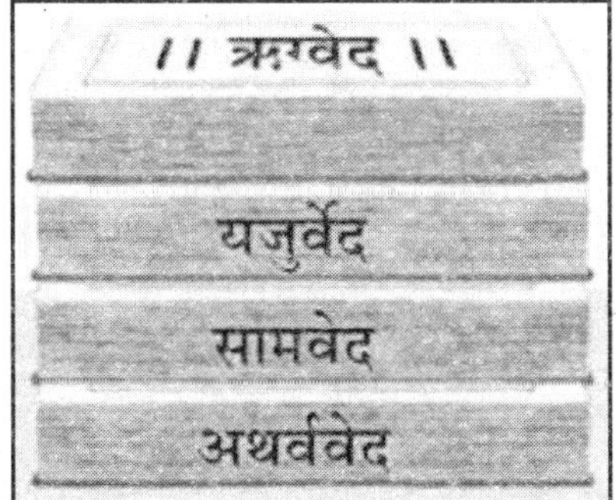

1. **ऋग्वेद** : ऋग्वेद सबसे पहला वेद है, जो पद्यात्मक है। इसके 10 मंडल (अध्याय) में 1028 सूक्त है,

जिसमें 11 हजार मंत्र हैं। इसमें भौगोलिक स्थिति और देवताओं के आह्वान के मंत्रों के साथ बहुत कुछ है। ऋग्वेद की ऋचाओं में देवताओं की प्रार्थना, स्तुतियाँ और देवलोक में उनकी स्थिति का वर्णन है। इसमें जल चिकित्सा, वायु चिकित्सा, सौर चिकित्सा, मानस चिकित्सा और हवन द्वारा चिकित्सा आदि की भी जानकारी मिलती है।

2. **यजुर्वेद :** यजुर्वेद का अर्थ—यत् + जु = यजु। यत् का अर्थ होता है 'गतिशील' तथा जु का अर्थ होता है 'आकाश'। इसके अलावा कर्म। श्रेष्ठतम कर्म की प्रेरणा। यजुर्वेद में यज्ञ की विधियाँ और यज्ञों में प्रयोग किए जानेवाले मंत्र हैं। ब्रह्मांड, आत्मा, ईश्वर और पदार्थ का ज्ञान। यह वेद गद्यमय है। इसमें यज्ञ की असल प्रक्रिया के लिए गद्य मंत्र हैं। इस वेद की दो शाखाएँ हैं—शुक्ल और कृष्ण।

कृष्ण : वैशम्पायन ऋषि का संबंध कृष्ण से है। कृष्ण की चार शाखाएँ हैं।

शुक्ल : याज्ञवल्क्य ऋषि का संबंध शुक्ल से है।

3. **सामवेद :** साम का अर्थ है रूपांतरण और संगीत। सौम्यता और उपासना। इस वेद में ऋग्वेद की ऋचाओं का संगीतमय रूप है। गीतात्मक, यानी गीत के रूप में है। इस वेद को संगीत शास्त्र का मूल माना जाता है। 1824 मंत्रों के इस वेद में 75 मंत्रों को छोड़कर शेष सब मंत्र ऋग्वेद से ही लिये गए हैं। इसमें सविता, अग्नि और इंद्र देवताओं के बारे में जिक्र मिलता है।

4. **अथर्ववेद :** थर्व का अर्थ है 'कंपन' और अथर्व का अर्थ है 'अकंपन'। ज्ञान से श्रेष्ठ कर्म करते हुए जो परमात्मा की उपासना में लीन रहता है, वही अकंप बुद्धि को प्राप्त होकर मोक्ष धारण करता है। इस वेद में रहस्यमयी विद्याओं, जड़ी-बूटियों, चमत्कार और आयुर्वेद आदि का जिक्र है। इसके 20 अध्यायों में 5687 मंत्र हैं।

प्र. 4 : वेद, वेदांत व भगवद्गीता में क्या संबंध है?

उत्तर : वेदों की व्याख्या उपनिषद् में की गई, जिन्हें वेदांत कहा गया। उपनिषदों की संख्या लगभग 1000 बताई गई है। उनमें भी 108 महत्त्वपूर्ण हैं।

उपनिषदों के सार को भगवद्गीता में बतलाया गया है।

प्र. 5 : श्रुति व स्मृति का क्या आशय है ?

उत्तर : श्रुतियाँ ही हिंदू धर्म के सभी ग्रंथों का आधार हैं। जिसको श्रुतियों का ज्ञान हो जाता है, उसको किसी ग्रंथ को पढ़ने या समझने की आवश्यकता नहीं होती। वास्तव में श्रुतियाँ वो ज्ञान है, जिसका समाधि की सर्वश्रेष्ठ अवस्था में ज्ञान होता है।

श्रुति, अर्थात् पीढ़ियों से सुने हुए ज्ञान और अनुभव को स्मृत करके रखना स्मृति है। कालांतर में ज्ञान को लिपिबद्ध करने की प्रथा के आरंभ हो जाने पर जो कुछ सुना गया था, उसे याद करके लिपिबद्ध कर दिया गया। ये लिपिबद्ध रचनाएँ स्मृति कहलाईं। मनुस्मृति भी इसी का एक उदाहरण है।

प्र. 6 : श्लोक किसे कहते हैं ?

उत्तर : संस्कृत की दो पंक्तियों की रचना, जिनके द्वारा किसी प्रकार का कथन किया जाता है, को श्लोक कहते हैं। प्राय: श्लोक छंद के रूप में होते हैं, अर्थात् इनमें गति, यति और लय होती है। छंद के रूप में होने के कारण ये आसानी से याद हो जाते हैं।

प्र. 7 : चेतना क्या है ? चेतना को कैसे समझा जा सकता है ?

उत्तर : चेतना मनुष्य की वह शक्ति है, जो उसे जीवंत रखती है और जो उसे व्यक्तिगत विषय में तथा अपने आसपास उपस्थित वातावरण के विषय में ज्ञान कराती है। चेतना का विषय मूलत: भारतीय वेदों, दर्शनों, शास्त्रों इत्यादि में बताई व समझाई गई आध्यात्मिकता से जुड़ा है। चेतना को इसी वैदिक, धार्मिक, सांस्कृतिक परिप्रेक्ष्य में ही समझा जा सकता है, न कि पाश्चात्य विचारकों के मंतव्यों पर, संक्षेप में कहें तो चेतना सारे ब्रह्मांड में जो व्याप्त परम शक्ति है, जो कि कुदरत से बनी हर वस्तु में जो स्पंदित है—पंच महाभूत, छोटे-से-छोटे जीव से लेकर जानवर, पेड़, पौधे, नदी, समंदर, मनुष्य, अंतरिक्ष में घूमते विशालकाय, बृहद्

ग्रहों, नक्षत्रों इत्यादि सभी में जो स्पंदित है।

इसलिए चेतना को समझने के लिए भारतीय वेदों और दर्शनशास्त्रों को, इस भारत भूमि की हजारों सालों से जीवंत संस्कृति को भी समझना आवश्यक है, केवल पाश्चात्य विचारधारा से चेतना को समझना बहुत मुश्किल है।

8.3 पुराण व उपनिषद्

प्र. 1 : पुराण कितने हैं? इनके नाम बताइए? भागवत पुराण क्या है?

उत्तर : पुराण संख्या में अठारह हैं—1. ब्रह्म पुराण, 2. पद्‌म पुराण, 3. विष्णु पुराण, 4. शिव पुराण, 5. भागवत पुराण, 6. नारद पुराण, 7. मार्कंडेय पुराण, 8. अग्नि पुराण, 9. भविष्य पुराण, 10. ब्रह्मवैवर्त पुराण, 11. लिंग पुराण, 12. वराह पुराण, 13. स्कंद पुराण, 14. वामन पुराण, 15. कर्म पुराण, 16. मत्स्य पुराण, 17. गरुड़ पुराण, 18. ब्रह्मांड पुराण।

भागवत पुराण को 18 पुराणों में एक बहुत खास स्थान पर रखा जाता है। इस पुराण में श्रीकृष्ण के चरित्र के बारे में बताया गया है और उनकी लीलाओं का वर्णन किया गया है। इसमें कृष्णजी के बचपन से लेकर उनके पूरे जीवन के अंत तक के व्यक्तित्व को दरशाया गया है। भागवत पुराण भारत में सबसे अधिक पढ़ा जानेवाला पुराण है।

प्र. 2 : उपनिषद् की रचना का क्या उद्‌देश्य रहा? उपनिषदों के कितने प्रकार हैं? कठोपनिषद् का संक्षिप्त वर्णन करें।

उत्तर : **उपनिषदों की कथाएँ—**

उपनिषदों में देवता-दानव, ऋषि-मुनि, पशु-पक्षी, पृथ्वी, प्रकृति, चर-अचर, सभी को माध्यम बनाकर रोचक और प्रेरणादायक कथाओं की रचना की गई है। इन कथाओं की रचना वेदों की व्याख्या के उद्‌देश्य से की गई। जो बातें वेदों में जटिलता से कही गई हैं, उन्हें उपनिषदों में सरल ढंग से समझाया गया है। ब्रह्मा, विष्णु, महेश, अग्नि, सूर्य, इंद्र आदि देवताओं से लेकर नदी, समुद्र, पर्वत, वृक्ष तक उपनिषद् के कथापात्र हैं।

उपनिषद् गुरु-शिष्य परंपरा के आदर्श उदाहरण हैं। प्रश्नोत्तर के माध्यम से सृष्टि के गूढ़ रहस्यों का उद्‌घाटन उपनिषदों में सहज ढंग से किया गया है।

प्रमुख कथाएँ—

रजि की कथा, कार्तवीर्य की कथा, नचिकेता की कथा, उद्दालक और श्वेतकेतु की कथा, सत्यकाम-जाबाल की कथा आदि।

आध्यात्मिक चिंतन की अमूल्य निधि—

उपनिषद् भारतीय आध्यात्मिक चिंतन के मूलाधार हैं, भारतीय आध्यात्मिक दर्शनस्रोत हैं। वे ब्रह्मविद्या हैं। ऋषियों द्वारा जिज्ञासाओं के खोजे हुए उत्तर हैं।

उपनिषदों का वर्गीकरण—

108 उपनिषदों को अनेक प्रकार से वर्गीकृत किया जाता है।

वेद से संबंध—

वैदिक संहिताओं के अनंतर वेद के तीन प्रकार के ग्रंथ हैं—ब्राह्मण, आरण्यक और उपनिषद्। इन ग्रंथों का सीधा संबंध अपने वेद से होता है, जैसे ऋग्वेद के ब्राह्मण, ऋग्वेद के आरण्यक और ऋग्वेद के उपनिषदों के साथ ऋग्वेद का संहिता ग्रंथ मिलकर भारतीय परंपरा के अनुसार 'ऋग्वेद' कहलाता है।

किसी उपनिषद् का संबंध किस वेद से है, इस आधार पर उपनिषदों को निम्नलिखित श्रेणियों में विभाजित किया जाता है—

(1) ऋग्वेदीय	—	10 उपनिषद्
(2) शुक्ल यजुर्वेदीय	—	19 उपनिषद्
(3) कृष्ण यजुर्वेदीय	—	32 उपनिषद्
(4) सामवेदीय	—	16 उपनिषद्
(5) अथर्ववेदीय	—	31 उपनिषद्
कुल	**—**	**108 उपनिषद्**

कठोपनिषद् कृष्ण यजुर्वेदीय शास्त्र के अंतर्गत लिखित प्रसिद्ध उपनिषद् है, जो संस्कृत भाषा में लिखा है। इसमें वाजश्रवा के पुत्र नचिकेता के यमराज से हुए प्रश्नों व प्रतिप्रश्नों को समझाया गया है। इसमें आत्मस्वरूप को आसानी से समझाया जा सकता है। इसके रचयिता वेदव्यासजी हैं।

8.4 अध्यात्म

प्र. 1 : संतोष (Contentment) कहाँ है ?

उत्तर : संतोष ईश्वर की समझ से है या यूँ कहें कि संतोष ईश्वर के चरणों में है।

प्र. 2 : ईर्ष्या (Jealous) से बचने का उपाय क्या है ?

उत्तर : ईर्ष्या से बचने का उपाय इच्छाओं (Desires) से मुक्त होना है। इच्छाओं का यहाँ अर्थ पाना है और जब कुछ पाना नहीं होता तो इनसान मुक्त होना चाहता है। ईश्वर को पाना चाहता है तो वासना से मुक्त होने का जो उपाय है, वो ईश्वर है।

प्र. 3 : वैराग्य क्या है और वैराग्य क्या नहीं है ?

उत्तर : आपके पास साधनों की कमी है तो यह वैराग्य नहीं है और आप जानते हैं कि वो आपका नहीं है, बस यही वैराग्य है।

प्र. 4 : खाली स्थान भरें—

मन ही मिलाएँ............से।

मन ही करे हार............।

मन के हारे..........है।

मन के जीते............।

उत्तर : राम, जीत, हार, जीत।

प्र. 5 : शिव का नंदी किसका प्रतीक है ?

उत्तर : शिवगण नंदी प्रतीक्षा का प्रतीक माना जाता है और प्रतीक्षा आ जाए, तो कामनाएँ जलकर भस्म हो जाती हैं।

प्र. 6 : संत और संन्यासी में क्या अंतर है ? संन्यासी को क्या संत होना चाहिए ?

उत्तर : संत वह है, जो बहुत ही सहज हो और बहुत ही शांत हो। संन्यासी वह है, जो सांसारिक बंधनों से मुक्त होकर प्रभु का स्मरण करता है। संन्यासी अगर संत नहीं तो फिर ऐसे संन्यासी का कोई औचित्य भी नहीं।

प्र. 7 : आध्यात्मिक कल्याण के बिना आर्थिक कल्याण किस कल्याण में

कभी नहीं बदल सकता?

उत्तर : आध्यात्मिक कल्याण के बिना आर्थिक कल्याण मानवीय कल्याण में नहीं बदल सकता।

प्र. 8 : ईश्वर के होने के अनुभव को उदाहरण से स्पष्ट कीजिए?

उत्तर : **प्रथम उदाहरण**—हम सभी जानते हैं कि जहर खाने से मृत्यु हो जाती है, क्योंकि किसी डॉक्टर ने बताया है कि ये जहर है, जिसको खाने से मृत्यु हो जाती है। हमें क्या जहर खाने का अनुभव है? हमें जहर खाने का अनुभव नहीं है, फिर भी हम जहर नहीं खाते। इसी प्रकार हर चीज का अनुभव संभव नहीं है। पहले माना जाता है, विश्वास किया जाता है, फिर जाना जाता है। यह ठीक उसी प्रकार है, जिस प्रकार कि हम बिना अनुभव के भी जहर खाने से मना कर देते हैं।

द्वितीय उदाहरण—चौथी मंजिल पर पानी पहुँचाने के लिए मशीन की जरूरत होती है। बिजली की जरूरत होती है, लेकिन लगभग उतनी ऊँचाई पर लगे नारियल के पेड़ पर ईश्वर पानी पहुँचा देता है। यह भी एक जादू है, यह भी करिश्मा है, नारियल के फल में पानी का धरती से पहुँच जाना वास्तव में चमत्कार है। ये ईश्वर के होने का प्रमाण है।

तृतीय उदाहरण—नेट पर कार का मॉडल देखिए, हर रोज गाड़ी के मॉडल बदल जाते हैं, पर इनसान का मॉडल पिछले हजारों सालों से वही रहा है। इतनी श्रेष्ठ रचना करनेवाला अद्‍भुत रहा होगा और वो ईश्वर रहा होगा।

चतुर्थ उदाहरण—पानी पसीने के रूप में बाहर आता है, पर नहाते समय तो भीतर नहीं जाता है। यह भी तो एक विशिष्ट बात है, जो ईश्वर होने का प्रमाण है।

प्र. 9 : मनुष्य के शरीर को अध्यात्म में क्या माना गया है?

उत्तर : मनुष्य का शरीर मोक्ष का द्वार माना गया है तथा मोक्ष को जीवन का परम उद्‍देश्य माना गया है।

प्र. 10 : बेटा क्या सिखाता है एवं बेटी क्या सिखाती है?

उत्तर : बेटा बुद्धि से मजबूत है, इसलिए वह 'मैं कौन हूँ'? यह सिखाता है एवं बिटिया भावना प्रधान होती है, उसमें समर्पण होता है, इसीलिए वह

'ईश्वर कौन है'? हमें यह सिखाती है।

प्र. 11 : भक्ति किन तीन तत्त्वों का परिणाम है?

उत्तर : भक्ति के लिए जो तीन तत्त्व अनिवार्य हैं, वे हैं—पहला भरोसा, दूसरा जागरूकता एवं तीसरा प्रेम, जब ये तीनों मिलते हैं, तभी भक्ति उत्पन्न होती है।

प्र. 12 : भगवान् शिव पर बेलपत्र चढ़ाने के कारण की व्याख्या करें।

उत्तर : यदि हम शिव के करीब जाना चाहते हैं तो हमें भगवान् शिव के करीब की किसी वस्तु की आवश्यकता पड़ती है। बेल का पेड़ भगवान् शिव के करीब होता है। यदि हम भगवान् शिव के करीब जाना चाहते हैं तो हम बेलपत्र का सहारा लेते हैं।

प्र. 13 : मंदिर जाने से पहले नहाते क्यों हैं?

उत्तर : भीगा हुआ शरीर मंदिर की ऊर्जा को आसानी से ग्रहण कर सकता है। मंदिर एक ऐसा स्थान है, जहाँ सकारात्मक ऊर्जा रहती है। मंदिर जाने के पीछे उस ऊर्जा को ग्रहण करना ही हमारा मकसद होता है, जब व्यक्ति नहाकर गीले वस्त्र में मंदिर पहुँचता है तो मंदिर में व्याप्त सकारात्मक ऊर्जा को उसका ग्रहण करना आसान हो जाता है।

प्र. 14 : भगवान् शिव ने आत्मज्ञान प्राप्त करने के कितने तरीके बताए हैं?

उत्तर : भगवान् शिव ने आत्मज्ञान प्राप्त करने के कुल 112 तरीके बताए हैं।

प्र. 15 : कौन से कर्म बंधन या पुनर्जन्म का कारण बनते हैं?

उत्तर : वे सभी कर्म जो शांति व प्रेम के विपरीत किए जाते हैं, बंधन व पुनर्जन्म का कारण बनते हैं।

प्र. 16 : संसारी, संन्यासी व ज्ञानी में क्या फर्क है?

उत्तर : संसारी वह है, जो यह जान पाया है कि सुख बाहर से आता है। संन्यासी वह है, जो यह जानता है कि सुख हमारे भीतर ही स्थित है। ज्ञानी वे व्यक्ति हैं, जिनके भीतर से सुख प्रवाहित होने लगता है।

प्र. 17 : कृतज्ञता का परिणाम ज्ञान है। तो ज्ञान का परिणाम क्या है?

उत्तर : कृतज्ञता का परिणाम ज्ञान है तो ज्ञान का परिणाम सत्य है।

प्र. 18 : दर्पण, आत्मा व परमात्मा में क्या संबंध है?

उत्तर : दर्पण में देखनेवाला एवं दिखनेवाला दोनों समान होते हैं। इसी प्रकार हमारा शरीर भी दर्पण के समान होता है। शरीर के भीतर एवं बाहर दोनों में ही परमात्मा का वास होता है। भीतर आत्मा है और बाहर परमात्मा।

इस प्रकार हम कह सकते हैं कि दर्पण व शरीर में समानता है।

प्र. 19 : वैराग्य (Detatchment) व ज्ञान (Knowledge) जुड़ जाएँ तो क्या प्राप्त होता है ?

उत्तर : वैराग्य व ज्ञान जुड़ जाएँ तो मुक्ति प्राप्त होती है।

प्र. 20 : भगवान् को क्यों मानना चाहिए ?

उत्तर : इस संसार में जितनी भी चीजें हैं, वे सभी नश्वर हैं। एक समय हर इनसान के जीवन में ऐसा आएगा, जब हमें यह महसूस होगा कि मेरा कोई नहीं है। उस समय के लिए भगवान् को मानना चाहिए।

प्र. 21 : दुनिया की कौन सी एकमात्र संस्कृति है, जो सदियों से बताती रही है कि मेरा जीवन मेरे द्वारा ही बनाया गया है।

उत्तर : हिंदू संस्कृति।

प्र. 22 : ईश्वर कहाँ रहता है ? समझाइए।

उत्तर : ईश्वर कहाँ रहता है ? इसे उदाहरण द्वारा समझाया जा सकता है। देखिए, एक गिलास दूध मँगवाइए। उसमें एक चम्मच शक्कर मिलाइए और अपने हाथ से मिलाइए। अभी कुछ ही देर पहले दूध और शक्कर अलग-अलग थे, अब शक्कर कहाँ चली गई, अगर शक्कर है तो दिखाई क्यों नहीं देती ? आप इसका जवाब देंगे कि शक्कर दूध में घुल-मिल गई है। इसी तरह ईश्वर सर्वत्र है और सब जगह घुला-मिला है।

प्र. 23 : ईश्वर क्यों नहीं दिखता है ?

उत्तर : इसको भी उदाहरण से समझाया जा सकता है। एक बरतन में दही लाइए। क्या इसमें मक्खन है ? आप कहेंगे हाँ, दही में मक्खन होता है तो फिर सवाल है तो यह कब दिखेगा ? जवाब होगा, इसे मथना होगा। ठीक इसी प्रकार ईश्वर इसलिए नहीं दिखता, क्योंकि हम सत्संग, यानी अच्छी कंपनी में नहीं रहते, हम अच्छी बातें नहीं सुनते।

प्र. 24 : ईश्वर क्या करता है ?

उत्तर : ईश्वर न्याय करता है। हम यूँ समझें, ईश्वर कर्मफल तय करता है। कभी अमीर को गरीब व कभी गरीब को अमीर कर्मफल के आधार पर बना देता है।

प्र. 25 : विचार के मूल में क्या है ?

उत्तर : विचार के मूल में सत्संग है।

प्र. 26 : महाराजा उत्तानपाद की दोनों पत्नियों—सुरुचि एवं सुनीति की धर्म के

संबंध में क्या विषमता है ?

उत्तर : सुरुचि का प्रेम संसार की तरफ गया, जिसे आसक्ति कहते हैं। सुनीति का प्रेम ईश्वर की तरफ गया, जिसे भक्ति कहते हैं।

प्र. 27 : प्रेम कब आसक्ति बनता है एवं कब भक्ति बन जाता है ?

उत्तर : प्रेम जब संसार की तरफ जाता है तो आसक्ति बन जाता है एवं जब ईश्वर की तरफ जाता है तो भक्ति बन जाता है।

प्र. 28 : कृपा से भजन प्राप्त होता है या भजन से कृपा प्राप्त होती है ?

उत्तर : कृपा से भजन प्राप्त होता है।

प्र. 29 : भजन करने से क्या प्राप्त होता है ?

उत्तर : भजन करने से ईश्वर की पात्रता प्राप्त होती है।

प्र. 30 : तर्क या बुद्धि से किसे सँभाला जा सकता है ?

उत्तर : तर्क या बुद्धि से भौतिकता को सँभाला जा सकता है।

प्र. 31 : युवाओं को अध्यात्म की आवश्यकता क्यों है ?

उत्तर : युवा वर्ग मेहनत करता है और मेहनत करने से उन्हें सफलता मिलती है और जब सफलता मिलती है तो फिर कुछ समय बाद आलोचना भी होती है। आलोचना को तभी सँभाला जा सकता है, जब व्यक्ति आध्यात्मिक हो। युवाओं के लिए अध्यात्म किसी यूजर मैन्युअल की तरह है। किसी भी मशीन को काम में लेने से पहले यूजर मैन्युअल को पढ़ा जाना चाहिए। इसी तरह युवाओं को अपने जीवन में आगे बढ़ने से पहले स्वयं का अध्ययन करना चाहिए, जिसे अध्यात्म कहा जाता है।

प्र. 32 : श्रद्धा के संबंध में बुद्ध का क्या मत है ?

उत्तर : श्रद्धा के संबंध में बुद्ध का कहना है कि मनुष्य को श्रद्धा की आवश्यकता नहीं है, क्योंकि मनुष्य तार्किक हो गया है। इसलिए श्रद्धा से कहीं अधिक महत्त्वपूर्ण अनुभव है। बुद्ध अनुभव को

प्राथमिकता देते हैं और कहते हैं कि श्रद्धा तो अनुभव की सुगंध है। बुद्ध का मानना है कि जब श्रद्धा से लोगों का विश्वास उठ जाता है या यूँ कहें कि श्रद्धा का जब दुरुपयोग किया जाने लगता है तो वहीं धर्म पाखंड में बदल जाता है। उन्हीं कुरीतियों को दूर करने का बुद्ध ने श्रद्धा का दूसरा विकल्प दिया 'अनुभव,' वे कहते थे कि मेरे पास आइए, बैठिए और अनुभव करें और ठीक लगे तो आगे बढ़ें।

प्र. 33 : शस्त्र शरीर की रक्षा करता है तो शास्त्र किसकी रक्षा करता है?

उत्तर : शास्त्र मन की रक्षा करता है।

प्र. 34 : नकारात्मक संचित कर्म कैसे बनते हैं और इससे मुक्ति के क्या उपाय हैं?

उत्तर : नकारात्मक संचित कर्म, क्रोध, बुराई, आलोचना की भावना से किए गए काम की वजह से बन जाते हैं तथा इन्हें ही नेगेटिव साइकिक इंप्रेशन भी कहा जाता है और इनसे मुक्ति का उपाय साधना है। इनसे मुक्ति का उपाय प्रेम व शांति व आनंद को जीवन में बढ़ाना है, जो साधना से ही संभव होता है। दुर्गा सप्तशती से भी सकारात्मक ऊर्जा बढ़ती है।

प्र. 35 : आध्यात्मिक उन्नति के क्या लक्षण हैं?

उत्तर : आपके पास जो है, वह आप देना चाहते हैं।

प्र. 36 : भौतिकता से मुक्ति को क्या कहते हैं?

उत्तर : भौतिकता से मुक्ति को मोक्ष कहते हैं।

प्र. 37 : जबरदस्ती से किया गया काम मेहनत है तो होश व एंजॉयमेंट के साथ किया गया काम क्या है?

उत्तर : होश व ध्यान के साथ किया गया काम एंजॉयमेंट है।

प्र. 38 : कर्म बंधन से इनसान किस कारण मुक्त हो सकता है?

उत्तर : इनसान कर्म बंधन से ज्ञान के द्वारा मुक्त हो सकता है, क्योंकि ज्ञान के स्वरूप में वह सभी कर्मों को ईश्वर को अर्पण कर देता है।

प्र. 39 : दया का अध्यात्म में क्या आशय है?

उत्तर : दया को तुलसीदासजी ने सभी धर्मों का मूल कहा है, जब तक हृदय में दया है, तब तक कोई भी धर्म टिका रह सकता है। दया की अनुपस्थिति में धर्म का अस्तित्व नहीं रह सकता, दया को अंग्रेजी में Compassion भी कहते हैं।

प्र. 40 : शिव का क्या मतलब है?

उत्तर : शिव, शि तथा व दो शब्दों से मिलकर बना है तथा शिव का मतलब वह जो नहीं है, अर्थात् वह ऊर्जा है।

प्र. 41 : गंगाजल अपवित्र क्यों नहीं होता?

उत्तर : गंगा (गंगोत्री) उत्तराखंड से आरंभ होती है तथा बंगाल की खाड़ी तक का सफर तय करती है। उत्तराखंड की वादियों में शुद्धता, पवित्रता और जो तरंगें हैं, उन तरंगों को गंगाजल अपने में सोख लेता है। ऐसा कहते हैं कि गंगाजल के पास नारायण के चरणों की स्मृति है। इसी कारण गंगाजल कभी अपवित्र नहीं होता और उसकी पवित्रता हमेशा बनी रहती है।

प्र. 42 : भक्ति कौन कर सकेगा?

उत्तर : भक्ति वही कर सकेगा, जिसका तन स्वस्थ होगा और मन प्रसन्न रहेगा।

प्र. 43 : प्रकृति के साथ रहने से क्या आ जाता है?

उत्तर : प्रकृति के साथ रहने से इनसान को देना आ जाता है, क्योंकि प्रकृति देना सिखाती है।

प्र. 44 : व्यवहार व प्रेम के साथ ईश्वर व संसार को संयोजित कर इसकी व्याख्या करें।

उत्तर : व्यवहार के साथ संसार, प्रेम के साथ ईश्वर को जोड़ें तो ऐसा करने से शांति की अनुभूति होती है। व्यवहार को ईश्वर व प्रेम को संसार से जोड़ें तो दु:ख और शांति मिलती है।

प्र. 45 : नारद को किसने परास्त कर दिया?

उत्तर : जिस व्यक्ति को काम परास्त नहीं कर सका, उसे प्रशंसा ने परास्त कर दिया, अत: हम कह सकते हैं कि नारद को प्रशंसा ने परास्त कर दिया।

प्र. 46 : जन्म खुशी है तो मृत्यु ईश्वर की................ है? खाली स्थान भरें।

उत्तर : जन्म खुशी है तो मृत्यु ईश्वर की दया है।

प्र. 47 : राधा शब्द की अध्यात्म में क्या व्याख्या की गई है?

उत्तर : राधा का आशय है जीवनधारा, जब राधा को विपरीत करते हैं तो धारा बन जाता है। यह जब स्रोत की ओर आने लगी, यानी अंदर की ओर तो परम सुख का आनंद है, अगर कोई व्यक्ति भीतर की धारा को समर्पित कर देता है तो चुंबक के पास आनेवाला चुंबकीय गुण लोहे

में भी उतरने लगता है। अर्जुन में समर्पण के कारण कृष्ण की धारा भीतर बहने लगी। इस प्रकार राधा का आशय समर्पण से संबंधित है, यानी धारा जो बाहर की ओर बह रही है, उसके विपरीत स्वयं की ओर लौटना।

प्र. 48 : संत कौन है?

उत्तर : जिसे सत्य का अनुभव हो गया हो, वह संत है।

प्र. 49 : कलयुग का धर्म क्या है?

उत्तर : कलयुग का धर्म कीर्तन है।

प्र. 50 : कैसे पता चले कि मुझमें अहंकार है?

उत्तर : जब भी हम किसी से मिलें और हमें लगे कि उस व्यक्ति में दोष है, तो समझ लीजिए कि हममें अहंकार है। अहंकार कम तब होता है, जब यह समझ में आ जाए कि मुझमें इतना सामर्थ्य नहीं है, सबकुछ प्रभु की कृपा से ही होता है! सृष्टि के सभी कार्य प्रभु के अधीन हैं।

प्र. 51 : जैसे-जैसे नाम जप होता है, त्रिगुणों में क्या परिवर्तन आता है?

उत्तर : जैसे-जैसे नाम जप होता है, तमोगुण रजोगुण में परिवर्तित होता है एवं रजोगुण सतोगुण में तथा सतोगुण का भी ह्रास हो जाता है, तब इनसान को मुक्ति का अनुभव होता है।

प्र. 52 : आत्मा के 7 गुण बताइए?

उत्तर : आत्मा के 7 गुण—सुख, शांति, प्रेम, आनंद, ज्ञान, शक्ति व पवित्रता हैं।

प्र. 53 : क्या शिव को चेतना कह सकते हैं?

उत्तर : शिव वह चेतना है, जहाँ से सबकुछ आरंभ होता है, पोषण होता है और सब विलीन हो जाता है। मन, शरीर व समस्त पदार्थ शिव तत्त्व से बने हैं, इसीलिए शिव को विश्वरूप कहते हैं। हर वस्तु में चेतना व्याप्त है, ऊर्जा व्याप्त है।

प्र. 54 : भक्ति का उद्देश्य क्या है?

उत्तर : भक्ति का उद्देश्य सहज, सरल एवं निश्चल होना है।

प्र. 55 : राहु की व्याख्या करें?

उत्तर : राहु वास्तविकता में ध्यान है। यह सकारात्मकता एवं नकारात्मकता दोनों को ही बढ़ा देता है। इसे शांत करने के लिए त्राटक किया जाता है। गणेशजी की पूजा द्वारा भी राहु को बेहतर बनाया जा सकता है।

प्र. 56 : केतु की व्याख्या करें?

उत्तर : गणेशजी के बिना सिरवाला भाग केतु को दरशाता है। यह अपर्याप्तता का अहसास कराता है। ध्यान के द्वारा केतु को बेहतर बनाया जा सकता है एवं गणेश पूजन द्वारा भी हम इसे बेहतर बना सकते हैं।

प्र. 57 : प्रार्थना से आपका तप खर्च होता है, और बढ़ जाता है किसी एक दिशा में! इस कथन की व्याख्या करें।

उत्तर : प्रार्थना से आपका तप खर्च हो जाता है पर वह कई गुना बढ़ जाता है। यह इस बात पर निर्भर करता है कि यह तप आपने किस कार्य के लिए किया है। दूसरों का कल्याण करने के लिए या अहित करने के लिए।

प्र. 58 : गुरुजन क्यों आवश्यक हैं?

उत्तर : गुरुजन के आने से जीवन में अनुशासन आता है, अनुशासन से एकाग्रता उत्पन्न होती है, एकाग्रता के परिणामस्वरूप विश्वास मजबूत होता है एवं विश्वास के मजबूत होने पर स्वयं में आत्मविश्वास आता है और यही आत्मविश्वास हममें ईश्वर के प्रति भक्ति उत्पन्न करता है।

प्र. 59 : गंगा में पाप क्यों नहीं धुल सकते? अत: गंगा कहाँ है?

उत्तर : अगर गंगा में पाप धुल सकते तो निश्चित रूप से पुण्य भी धुल जाते। असली गंगा तो हमारे अंदर है। बाहर की गंगा में पाप धुलते तो पुण्य क्यों नहीं धुलते। शरीर पर दुर्गंध के साथ खुशबू भी धुल जाती है। भीतर की गंगा में पाप और पुण्य दोनों धुल जाएँगे।

प्र. 60 : प्रतीक्षा का दूसरा नाम प्रार्थना है तो धैर्य का दूसरा नाम क्या होगा?

उत्तर : निश्चित ही प्रतीक्षा का दूसरा नाम प्रार्थना है, क्योंकि जो व्यक्ति प्रतीक्षा नहीं कर सकता, वह प्रार्थना भी नहीं कर सकता और धैर्य का दूसरा नाम ध्यान कहा जा सकता है, क्योंकि बिना धैर्य के कभी ध्यान नहीं हो सकता।

प्र. 61 : नाम से रस व रस से क्या बनता है? नाम साधन है या फल?

उत्तर : नाम से रस व रस से फल बनता है। ईश्वर का नाम फल है, साधन नहीं।

प्र. 62 : ईश्वर को आकर्षित कौन कर सकता है?

उत्तर : ईश्वर को आकर्षित पवित्र हृदयवाला व्यक्ति कर सकता है या यूँ कहें, हृदय की पवित्रता ईश्वर को अपनी ओर आकर्षित करती है।

प्र. 63 : आध्यात्मिकता का मतलब अपने कर्म के इंजन को तेजी से चलाना है। व्याख्या कीजिए।

उत्तर : आध्यात्मिकता के कारण मनुष्य के संचित कर्म तेजी से चलने लगते हैं। जो व्यक्ति आध्यात्मिकता के रास्ते पर चलता है, उसके जीवन में कष्ट भी तीव्रता से आते हैं, जैसे सालों में संचित किए हुए कर्म को महीनों में तेजी से चलाया जा रहा हो।

प्र. 64 : गुरुवाणी समझ नहीं आती, फिर भी अच्छी क्यों लगती है?

उत्तर : गुरुवाणी धन्यवाद की वाणी है, ईश्वर की वाणी है, इसीलिए गुरुवाणी समझ में नहीं आती है, फिर भी हमें अच्छी लगती है।

प्र. 65 : वासना को किससे नियंत्रित किया जा सकता है?

उत्तर : वासना को संकल्प शक्ति से नियंत्रित किया जा सकता है।

प्र. 66 : उपवास का भगवान् से कोई संबंध नहीं है तो इसका संबंध किससे है?

उत्तर : उपवास का भगवान् से कोई संबंध नहीं है, इसका संबंध तो तन के स्तर पर स्वास्थ्य और मन के स्तर पर संयम से है।

प्र. 67 : बुरे विचारों से बीमारियाँ बनाना और अच्छे विचारों से उन्हें ठीक करना मूर्खतापूर्ण क्यों है? समझाइए।

उत्तर : बुरे विचारों से बीमारियाँ बनाना और अच्छे विचारों से उन्हें ठीक करना मूर्खतापूर्ण इसलिए है, क्योंकि इसमें समय लगता है और इनसान के पास बहुत ही सीमित समय है, यह क्रिया कुछ इस तरह की है कि पहले गड्ढा खोदना, फिर उसे भरना, इस पूरी क्रिया में समय बीतता है, जो कि व्यक्ति के पास बहुत ही सीमित है।

प्र. 68 : माया से बचने की क्या विधि है?

उत्तर : माया से बचने की विधि प्रभु है।

प्र. 69 : रिक्त स्थान भरिए—

उत्तर : मन ही मिलाएँ राम से............मन के जीते जीत। यह दोहा किसके द्वारा रचित है?

मन ही मिलाएँ राम से मन ही करें फजीत
मन के हारे हार है मन के जीते जीत।

उपरोक्त दोहा कबीर दासजी द्वारा रचित है।

प्र. 70 : सत्संग में आना ईश्वर की कृपा है और वहाँ बैठकर सुनना गुरु की कृपा है तो सुनी हुई बातों को जीवन में लागू करना किसकी कृपा है?

उत्तर : सुनी हुई बातों को जीवन में लागू करना आत्म कृपा है, परंतु कृपा ईश्वर की और गुरु की कृतज्ञता से आती है।

प्र. 71 : गुरु शब्द की व्याख्या कीजिए।

उत्तर : गुरु शब्द दो शब्दों से मिलकर बना है। 'गु' जिसका अर्थ है—अंधकार और 'रु' जिसका अर्थ है—मिटानेवाला, अर्थात् गुरु वह व्यक्ति है, जो हमारे जीवन से अंधकार को मिटाता है। इसे ऐसे भी कहा जा सकता है कि गुरु हमारे जीवन से अंधकाररूपी अज्ञान को मिटाता है।

प्र. 72 : आत्मकृपा कब होती है?

उत्तर : आत्मकृपा कब होती है, जब ईश्वर तथा गुरु की कृपा होती है, ईश्वर तथा गुरु की कृपा तब होती है, जब हम ईश्वर व गुरु के प्रति धन्यवादी होते हैं।

प्र. 73 : सत्संग में मन न लगे, तब क्या करें?

उत्तर : सत्संग में मन न लगे तो सत्संग ही करें, जब तक कि मन न लगे।

प्र. 74 : भक्ति वास्तव में कौन करे?

उत्तर : भक्ति शरीर नहीं, शरीर के विभिन्न अंग नहीं, बल्कि भक्ति वास्तव में मन करे।

प्र. 75 : भक्ति के लिए कौन सा बल चाहिए?

उत्तर : भक्ति के लिए आत्मबल चाहिए।

प्र. 76 : एकमात्र धर्म क्या हो सकता है?

उत्तर : ईश्वर से प्रेम एकमात्र धर्म कहा जा सकता है।

प्र. 77 : आप वास्तव में कब अध्यात्म के रास्ते पर चल सकते हैं?

उत्तर : आपमें सर्व के प्रति सद्भाव है तो निश्चित रूप से आप अध्यात्म के रास्ते पर आगे चल सकते हैं। इस प्रकार कह सकते हैं, अगर हम अध्यात्म के रास्ते या शिखर पर पहुँचना चाहते हैं तो बेस वर्क, यानी मूल कार्य आपमें सर्व के प्रति सद्भाव होना ही चाहिए।

प्र. 78 : धर्म परिवर्तन का कारण क्या है?

उत्तर : समय व परिस्थिति के कारण, पुराने धर्म में परिवर्तन नहीं किया जाना, धर्म परिवर्तन का मुख्य कारण है।

प्र. 79 : अध्यात्म की सबसे अधिक आवश्यकता किनको है?

उत्तर : अध्यात्म की सबसे अधिक आवश्यकता युवाओं को है, क्योंकि युवाओं को जीवन को लंबे समय तक जीना है और अध्यात्म लाइफ

मैन्युअल है, जीवन जीने का तरीका है। जिसको जिंदगी लंबी जीनी हो, उन्हें अध्यात्म की सबसे अधिक आवश्यकता होगी।

प्र. 80 : ऋषि और मुनि में क्या अंतर है?

उत्तर : वैदिक ऋचाओं की रचना करनेवाले को ऋषि कहा गया है। वैदिक काल में सभी ऋषि गृहस्थ हुआ करते थे। इस प्रकार वैदिककाल में 'ऋषि' शब्द का प्रयोग विद्वान् के रूप में किया जाता था और आमतौर पर जो ऋषि थे, उन्हें क्रोध, अहंकार, ईर्ष्या आदि पर कोई रोक-टोक नहीं थी। दूसरी ओर 'मुनि' शब्द का अर्थ है मन, तन और चित्त को मंत्रों के अधीन करना। कहने का मतलब है कि 'मंत्र' शब्द जो है, मन से बना है। तो मुनि वह जो मंत्रों का उच्चारण करे, इस प्रकार मंत्रों के रचयिता मुनि कहलाए।

प्र. 81 : पुण्य का फल पुण्य में छिपा है तो पाप का फल किसमें छिपा है?

उत्तर : पाप का फल पाप में छिपा है। उदाहरण के लिए गुस्सा आते ही स्वत: ही दंड मिल जाता है। आग में हाथ डालने पर हाथ जलने लगता है। गुस्से का परिणाम भी मन पर तुरंत ही पड़ता है।

प्र. 82 : मोक्ष प्राप्ति के लिए भक्ति व ज्ञान मार्ग की तुलना कीजिए? यह भी बताएँ कि इसमें से श्रेष्ठतम कौन सा है?

उत्तर : भक्ति के मार्ग पर साधक गाकर हँसते हुए पहुँचता है, ज्ञान मार्ग से ज्ञानी गंभीर, सावधान व मौन रहकर अपने गंतव्य पर पहुँचता है।

भक्ति के मार्ग पर साधक नाचता है, जबकि ज्ञान मार्ग पर साधक पैदल चलकर पहुँचता है।

भक्ति के मार्ग पर साधक उत्सव मनाता है, परंतु ज्ञान मार्ग पर मौन व गंभीर रहता है।

भक्ति के मार्ग पर श्रृंगार है, जबकि ज्ञान मार्ग पर साधक सादगी से रहता है।

परिणामस्वरूप हम कह सकते हैं कि भक्ति मार्ग ज्ञान मार्ग से सुलभ व आसान है एवं आनंददायक है।

प्र. 83 : सत्य व सुख का क्या संबंध है?

उत्तर : जहाँ सत्य है, वहाँ शांति आ जाती है एवं जहाँ शांति आ जाती है, वहाँ सुख स्थायी हो जाता है। इस प्रकार सत्य का सुख से सीधा संबंध है।

प्र. 84 : कर्म में चाहे परिवर्तन न आए, पर किसमें परिवर्तन आना चाहिए?

उत्तर : कर्म करने की भावना में परिवर्तन आना चाहिए। यह सदैव आपका निर्णय होता है कि आप स्वार्थयुक्त जीवन जीते हैं या परमार्थयुक्त जीवन जीते हैं।

प्र. 85 : धर्म को धारण करने के लिए कौन सा बल चाहिए?

उत्तर : धर्म को धारण करने के लिए सदाचार का बल चाहिए।

प्र. 86 : सबकुछ कर्म का ही फल है, तो मंदिर जाने की आवश्यकता क्यों है?

उत्तर : मंदिर कामनाओं की पूर्ति के लिए नहीं, बल्कि कामनाओं को खत्म करने के लिए जाया जाता है।

प्र. 87 : तिरस्कृत, बहिष्कृत, प्रताड़ित किए जानेवाले भक्तों का उदाहरण दीजिए।

उत्तर : प्रताड़ित किए जानेवाले भक्त 'केवट' हैं, जिन्हें समाज प्रताड़ित करता है। बहिष्कृत किए जानेवाले भक्त का उदाहरण 'अहिल्या' है, जिसे समाज से बहिष्कृत कर दिया था। तिरस्कृत किए जानेवाले भक्तों में 'शबरी' है, जिसे समाज ने तिरस्कृत दिया था।

प्र. 88 : मंत्रों से भी अधिक शक्ति किसमें है?

उत्तर : मंत्रों से भी अधिक शक्ति 'श्रद्धा' में है। जैनियों के सामने यदि नमोकार मंत्र पढ़ें तो वे गद्गद हो जाएँगे और इसी तरह रामायण की चौपाइयाँ पढ़ें तो हिंदू गद्गद हो जाएँगे। कहने का आशय यह है कि मंत्रों से अधिक शक्ति श्रद्धा की है। जो मन में आ जाए वही मन को रँग देता है।

प्र. 89 : क्या मुसलिम धर्म पुनर्जन्म अवधारणा को मानता है?

उत्तर : मुसलिम धर्म में यह माना जाता है कि एक ही जन्म होता है। मुसलिम धर्म पुनर्जन्म को नहीं मानता है। इसलिए एक ही जन्म में वे सबकुछ पा लेना चाहते हैं या बहुत-कुछ पा लेना चाहते हैं।

प्र. 90 : शिशु नरक वास अर्थात् (माँ का गर्भ) से छूटकर जन्म लेते ही रोता क्यों है ?

उत्तर : क्योंकि जन्म लेते ही वह ईश्वर को भूल जाता है।

प्र. 91 : क्या वैराग्य है और क्या वैराग्य नहीं ?

उत्तर : कुछ नहीं होना या कहें, अभाव का नाम वैराग्य नहीं है। अधिकार करने की वृत्ति (Tendency) है, उसका न होना असल में वैराग्य है।

प्र. 92 : सत्संग मन को मन-मुक्तता से किस ओर मोड़ देता है ?

उत्तर : सत्संग मन को मन-मुक्तता से सन्मुखता की ओर मोड़ देता है, मन बाहर की ओर भटकता है, परंतु सत्संग के द्वारा मन की अपने भीतर से पहचान होती हैं।

प्र. 93 : शिव क्या देते हैं ? शिव किसकी आराधना करते हैं ? शिव क्या प्रदान करते हैं ?

उत्तर : शिव देवों के देव महादेव हैं। वे नारायण की आराधना करते हैं।

प्र. 94 : मंदिर का अर्थ क्या है ?

उत्तर : मन का अंदर आना, अर्थात् बाहर से स्वयं के भीतर उतरना मंदिर है ! मंदिर जाने का अर्थ कुछ माँगना नहीं, बल्कि स्वयं के भीतर उतरना है।

प्र. 95 : देव पूजा में आह्वान, आसन व पाद्य का सही तरीका क्या है ?

उत्तर : आह्वान का अर्थ है मन को भाव से भिगोना, आसन का अर्थ है पवित्रता का आसन एवं पाद्य का अर्थ है—विनम्रता के जल से पाँव धोना।

प्र. 96 : देव पूजन में अर्घ्य स्नान व वस्त्र का सही तरीका क्या है ?

उत्तर : अर्घ्य का अर्थ है सुकोमलता के जल से आचमन करना, स्नान का अर्थ है परोपकार के जल से देव को नहलाना, वस्त्र का आशय है मर्यादा।

प्र. 97 : देव पूजन में धूप का आशय क्या है ?

उत्तर : देव पूजन में धूप का आशय दया के भाव से है।

प्र. 98 : नरसी मेहता का संक्षिप्त परिचय दीजिए।

उत्तर : नरसी मेहता गुजराती कवि हैं। 15वीं सदी में इनका जन्म हुआ था। गांधीजी का पसंदीदा भजन 'वैशणव जन तो तेने कहिए…' नरसी मेहता द्वारा रचित था। गुजराती साहित्य में नरसी मेहता का नाम सम्मान से लिया जाता है।

प्र. 99 : स्वार्थ हो या परमार्थ, व्यवहार हो या अध्यात्म, जीवन में प्रकाश कैसे आता है ? ईश्वर से प्रार्थना में क्या बोला जाता है ?

उत्तर : दोनों ही दिशा में जीवन में प्रकाश विश्वास से ही उत्पन्न होता है। ईश्वर से प्रार्थना में दीप जलाकर, विश्वास के लिए ईश्वर से निवेदन किया जाता है।

प्र. 100 : देवहूति के पिता, पति व पुत्र कौन थे?

उत्तर : देवहूति के पिता महाराज मनु, उनके पति महर्षि कर्दम थे व पुत्र कपिल मुनि थे।

प्र. 101 : कर्दम ऋषि कौन थे?

उत्तर : कर्दम ऋषि ब्रह्माजी के पुत्र थे, इन्हें ब्रह्माजी के आग्रह से गृहस्थ आश्रम में प्रवेश करना पड़ा था।

प्र. 102 : सतयुग के 10,000 वर्ष कलयुग के कितने वर्ष के बराबर माने गए हैं?

उत्तर : सतयुग के 10,000 वर्ष कलयुग के 10 वर्ष के बराबर माने गए हैं।

प्र. 103 : कर्दम मुनि ने देवहूति के विवेक की परीक्षा किस प्रकार ली? 'देवहूति' शब्द का क्या आशय है?

उत्तर : जब देवहूति के पिता मनु कर्दम मुनि के पास देवहूति की शादी का प्रस्ताव लेकर आए, तब देवहूति को कर्दम मुनि ने आसन पर बैठने को कहा, देवहूति ने प्रत्युत्तर में जमीन पर रखे आसन पर अपना हाथ रख दिया और स्वयं जमीन पर बैठ गई, इस तरह कर्दम मुनि ने देवहूति के विवेक की परीक्षा ली। देवहूति का अर्थ है, जिसकी बुद्धि देव, यानी ईश्वर में लगी हो।

प्र. 104 : राजा ध्रुव को नारदजी ने विष्णु उपासना का कौन सा मंत्र दिया?

उत्तर : राजा ध्रुव को नारदजी ने 'ओम् नमो भगवते वासुदेवाय नमः' मंत्र दिया।

प्र. 105 : समर्पण (Devotion) का क्या उद्देश्य है?

उत्तर : समर्पण का उद्देश्य मासूमियत या निश्चलता है।

प्र. 106 : षोडशोपचार पूजन विधि में ध्यान, आह्वान, फूल व पुष्पांजलि के पीछे क्या भाव निहित है?

उत्तर : षोडशोपचार पूजन विधि में ध्यान व आह्वान के पीछे भाव, फूल के पीछे प्रसन्नता का भाव एवं पुष्पांजलि में सुंदर मन के समर्पण का भाव है।

प्र. 107 : आत्मा जब शरीर धारण करती है तो उसे क्या कहते हैं?

उत्तर : आत्मा जब शरीर धारण करती है तो उसे जीवात्मा कहते हैं।

प्र. 108 : आत्मा की तीन शक्तियाँ कौन सी हैं और वह क्या करती हैं?

उत्तर : आत्मा की तीन शक्तियाँ इस प्रकार हैं। पहली—मन, जो विकल्प करता है और सोचता है। दूसरी बुद्धि, जो निर्णय करती है और तीसरी संस्कार, जो बार-बार करने से और सोचने से संस्कार बन जाते हैं।

प्र. 109 : भक्ति का उद्देश्य क्या है?

उत्तर : भक्ति का उद्देश्य सहज, सरल एवं निश्चल होना है।

प्र. 110 : निम्नलिखित का क्या संबंध है? खाली स्थान भरिए—

पुरुषार्थ का संबंध...............से है।

त्रिगुण का संबंध................से है।

योग का संबंध..................................के मिलन से है।

उत्तर : मोक्ष, त्रिदोश, आत्मा का परमात्मा।

प्र. 111 : ईश्वर यदि पावर हाउस है तो हम सब लोग क्या हो सकते हैं?

उत्तर : हम सब लोग अलग-अलग वाट के बल्ब हो सकते हैं।

प्र. 112 : शरीर की अवस्थाएँ व मन की अवस्थाएँ क्या हैं? इनको जाननेवाला कौन है? इसमें परिवर्तनशील तथा स्थिर क्या है?

उत्तर : शरीर की अनेक अवस्थाएँ हैं। इन्हें निम्न प्रकार से वर्गीकृत किया जा सकता है—

आयु की दृष्टि से—बालक, युवा एवं वृद्ध

स्वास्थ्य की दृष्टि से—रोगी एवं निरोगी

वजन की दृष्टि से—मोटा एवं पतला

जागृति की दृष्टि से—सपना, नींद एवं जागना

आकर्षण की दृष्टि से—सुंदर एवं कुरूप

इनको जाननेवाली आत्मा होती है। इसी प्रकार मन की दो अवस्थाएँ होती हैं—सुख एवं दुःख। इनमें परिवर्तनशील शरीर व मन है एवं स्थिर आत्मा होती है।

प्र. 113 : पंचमहाभूतों का ग्रहों से क्या संबंध है?

उत्तर : पंचमहाभूतों का ग्रहों से निम्न संबंध है—

पृथ्वी—बुध ग्रह राशि से संबंधित

जल—चंद्र व शुक्र ग्रह से संबंधित

अग्नि—सूर्य व मंगल से संबंधित

वायु—शनि से संबंधित

आकाश—बृहस्पति से संबंधित बताया गया है।

प्र. 114 : रामायण में वर्णित सुरसा, सिंहनी व लंकिनी हमारे किन दुर्गुणों का प्रतीक हैं?

उत्तर : सुरसा, सिंहनी व लंकिनी को हनुमानजी जीतते हैं। सुरसा आलस्य रूपी दुर्गुण को व्यक्त करती है। सिंहनी हमारे अंदर आ रहे ईर्ष्या के दुर्गुण को व्यक्त करती है और लंकिनी हमारे अंदर आ रहे अहंकाररूपी दुर्गुण को व्यक्त करती है। इन तीनों गुणों को जीतते हैं तो माँ सीतारूपी भक्ति के दर्शन होते हैं।

प्र. 115 : जब पत्नी अच्छी हो तो आत्मज्ञान होता है और बुरी हो तो क्या होता है?

उत्तर : जब पत्नी अच्छी हो तो आत्मज्ञान और बुरी हो तो जीवन से वैराग्य और वैराग्य के परिणाम से आत्मज्ञान ही तो होता है।

प्र. 116 : कुत्ता हड्डी क्यों चूसता है?

उत्तर : हड्डी चूसने के दौरान कुत्ते के मुँह से खून निकलने लगता है, जिससे वह असमंजस में हो जाता है और उसे लगता है कि वह खून उसे मिल रहा है, जबकि वह खून उसका स्वयं का होता है। कुछ ऐसी ही स्थिति मनुष्य की भी हो जाती है, जब वह सांसारिक विषयों में पड़ता है।

प्र. 117 : भगवान् की कथा व भक्त की कथा सुनने में क्या फर्क होता है?

उत्तर : जब हम भगवान् की कथा सुनते हैं तो ईश्वर, यानी कृष्ण के गुण और स्वरूप मधुर लगने लगते हैं, जब हम किसी भक्त की कथा सुनते हैं, जैसे मीरा या प्रह्लाद की तो फिर हमें ईश्वर, यानी कृष्ण से प्रीति होने लगती है।

प्र. 118 : "राजा व भिक्षुक मित्र कैसे हो सकते हैं?" किसने किससे कहा?

उत्तर : यह वाक्य महाराज द्रुपद ने अपने गरीब मित्र द्रोणाचार्य से कहा।

प्र. 119 : गुरु द्वारा दी जानेवाली माला एवं मंत्र से भी ज्यादा महत्त्वपूर्ण क्या है?

उत्तर : गुरु द्वारा दीक्षा में दी जानेवाली माला एवं मंत्र से भी ज्यादा जरूरी है कि हमने अपना मन गुरु को दिया या नहीं दिया, अर्थात् दीक्षित होने का मतलब है गुरु को अपना मन दिया जाना।

प्र. 120 : 'गोपी' शब्द किससे बना है और इसका क्या आशय है?

उत्तर : 'गोपी' शब्द 'गोपन' शब्द से बना है। इसका आशय यह है कि भक्त अपने भगवान् के नाम का दिखावा नहीं करता, बल्कि उसे गोपनीय रखता है।